William Howard

Caligula

Roman

Wilhelm Heyne Verlag
München

EXQUISIT MODERN
im Wilhelm Heyne Verlag, München
Nr. 202

Titel der amerikanischen Originalausgabe
CALIGULA
Deutsche Übersetzung von Alfred Dunkel, Berlin

Herausgeber:
Werner Heilmann

3. Auflage

Copyright © by Warner Books, Inc., New York
Copyright © der deutschen Übersetzung 1980 by Wilhelm Heyne Verlag, München
Umschlagfoto und Innenfotos: Tobis-Film, Berlin
Umschlaggestaltung: Atelier Heinrichs & Schütz, München
Printed in Germany 1980
Gesamtherstellung: Presse Druck Augsburg

ISBN 3-453-50171-3

VORBEMERKUNG DES VERLAGS

Dieser Roman hält sich genau an die Vorlage des Originaldrehbuches zu dem Skandal-Film, das Gore Vidal geschrieben hat, der berühmte amerikanische Romancier, Essayist und Schauspielautor (›Julian‹, ›Washington D. C.‹, ›Myra Breckinridge‹ u. a.). Gore Vidal versucht darin, den Lebensweg des römischen Kaisers Gaius Caesar (geb. 31. 8. 12 in Antium, ermordet 24. 1. 41 in Rom), den die Legionäre Caligula, ›Stiefelchen‹ getauft hatten, nachzuzeichnen. Er selbst hält sich an die historischen Quellen zeitgenössischer Schriftsteller wie Sueton, Seneca, Tacitus u. a., die Beschreibungen der unerhörten Schandtaten des Kaisers, und seines Großvaters Tiberius, überlieferten. Was dem Leser auch in den Schilderungen dieses Buches unfaßlich erscheinen mag – sei es Inzest, Mord, Folter, abartigste Perversionen – in Wahrheit wird auch hier nur ein Bruchteil des Wahnwitzes sichtbar, dem das römische Volk während der Regierungszeit einiger seiner Imperatoren ausgeliefert war.

ERSTES KAPITEL

Ein kleines Geräusch in der Dunkelheit des Schlafzimmers, nicht lauter als ein Knacken. Das erschreckte ihn, und er löste die Zunge von ihrer Brustwarze. Furchtsam wandte er den Kopf. Die erlöschende Glut der Kohlenpfanne warf Schatten auf die bemalten Wände und schuf groteske Bilder, die ihn an schlechte Träume erinnerten. Erst als ihm der schwere Moschusduft des Parfüms in die Nase stieg, entspannte Gaius Julius Caesar, allgemein als ›Caligula‹ bekannt, seinen zitternden Körper. Es war die Parfümphiole gewesen, nichts weiter, das kleine Glasfläschchen, das Drusilla mitunter in der Glut der Kohlenpfanne vergrub. Während des Liebesspieles platzte das Ding und verströmte seinen Duft, um die Liebenden wie ein Aphrodisiakum zu stimulieren. Das war der Laut gewesen, den er soeben gehört hatte. Caligula beruhigte sich und atmete den Duft tief ein. Aber die plötzliche Angst hatte ihn seine Erektion gekostet.

»Gaius...«, murmelte Drusilla in der Dunkelheit und zog seinen nackten Körper auf ihren eigenen weichen, warmen Leib zurück. Ihre langen, schlanken Finger glitten forschend über ihn und tasteten vom vorgewölbten Brustkorb bis hinab zu dem dichten Pelz auf seinem Bauch. Sie dachte: Mager. Er ist so mager. Er ißt ja auch kaum einen Bissen. Armes Kind! Wer kann es ihm verdenken? Hier in Rom regiert das Gift, und er zieht den Hunger einem qualvollen Tod vor. Drusilla seufzte voll Liebe und Mitgefühl. Sie fügte die Liebkosungen ihrer Zunge den sanften Bewegungen ihrer Finger hinzu.

Caligula drehte sich wohlig auf den Rücken und beobachtete gespannt, wie sich der reizende Kopf seiner Schwester nach unten bewegte, zu seiner Brust, zu seinem Bauch. Vor der steigenden Anschwellung seiner Männlichkeit stoppte die Bewegung. Caligula hielt den Atem an, als Drusillas Lippen und Zunge den Penis fest und doch zärtlich berührten. Die Hände des Mannes wühlten sich ins wirre blonde Haar. Das Lecken und Knabbern löste Flammen der Ekstase in seinen Lenden aus..., nein, noch tiefer... Ah, Götter, war sie guu--uut! Noch nicht, noch nicht! Er wollte dieses schmerzliche Vergnügen, dieses langsame Sterben hinauszögern und verlängern. Deshalb langte er nach unten und zog ihren Kopf von seinem Unterleib zurück. Er zerrte an ihren nackten Armen, bis er seine Lippen in den Mund der Frau wühlen konnte.

Sie küßten sich lange und innig, Bruder und Schwester. Jede Zunge fand den Weg in den Mund des anderen. Er kostete diesen Geschmack aus, der ihn berauschte. Ihr Atem roch nach dem Duft seiner Genitalien. Er wollte mehr und immer noch mehr davon haben, von dieser Geschmacksmischung aus Frau und Mann. Deshalb glitt er auf dem Polster an ihr hinab und drehte dabei ihren Körper gleichzeitig herum, so daß sich der Mund des einen bei den Genitalien des anderen befand. Unter wildem Luststöhnen trieb er seine Zunge tief in sie hinein. Er spürte, wie sich ihr Mund um die Wurzel seines Lustzepters schloß, wie ihre rosige Zunge an seinen Hoden leckte, wie ihre Finger seinen Anus erforschten.

Oh, ja..., dachte er. Endlich daheim! Außer dem Platz zwischen den Beinen seiner Schwester, wo heiße Feuchtigkeit ihn erwartete, schien ihm auf dieser Welt kein anderer Ort zu bleiben, wo das Leben lebenswert gewesen wäre. Drusilla! dachte er. Mein einziges Zuhause. Nur in deinen Armen kann ich mich sicher wähnen. Drusilla... du verkörperst meine Hausgötter... meine Laren... meine Penaten! Dir opfere ich. Dir bringe ich das Trankopfer meines Samens dar. Du bist die Göttin... du bist Vesta und Isis, Venus und Juno... du bist... ah... ah... Götter...! Ah... Ah...!!!

Er fiel ausgepumpt zurück, und sein Kopf rollte schlaff aufs Kissen. Drusilla stöhnte protestierend, sie hatte ihren süßen Höhepunkt noch nicht erreicht. Jetzt glitt sie auf dem Bett nach oben, bis ihre Brüste über Caligulas Gesicht strichen. Es waren große Brüste, fest, rund und weiß; die Warzen von dunkelstem Rosa waren hart vor drängendem Verlangen.

Caligula nahm sie abwechselnd in den Mund, saugte daran und benutzte Zunge und Zähne, während seine Finger gleichzeitig die dunkle, feuchte Grotte unter Drusillas flachem Bauch erforschten, bis sie die Klitoris fanden und hin und her rieben.

»Oooooh... ja, Gaius... jaaaa!« feuerte Drusilla ihn an. Ihr

Atem kam in heiseren, keuchenden Stößen... wie der Atem eines rasenden Tieres. Ihre Hüften bewegten sich rhythmisch im Takt seiner suchenden, streichelnden Finger.

Caligula stellte fest, daß er wieder hart war... hart und pulsierend und trocken... schmerzvoll verlangend nach weicher Nässe. Mit einem Schrei zog er ihren schlanken Körper hoch und pfählte sie auf.

»Gaius! Gaius!« rief sie. Sie bewegte ruckartig und fieberhaft die Hüften, bis sie alles von ihm tief in sich spürte. Das trieb sie zu noch wilderen Gipfeln der Lust. Während sie ihn ungestüm ritt, streichelten seine Hände ihre Brüste, kniffen seine Finger in die strotzenden Warzen. Der scharfe Schmerz steigerte ihre Ekstase nur noch mehr. Beide gelangten gemeinsam zu einer gegenseitig sich auslösenden Explosion. Ihr Atem mischte sich in Küssen und erleichtertem Schluchzen.

Jetzt konnte er sich entspannen, vielleicht sogar schlafen... ohne diesen TRAUM.

Es war immer der gleiche Traum, der ihn schon seit seiner Kindheit hetzte und verfolgte. Das ließ ihn den Schlaf beinahe genauso fürchten wie das Essen. Was ist das bloß für eine Welt, dachte Caligula bitter, in der sogar der gemeinste Sklave sich ohne Furcht satt essen und jede Nacht tief und fest ausschlafen konnte, während er, der Erbe des ganzen römischen Imperiums, der potentielle Herrscher über ein Gebiet, das sich vom Rhein bis zum Tigris erstreckte... er, Gaius Caligula, schon vor jedem Geräusch und Schatten zusammenzuckte, schlaflose Nächte verbrachte und hungern mußte!

Schlaftrunken starrte er in der Dunkelheit auf die Landschaft, die auf die hintere Wand seines Schlafzimmers gemalt war; eine Landschaft, die beim schwachen Glutschein aus der Kohlenpfanne gerade noch vage zu erkennen war. Innerhalb dieser gemalten Wände, mit dem Blick auf diese blassen Landschaften mit den fahlen Bäumen, mit den sanft getönten Tempeln, mit den winzigen bekleideten Gestalten, dort gab es Frieden. Wenn ich doch bloß in dieses Bild eindringen könnte... meine Schwester an die Hand nehmen... in das Land der Tempel und Pappeln wandern wie unschuldige Kinder... Hand in Hand...

Caligula schlief ein.

Langsam, wie der nicht aufzuhaltende Marsch einer Begräbnisprozession, kam der Traum zu ihm und hüllte sein Gehirn wie in ein Leichentuch ein... erdrückte ihn mit schwarzer Erinnerung: Er war allein und doch nicht allein, und er war klein, sehr klein und hilflos. Andere standen um ihn herum; andere, die er kannte... die Mutter, Brüder, Schwestern..., und doch war er allein. Sogar Drusilla konnte nicht helfen. Es war, als befände sich ein Schleier aus Eisen zwischen ihnen, durch den er nicht hindurchlangen konnte, um ihre weiche, warme Hand zu erreichen. Es war kalt, wo er stand; dunkel und kalt. Er konnte die schlurfenden Füße und den Gesang hören, und das babyweiche Haar auf seinem Kopf richtete sich vor Angst auf.

Er war mit seiner Rüstung bekleidet. Ein sechsjähriger Junge, angezogen wie ein Soldat. Es machte den Legionären Spaß, ihn wie einen gewöhnlichen Soldaten zu kleiden, sogar bis hinab zu den *caligae*, den kleinen Halbstiefeln, die von Soldaten getragen wurden. Man nannte ihn Caligula oder ›Stiefelchen‹, und er galt bei den Legionären als ihr Maskottchen und ihr Glücksamulett. Doch jetzt gab es keine Soldaten, die ihn aufheiterten, die ihn berührten, um in bevorstehenden Kämpfen Glück zu haben, die nach dem Saum seines Mantels haschten oder seine kleinen Stiefelchen küßten. Jetzt stand er allein da, und ihm war kalt.

In dem Traum war er nicht in Germanien, obgleich er im Alter von sechs Jahren in Germanien unter den Soldaten gelebt hatte. Dort hatte sein Vater die edlen Legionen römischer Helden befehligt. Nein, es war Rom... oder außerhalb von Rom, denn Tradition verbot eine Leichenverbrennung innerhalb der Stadtmauern. Ja, jetzt erinnerte er sich. Es war ein Begräbnis. Eine Leiche würde verbrannt werden. Aber wessen? Wessen? Das Kind Caligula stand da, eingehüllt in seinen wollenen Soldatenmantel..., und zugleich eingehüllt in seine Angst.

Er konnte hören, wie die Prozession immer näher herankam. Jetzt konnte er auch schon die Fackeln und die wächsernen Begräbnismasken sehen. Tief in ihm begann das Wissen zu wachsen, daß man ihn zwingen würde, die Leiche anzuschauen, bevor man sie verbrannte. Er würde dabeistehen und zusehen müssen, wie die Flammen den toten Körper erfaßten und verzehrten. Er wollte das nicht mitansehen. Die Masken kamen immer näher. Jetzt konnte er schon die Gesichtszüge erkennen. Sie erschreckten ihn und jagten ihm Entsetzen ein, aber er durfte jetzt nicht zittern, auch wenn er noch ein Kind war. Eins wußte er – wenn er jetzt nur das geringste Anzeichen von Furcht erkennen ließe, dann würde auch ihn etwas Monströses und Ungeheuerliches packen und auf den brennenden Scheiterhaufen zerren.

Venus Genetrix schritt zuvorderst. Sie, die Mutter der Julianer und Claudianer, die Gott-Mutter der kaiserlichen Familie. Ihr ins Gesicht zu sehen, bedeutete Tod. Der kleine Caligula zog einen Zipfel des Mantels über den Kopf, um nicht ihrem Blick ausgesetzt zu sein. Als Venus sich näherte, wurde der Gesang der Trauergäste allmählich immer lauter. Der Klang der Hörner, Zimbeln und Pfeifen schwoll immer mehr an, je dichter sich die Prozession unter lautem Geschrei und im Lichte flackernder Fackeln dem Altar näherte.

Ich will nicht hinsehen. Sie können mich nicht zwingen zuzuschauen. Ich bin Caligula, und sie können mich nicht dazu bringen. Das Kind stampfte mit den Stiefelchen auf den Boden und begann von einem Bein aufs andere zu hüpfen. Es war der Caligula-Tanz, den das Heer seines Vaters so liebte. Er machte die Augen ganz fest zu und lauschte intensiv. Nun konnte er die heiseren Schreie der Soldaten hören, das laute Klatschen der Waffen auf die ledernen Schilde. Dieser Lärm übertönte sogar das Jammern der Trauernden und die Totenklage der Musikanten.

Eine lange Reihe von Männern mit ernsten Begräbnismasken und in schweren Mänteln kam vorbei. Diejenigen, die einen friedlichen Tod gestorben waren, trugen auch friedliche Masken; sie waren die frühen Vorfahren dieser kaiserlichen Familie. Aber je länger und länger die Reihe wurde, desto verzerrter und gequälter erschienen auch die Gesichtszüge der Masken; die Gesichtszüge von Männern und Frauen, die eines gewaltsamen Todes gestorben waren. Mehr von diesen kamen und immer noch mehr.

Das Kind Caligula tanzte immer lebhafter und versuchte, den

Anblick und die Geräusche nicht zu beachten. Wessen Begräbnis war das?

Verzweifelt schaute er durch den Dunst zu Drusilla hinüber, der größten und ältesten seiner Schwestern. Er versuchte, ihren Blick einzufangen, aber sie wollte oder konnte ihn jetzt nicht ansehen. Drusillas Gesicht war gespenstisch blaß; die Augen waren von dunklen Ringen umrandet. Wo waren seine Brüder? Wo waren Drusus Caesar und Nero Caesar? Vor wenigen Augenblicken waren sie noch an Drusillas Seite gewesen, jetzt aber waren ihre Plätze leer. Wessen Begräbnis war das?

Eine plötzliche Erkenntnis ließ das Kind Caligula vor Entsetzen laut aufschreien. Es war, als hätte sich der Nebel des Traumes einen Moment gelichtet, um Körper zu enthüllen, die so verstümmelt waren, daß man sie kaum noch erkennen konnte; Körper, die nur noch in Stücke gehauene Fleischbatzen zu sein schienen; übel riechende und blutige Klumpen von Fleisch.

Und er wußte, daß er die Köpfe, wenn er sie sehen könnte, sofort erkennen würde. Seine Brüder. Doch er wollte nicht hinschauen. Man konnte ihn nicht zwingen, hinzusehen. Nicht einmal *sie*.

Als die Totenmasken auf dem Wege zum Altar an Caligula vorbeikamen, konnte er allmählich die Worte der Gesänge verstehen. Jetzt kam es ihm vor, als hätten sich alle Bürger Roms hier versammelt, um sich der Trauergemeinde anzuschließen. Die Stimmen um ihn herum wurden lauter und schienen aus großer Höhe zu kommen, denn es waren die Stimmen von Männern, und er war ja erst ein kleines Kind, erst sechs Jahre alt.

»Germanicus ist tot!«

Caligula schauderte zusammen, als er diese Worte hörte.

»Wir sind allein! Weint um Rom! Rom ist tot! Weint um Agrippina, seine Witwe! Weint um Antonia, seine Mutter!«

Germanicus! Vater! Es war das Begräbnis seines Vaters! Tot... schon im Alter von vierunddreißig... der edelste, der tapferste, der beste aller Römer. Tot. Das leere Gesicht von Fieberflecken gezeichnet; der Speichel um den verzerrten Mund mit Blut gefleckt. Tot... Germanicus tot... an Gift gestorben! Caligulas Vater... ermordet!

Er wollte nicht hinsehen. Er würde nicht hinsehen. Er konnte nicht hinsehen. Nicht zu seinem Vater. Aber das Kind Caligula wußte jetzt, wo es sich befand. Es war der zwanzigste Meilenstein. Als Germanicus im Triumph nach Rom zurückgekehrt war, die Kriegsbeute hinter seinem siegreichen Wagen, waren alle Bürger Roms zwanzig Meilen aus der Stadt herausgekommen, um ihn zu begrüßen. Angeführt von den Senatoren, deren Füße mit feinstem Leder bekleidet waren, während das gemeine Volk nur Sandalen aus rohem Holz trug, so waren alle dieses Weges gekommen, müde und durstig, nur um Germanicus die Ehre zu erweisen. Und jetzt war er tot, und am Meilenstein würde man seinen ermordeten Körper verbrennen. Aber Caligula wollte und würde nicht hinschauen.

»Agrippina!« sang die Menge. »Witwe... edelste der Frauen... Mutter von Prinzen...«

Caligula spähte durch den Nebel des Traumes. Wieder lichtete sich der Traumdunst und enthüllte die ernsten, strengen, blassen Gesichtszüge seiner Mutter, deren Gesicht auch im schweren Leid gefaßt war. Dann verschwand sie, und jetzt war auch ihr Platz leer. Mutter! Agrippina! Komm zurück!

»Mutter von Caligula...«, dröhnte die Menge ihren Totengesang. »Der Engel Caligula... der Liebling des Heeres...«

Er sah sich nach Germanien zurückversetzt... zu den Legionen, die ihn verehrten. Er war mit seiner kleinen Rüstung und den winzigen Stiefelchen bekleidet. Wieder hörte er das Klatschen und Klirren der Waffen, die vor Entzücken auf die Schilde geschlagen wurden, während er für sie tanzte... ihr Prinzchen, ihr Baby-Soldat, ihr lebender Glücksbringer. Er hörte das Wiehern der entsetzten Pferde, die vor dem Lärm der Soldaten zurückscheuten. Jetzt schloß sich Germanicus den Soldaten an. Er beugte sich herab, hob das Kind Caligula auf und setzte den kleinen Jungen auf die breiten, männlichen Schultern, um ihn stolz seinen Männern zu zeigen. Kleine Stiefel. Sogar Großmutter Antonia lächelte, obwohl sie ansonsten eine ruhige, gesetzte und vornehme römische Matrone war. Stiefelchen. Und er war so glücklich. Er liebte seinen Vater so sehr... Germanicus, so stattlich, so stark, so edel...

Tot. Germanicus war tot. Wessen Hand hatte das Gift eingeschenkt, das dem Vater das Leben genommen hatte? Wessen Hand hatte die Brüder erschlagen? Drusus, zu Tode gehungert... Nero, erstochen... und beide Leichen so verstümmelt, daß es fast nichts mehr zum Verbrennen gab.

Die Reihe der Marschierenden näherte sich nun dem Ende.

Das Kind Caligula konnte die Gesichter erkennen, die vor ihm vorüberschwankten... die Maske seines Vorfahren Julius Caesar, das Gesicht vor Qual verzerrt, als die Dolche seiner besten Freunde in seine Brust drangen und das Herz suchten. Julius Caesar, Großvater von Germanicus, der gestorben war, weil er Rom ganz allein beherrschen und regieren wollte. Caligula scheute voller Entsetzen und Grauen vor dieser Maske zurück.

Jetzt kam ein anderer Marschierer mit der Wachsmaske eines alten, müden Mannes vorbei. Augustus, erster Kaiser von Rom, Germanicus' Großvater durch Adoption. Augustus war als Octavian geboren worden. Nach Julius Caesars Tod hatte er mit Marc Antonius um den Besitz der Republik gekämpft. Er hatte ihn besiegt, verfolgt und ausgelöscht... ihn und seine Hure Kleopatra, diese blasse griechische Verführerin, die mit raubgierigen Fingern über Ägypten und Antonius geherrscht hatte. Und eben diese Römer, die Julius Caesar ermordet hatten, weil er es gewagt hatte, seine Hände nach Rom auszustrecken, hatten ganz Rom in die Hände von Octavian gegeben und ihn mit Ehren und Ämtern überhäuft. Man hatte ihm großzügig Titel verliehen: Princeps, Imperator, Augustus. Rom war von einer Republik in die persönliche Domäne eines einzigen Mannes und seiner Frau verwandelt worden.

»Heil dem Großvater von Augustus!« intonierte die Menge. »Heil dem Augustus Caesar! Jetzt ein Gott!«

Wahr. Es war wahr; Augustus wurde jetzt als Gott verehrt. Man hatte ihm von der Donau bis zum Euphrat Tempel errichtet. Das Fleisch von Bullen und anderen Opfertieren wurde auf Augustus' Altaren verbrannt. Vergötterung! Wie würde Marcus Antonius gelacht haben!

Jetzt machte man sich daran, die Leiche zu verbrennen. Aber Caligula wollte nicht hinsehen. Man konnte ihn nicht zwingen, hinzuschauen. Er konnte die große Bronze-Urne sehen, die bereitgestellt worden war, um Germanicus' Asche aufzunehmen. Caligula konnte hören und spüren, wie das Feuer stärker aufloderte, immer stärker. Die Flammen züngelten gierig nach Germanicus' Körper, nach allem, was von dem Mann übrig war, um ihn bis auf die Knochen und sein Herz zu verzehren. Oh, ja... sein Herz. Das Herz eines Mannes, der durch Gift ermordet wurde, brannte nicht; das wußte jedermann, sogar ein sechsjähriges Kind. Der in die Toga eingewickelte Körper von Germanicus lag auf einer hohen Totenbahre ausgestreckt und wurde von acht seiner getreuesten Offiziere getragen, von den Besten irgendeiner römischen Legion. Aber jetzt schienen sie plötzlich nicht länger beim zwanzigsten Meilenstein zu sein. Sie waren bei Augustus' Mausoleum auf dem Marsfeld.

Das Kind sah sich voller Verzweiflung um. Drusilla stand etwas abseits von ihren Schwestern und war aschgrau im Gesicht. Agrippinas Platz war leer. Wo Drusus Caesar und Nero Caesar gestanden hatten, waren leere, dunkle Stellen. Wessen Hände hatten sie alle fortgerissen? Und wer würde als nächster an die Reihe kommen? Wer von Caligulas Familie würde als nächster ums Leben gebracht werden?

Die Menge hielt den Atem an, als eine große, ganz in Schwarz gewandete und verschleierte Gestalt auftauchte. Die Gestalt bewegte sich sehr langsam; sie war vom Alter gebeugt. Und die Menge zog sich vor ihr zurück, als befürchtete sie, durch eine Berührung angesteckt zu werden.

Das Kind Caligula spürte, wie die Angst erneut nach ihm griff und sein Herz sich vor Entsetzen zusammenpreßte. Er stand wie erstarrt da, allein, und beobachtete, wie die so grauenvoll gefürchtete Gestalt näher und immer näher kam. Er konnte sich nicht bewegen. Sein Mund war trocken, und sein ganzer Körper zitterte wie der eines neugeborenen Kätzchens. Bei jedem Schritt der großen, dunkel gewandeten Gestalt klopfte Caligulas Herz lauter und immer lauter, schneller und immer schneller, als wollte es versuchen, seiner Brust zu entrinnen.

Jetzt hob die Gestalt eine Hand und zog den Schleier vom Gesicht.

Der kleine Caligula riß entsetzt die Augen weit auf. Er sah ein Gesicht, uralt und fleckig von wunden Stellen; die Zähne waren lang und gelb; drohend wirkten die grauen, buschigen Brauen über den Augen, die vor teuflischer Bösartigkeit funkelten.

»Heil dem Vater von Germanicus! Heil Tiberius Caesar, Kaiser von Rom!« schrie die Menge, aber es lag keine Wärme in diesem Aufschrei – nur Furcht. Diese Furcht wurde durch das wilde Pochen des Kinderherzens vertausendfacht. Mit wachsendem Entsetzen sah Caligula, wie sein Großvater die Hände nach ihm ausstreckte. Er spürte, wie er in die Luft gehoben wurde und näher und immer näher an diese so tödlich glitzernden Augen herangetragen wurde... dichter und immer dichter heran an dieses wundfleckige Gesicht...

Er schrie.

Er schrie und schrie, sein magerer Körper zuckte konvulsivisch im Bett; seine Glieder schlugen blindlings um sich vor Angst.

»Gaius! Gaius!«

Caligula öffnete die Augen, blinzelte und schüttelte den Kopf, um ihn von den dunklen Nebeln des Traumes zu befreien.

Neben ihm drehte Drusilla den Docht der Silberlampe hoch, dann umarmte und besänftigte sie den zitternden Bruder.

Er ist klatschnaß! dachte sie und zog ihn noch dichter an sich. Er ist kalt wie Schnee und in Schweiß gebadet.

»Pscht, pscht!« sprach sie ihm leise wie einem Baby zu. »Ist doch nichts weiter als ein Traum...«

»Er wird mich töten!« murmelte Caligula und preßte das Gesicht an die warmen Brüste der Schwester.

»Nein, nein, du bist sicher.« Drusilla wiegte ihn in den Armen hin und her. »Du bist sicher. Du bist ja bei mir.«

Er entzog sich ihrer Umarmung und schaute zu ihr auf.

»Wie kommst du darauf, daß ich sicher bin, wenn ich hier bei dir bin?« fragte er und lächelte bitter.

Drusilla blickte den kleinen Bruder zärtlich an. Ihre blauen Augen suchten im Lampenschimmer nach Caligulas Augen. Sie hatten die gleichen Augen, die beiden; Germanicus' Augen, aber während Germanicus stets ruhig und unerschrocken dreingesehen hatte, waren Caligulas Augen vor Angst weit aufgerissen.

»Also, gut«, sagte Drusilla. »Du bist nicht sicher«, gab sie zu und lachte ein wenig. »Ich wollte doch nur...« Sie brach ab, als sie bemerkte, daß Caligulas magere Schultern immer noch zitterten. Mit einem Zipfel des Lakens wischte sie ihm den Schweiß von Stirn und Wangen, während sie sanft und leise fragte: »Wieder der gleiche Traum?«

Caligula nickte wortlos. Für diesen Traum gab es keine Worte.

»Das Begräbnis unseres Vaters?« Ihre Stimme war kaum zu hören.

Caligula sog zusammenschauernd die Luft ein und nickte abermals.

Drusilla war mit diesem Traum vertraut; mit allem, nur nicht mit dem tiefsten Entsetzen.

»Und der Kaiser hebt dich hoch...«, wisperte sie.

Ihr Bruder zitterte wie ein Blatt im Wind. Er erinnerte sich an diese teuflisch glitzernden Augen; an die scharfkantigen, gelblichen Zähne; an die starken, aber kräftigen Finger, die wie Geierklauen zupacken konnten.

»Aber was passiert *dann*?« fragte Drusilla. Soweit ihr bekannt war, hatte dieser Traum nie ein Ende genommen.

Und Gaius hatte ihn während seiner sechsundzwanzig Lebensjahre doch schon so unendlich oft geträumt.

»Ich wache auf«, erwiderte Caligula heiser. »Kurz bevor er mich tötet, auf die gleiche Weise tötet, wie er ja auch schon...«

Drusilla legte ihm rasch einen Finger warnend auf die Lippen.

Tiberius' Spione waren überall; es würde Drusilla nicht einmal überraschen, wenn sogar Gaius' eigenes Schlafzimmer ständig bespitzelt würde. Man brauchte ja nur ein kleines Loch in eine Wand zu bohren; ein allerkleinstes, kaum wahrnehmbares, winziges Loch wäre alles, was Tiberius brauchte, um auf seine tückische Art zu verhängnisvollen Beweisen zu gelangen.

Caligula drängte sich noch etwas dichter an seine Schwester heran und umklammerte sie krampfhaft, jetzt jedoch eher wie ein Sohn als wie ein Liebhaber. Er flüsterte in ihr goldenes, vom Liebesspiel zerzaustes Haar und erinnerte sie: »Er hat unseren Vater getötet. Unsere Mutter. Unsere Brüder.«

»Pscht!« murmelte Drusilla. Solche Behauptungen waren

höchst gefährlich. Man sollte sie lieber unausgesprochen lassen. Tiberius hatte schon Hunderte, wahrscheinlich Tausende gefoltert, die viel geringere Vergehen begangen hatten.

»Ich will nicht sterben!« Caligulas Worte waren nur gedämpft zu hören, weil er sein Gesicht fest ans weiche Fleisch von Drusillas Brüsten drückte.

»Das wirst du ja auch nicht«, sagte sie energisch. »Kannst du doch gar nicht. Du bist sein Erbe. Es gibt außer dir niemanden sonst.«

»Doch... da ist der Junge«, sagte Caligula und runzelte die Stirn. Er meinte Tiberius Gemellus, den *echten* Enkel des Kaisers, einen Blutsverwandten, der allerdings auf der falschen Seite der Decke geboren worden war. Kleiner Bastard! dachte Caligula. Eines Tages werde ich ihn töten!

Drusilla schüttelte den reizenden Kopf. »Er ist zu jung. Tiberius ist schon zu alt.« Sie brachte ihre seidenweichen Lippen dicht ans Ohr des kleinen Bruders. »Du wirst Kaiser werden... bald!« versprach sie ihm.

Caligula gönnte sich Entspannung an ihren samtweichen Brüsten.

Drusilla hatte wie üblich die Macht, ihren Bruder zu beruhigen und ihm zu helfen, sich wieder etwas wohler zu fühlen.

»Ich werde dich zur Königin... zu meiner Frau... zur ständigen Begleiterin machen!« schwor er heiser, während er mit einer Hand über die zarte, glatte Haut von Drusillas Oberschenkel strich. Sein Mund öffnete sich, und seine Zunge huschte zur rechten Brustwarze seiner Bettgefährtin.

Aber Drusilla zog sich zurück, als wollte sie sich weigern, ein weinendes Baby zu stillen.

»Das kannst du doch gar nicht. Ich bin ja deine Schwester.«

Sie schwang die Beine seitlich vom Bett und langte nach der großen Truhe, die ganz in der Nähe stand. Drusilla griff nach Kamm und Spiegel. Der Spiegel bestand aus schwerem, glänzendem Silber und wies auf der Rückseite zwei miteinander verschlungene nackte Gestalten auf. Eine sehr alte etruskische Arbeit und sehr wertvoll. Stirnrunzelnd betrachtete Drusilla ihr Spiegelbild, während sie begann, die elfenbeinernen Zinken des Kamms durch das zerstrubbelte Haar zu ziehen. Wenn der Kamm zu sehr zauste, verzog sie unbehaglich und mißmutig das Gesicht.

Caligula wälzte sich amüsiert auf den Bauch herum, um die Schwester zu beobachten. Sie war so schön, seine Drusilla... sein anderes Selbst. Sein Blick verschlang die nackte Schönheit; nur Drusilla besaß einen Körper, dessen Caligula niemals überdrüssig wurde. Er hátte schon mit vielen Frauen Liebe gemacht... mit Männern, ja sogar mit Kindern. Ein paarmal hatte er sich froh und glücklich der erbarmungslosen sexuellen Bestrafung durch seine fast zwei Meter großen afrikanischen Sklaven unterworfen. Aber nur sie, seine Schwester, seine Drusilla hatte diesen magischen Zauber, der ihn wieder und immer wieder zu ihr zurückzog, um seinen unersättlichen Durst am Brunnen zwischen ihren seidigen Oberschenkeln zu stillen.

»Die Pharaonen von Ägypten haben *immer* ihre Schwestern geheiratet«, erinnerte er sie.

»Nun, wir sind keine Ägypter, und ich bin froh, das sagen zu können«, erwiderte Drusilla und warf den Kopf dabei in den Nacken. »Wir sind anständige, gesittete Römer!«

Caligula lachte schallend. »Na, ganz so anständig und gesittet sind wir ja nun auch wieder nicht!« entgegnete er und grinste sie dabei wollüstig an. »Wie ist's denn so mit deinem Ehemann?« erkundigte er sich beinahe bösartig und gehässig.

»Was soll wie sein?« fragte sie zurück und warf ihm über die nackte Schulter hinweg einen gezierten Blick zu.

Wie ein Fuchs, der über ein Huhn herfällt, warf sich Caligula auf Drusilla und drückte sie aufs Bett zurück. Dann bestieg er sie, ächzte und keuchte und stöhnte und bewegte in einer grotesken Parodie des Geschlechtsaktes die Hinterbacken hin und her.

»Ach, hör doch endlich auf, dich so kindisch zu benehmen!« schalt Drusilla. Sie war halb verärgert, halb belustigt. Scherzhaft versuchte sie, ihn zurückzustoßen.

»Er ist ja so schrecklich fett!« höhnte Caligula. Mit einer Hand drückte er Drusillas Schultern aufs Bett und benutzte die andere Hand dazu, die Schwester zu kitzeln und zu necken. Er zwirbelte das krause Schamhaar zwischen den Fingern, tastete nach der feuchten Spalte, schob einen Finger hinein...

»Er ist nicht fett!« protestierte die Schwester schwach. »Er ist nur groß.«

»Aber klein, wo es darauf ankommt!« zischte Caligula, und jetzt troff seine Stimme förmlich vor Verachtung.

Drusillas Oberschenkel hatten sich leicht entspannt; gerade genug, um seine Hand dorthin wandern zu lassen, wohin sie wandern wollte.

Er schob noch zwei Finger hinein und löste damit bei Drusilla plötzliches lautes Lustkeuchen aus.

»Woher weißt du das?« fragte sie und starrte ihn an.

»Ich habe ihn beim Baden gesehen«, flüsterte er.

Marcus Lepidus, dieser Fettkloß, der es wagte, seine – Caligulas – eigene Schwester in den Armen zu halten und sie zu gebrauchen...! Eines Tages werde ich auch ihn töten! dachte Caligula. Ich werde ihm dieses Fett von den Knochen schmelzen, diesem Hurensohn einer räudigen Hündin!

»Da hast du mir so leid getan...«, murmelte er. Dann steckte er seine Zunge tief in Drusillas Ohr und leckte darin herum.

Drusilla erschauerte in lustvoller Wonne.

Inzwischen war er wieder hart geworden. Sein Penis ragte dick und lang von seinem schmalen Torso nach vorn. So schmächtig war sein Körper, daß sein Lustorgan in keinerlei angemessenem Verhältnis dazu zu sein schien. Listig strich er mit seinem Zepter über den weichen, glatten Bauch der Schwester und ließ sie die Länge und Stärke fühlen, als wolle er sie damit herausfordern, sein Prachtstück mit dem mickrigen Fleisch des fettleibigen Schwagers zu vergleichen.

Drusilla keuchte, als sie das harte, steife Glied spürte.

»Du bist wirklich ein Mann...« Sie seufzte und lachte heiser.

Das Licht der Silberlampe spielte auf den Körpern der beiden Liebenden, die wie Spiegelbilder im Wasser schimmerten. Sie beobachteten sich gegenseitig sehr aufmerksam, während sie sich liebten. Jeder achtete sorgfältig auf das kleinste Anzeichen von wachsender Leidenschaft. Mit Küssen, mit kleinen, zärtlichen Liebesbissen fachte jeder von ihnen die Erregung des anderen noch mehr an.

Langsam zog Caligula sein erigiertes Glied am Körper seiner

Schwester nach oben und drückte ihre Brüste zusammen, um einen Tunnel für seinen Penis zu schaffen.

Drusilla legte sich fasziniert zurück und beobachtete, wie sich sein dickes Zepter zwischen ihren Brüsten auf und ab bewegte..., und immer dichter an ihr Gesicht herankam. Sie langte nach unten, umfaßte leicht seine Testikel. Sie kitzelte sie, rieb zwischen Hoden und Anus, beugte den Kopf nach unten und streckte die Zunge weit heraus, um an der Schaftspitze zu lecken, als diese endlich dicht genug an ihr Gesicht herangekommen war. Die Lanze selbst blieb zwischen den Brüsten.

Caligula massierte die steinharten Warzen zwischen den Fingern.

»Gaius... aaah... Gaius!« hauchte Drusilla... So viele Jahre. Seit so vielen Jahren hatten sie Liebe miteinander gemacht, sie und ihr jüngerer Bruder; es hatte schon begonnen, als er gerade alt genug gewesen war, um eine Erektion zu bekommen. Er erregte sie, wie es kein anderer Mann tun konnte. Es war beinahe, als wäre Caligula nicht nur ihr Bruder, sondern Drusilla selbst. Er kannte jeden Nerv ihres Körpers genauso gut wie sie selbst... und umgekehrt. Sie schienen imstande zu sein, restlos miteinander zu verschmelzen und eins zu werden.

Jetzt drehte Caligula seine Schwester auf den Bauch herum und zog sie auf die Knie hoch. Er kniete sich hinter sie, vergrub sein Gesicht zwischen ihren hochgereckten Hinterbacken, leckte und saugte an ihr, während seine Finger die Brüste massierten und reizten. Als ihm das Stöhnen und Schreien der Schwester verriet, daß sie nun bereit war, schob er seinen Penis langsam in sie hinein und ließ sie jeden Zoll seiner Härte und Steife genießen.

»Du bist größer...!« keuchte Drusilla.

Caligula stieß in sie hinein..., und dann noch einmal.

»Besser?« fragte er, und seine Hüften bewegten sich in kräftigem Rhythmus. Der rasselnde Laut, der sich Drusillas Kehle entrang, verriet ihm, daß sie gleich zum Höhepunkt gelangen würde. Deshalb zog er sich ein wenig zurück und verhielt sich einen Moment ganz still. »Besser?« fragte er noch einmal.

»Ooooh... ja! JA!!« stöhnte sie. Ihre Hüften folgten seiner Rückwärtsbewegung. Sie versuchte, sich so tief wie möglich aufzupfählen. »Nicht aufhören, Gaius... im Namen aller Götter... höre nicht auf... höre nicht auf...«

Plötzlich zerriß ein schmetterndes Trompetensignal die Stille.

Alarmiert ließ sich Drusilla nach vorn aufs Bett fallen, so daß Caligula kniend zurückblieb.

Beide wandten sich gleichzeitig nach der Tür um.

Klirrende Geräusche von bewaffneten, marschierenden Männern waren durch die Tür zu hören.

Wieder ertönte das unverkennbar soldatische Trompetensignal.

»Was ist das?« fragte Drusilla entsetzt.

Caligula hob eine Hand und gebot der Schwester Schweigen. Er kniff die Augen zusammen und konzentrierte sich auf die Laute von draußen.

»Der Kommandant der Wache«, entschied er schließlich.

»Kommt er hierher?« fragte Drusilla. Sie schob die Bettvorhänge beiseite, schwang die nackten Füße auf den Marmorboden und langte nach ihrem Linnengewand. Schnell und lautlos raffte sie ihre goldenen Haarnadeln und ihre Sandalen zusammen, während sie sich bereits hastig nach einem geeigneten Versteck umsah.

Caligula zeigte zur Tür.

Drusilla lief hinüber, um sich dicht neben der Tür eng an die Wand zu stellen. So würde sie nicht zu sehen sein, falls die Tür geöffnet wurde.

Caligula hatte sich eine seidene Robe umgeworfen, die mit Goldfäden bestickt und gesäumt war, und hatte sich mit einem scythischen Dolch bewaffnet.

Während Drusilla die letzte Haarnadel einsteckte und die wirren Locken zu einer bescheidenen Frisur arrangierte, wurde von draußen leise an die Tür geklopft.

»Prinz Caligula!« sagte die Stimme des Sklaven. »Darf ich Euer Hoheit bitten, Macro, den Hauptmann der kaiserlichen Wache, zu empfangen?«

Caligula warf Drusilla rasch noch einen warnenden Blick zu und stand kerzengerade aufgerichtet da. »Komm herein!« rief er und zog den eisernen Türriegel zurück.

Die schwere Holztür schwang langsam nach innen.

Naevius Sartorius Macro kam stramm hereinmarschiert, in Ehrerbietung vor dem adoptierten Enkel des Kaisers hielt er den Helm unter dem Arm. Macro war ein dunkler Mann, nicht viel größer als Caligula, also recht klein für die Praetorianer-Garde, aber Brust, Schultern und Hals verrieten so viel Kraft, daß man die kurzen Beine vergaß. Sein Brustschild war spiegelhell poliert, und die ledernen Beinschienen glänzend eingefettet. Er hob den rechten Arm zum römischen Gruß, die Handfläche nach unten, dann legte er zur Huldigung die geballte Faust auf die Brust.

Caligula nickte und legte den scythischen Dolch wieder weg. Er vertraute Macro... soweit er überhaupt irgendeinem Mann vertraute. Außerdem mußte er dieses Vertrauen zur Schau stellen, denn er brauchte Macro.

Der Hauptmann der Wache sah sich neugierig um, aber er konnte Drusilla hinter der dicken, schweren Tür nicht sehen. Zwar war das Bett zerwühlt, aber es gab keinerlei anderen Beweis dafür, daß Caligula nicht allein war. Keine verstreut herumliegende Sandale, keine Bewegung hinter einem leise wehenden Vorhang. Das Licht der einzelnen Lampe warf beinahe unheimliche Schatten auf die bemalten Wände.

Macro zögerte. »Ich störe doch nicht?«

Caligula begriff sofort, daß irgendein übereifriger Zuträger – oder, was noch viel schlimmer wäre, irgendein Spion – Macro gemeldet hatte, daß Caligula nicht allein war. Er kniff die Augen leicht zusammen, während er den Hauptmann breit, freundlich und unaufrichtig anlächelte.

»Nur meine Träume.« Er winkte lässig mit einer Hand zum Bett hinüber.

»Glückliche Träume?« fragte Macro respektvoll.

Caligula zuckte die Schultern. »Was gibt es Neues aus Capri?«

»*Er* möchte dich sehen«, erwiderte der Hauptmann. »Am Tiber liegt ein Schiff bereit, das auf dich wartet. Es fährt bei Tagesanbruch ab.«

Caligula hatte Mühe, das einsetzende Zittern seines Körpers unter Kontrolle zu bekommen. Jäh verwandelte er sich vom Prinzen wieder in einen sechsjährigen Jungen. *Er* wollte ihn sehen! Tiberius! Caligula wurde zu Kaiser Tiberius befohlen! So viele Männer vor ihm hatten diesen Befehl schon befolgt..., und ihnen waren nur Folter und Tod beschieden gewesen! Was kann er von mir wollen? fragte sich Caligula. Sein Mund war plötzlich wie ausgedörrt.

»Was... was will *er* denn von mir?« stammelte er.

Macro nickte beruhigend. »Keine Bange... du bist sicher.« Er erlaubte sich eine etwas lässigere Haltung, beugte sich vor und flüsterte: »*Wir* sind sicher.«

Aber Caligula war nicht so leicht zu beruhigen. »Niemand ist sicher, Macro«, sagte er.

Macro nahm sofort wieder stramme, respektvolle Haltung an und setzte seinen Helm auf, der Roßhaarbusch wehte. »Du sollst dich dem Kaiser auf der Insel Capri anschließen. Dann wirst du ihn nach Rom zurückbegleiten.« Damit kündigte er Tiberius' Befehle an.

Caligula war jetzt gründlich alarmiert und unternahm keinerlei Anstrengung mehr, seine Furcht zu verbergen.

»Nach... Rom?« fragte Caligula konsterniert und verzog das Gesicht. »Tiberius kommt... hierher?« Unmöglich! Tiberius hatte doch zehn Jahre lang keinen Fuß mehr nach Rom gesetzt! Er regierte von seinem Landsitz aus und übermittelte seine Wünsche dem Senat in langen, ausführlichen Instruktionsbriefen. Oder, besser gesagt, in *De*struktionsbriefen, denn üblicherweise enthielten sie doch nur Befehle für weitere Hinrichtungen.

Aber Macro nickte bestätigend und sagte: »Ja.«

»Aber... aber... warum?« stammelte Caligula verwirrt. »Er haßt Rom. Er liebt Capri.« Er fürchtet Rom, dachte Caligula. Er befürchtet, hier von der Hand seiner Feinde den Tod zu finden. Falls es überhaupt noch einen Feind gab, den er am Leben gelassen hatte.

Macro zuckte die Schultern. »Ein letzter Blick, nehme ich an.« Er sah Caligula listig an. »Immerhin ist er ja schon siebenundsiebzig...«

»Möge er ewig leben«, erwiderte Caligula automatisch mit der vorgeschriebenen Formel. Murmelnd fügte er hinzu: »Und das wird er auch... er wird!«

»Er wird nicht«, sagte Macro entschieden. »Aber hüte dich vor Nerva. Er ist unser Feind.«

»Ich weiß.« Caligula nickte düster. Marcus Cocceius Nerva, dieser steifnackige, alte Narr. Er *war* gefährlich, wenn auch nur durch seine Unbestechlichkeit. Caligula würde niemals begreifen, wie Tiberius es geschafft hatte, einen ehrenhaften Mann wie Nerva zum Freund zu behalten. Das paßte kaum zur sonstigen kaiserlichen Politik.

»Wir werden uns mit ihm befassen... zu gegebener Zeit«, versprach Macro. Seine Stimme nahm einen weicheren Tonfall an. »Ennia...?«

Caligula zwang sich, etwas Wärme in seiner Stimme mitklingen zu lassen. »Ennia... ja. Wie geht es ihr?«

»Verliebt«, sagte Macro leise. Er lächelte und zog eine Braue hoch.

»Also in der Hölle, wie die Dichter sagen«, erwiderte Caligula leichthin, aber im Grunde seines Herzens stöhnte er.

Ennia Naevia. Diese Hure! Von allen Lasten, die er zu tragen hatte, und es gab viele schwere Lasten, war Macros Eheweib die schwerste. Für Caligula gab es nur einen einzigen Weg, sich die Loyalität des Hauptmanns der Garde zu sichern; Caligula mußte – wenn auch noch so widerstrebend – der Geliebte von Macros Ehefrau werden. Und was noch schlimmer war – Caligula mußte sogar heucheln, leidenschaftlich und wahnsinnig in Ennia verliebt zu sein. Er mußte dieser Metze versprechen, daß sie an seiner Seite herrschen und mit ihm das Imperium teilen würde. Und alles dies nur, weil er Macro brauchte. Der Preis, den er für die Loyalität dieses Mannes bezahlen mußte, war Ennia..., und das war ein sehr hoher Preis.

»Soll ich ihr sagen, daß sie zu dir kommen soll?« fragte Macro und warf dabei schnell einen anzüglichen Blick zum verwühlten Bett hinüber.

Caligula schaute hastig zu der dicken Holztür, hinter der Drusilla verborgen war. »Nein... nein... nein... Ich werde zu ihr gehen. Wir werden zusammen hingehen.« Er zeigte auf seinen fast durchsichtigen Seidenumhang, auf sein zerwühltes Haar und sagte: »Lasse mir Zeit, mich anzuziehen.«

»Ja, Prinz.« Macro schlug sich erneut mit der geballten Faust auf die gepanzerte Brust, drehte sich um und verließ den Raum.

Caligula machte hinter ihm die Tür zu und atmete erleichtert auf, dann schob er den Riegel vor. Drusilla und Caligula starrten sich gegenseitig an. Beide waren mißgestimmt. Er konnte die Besorgnis in ihrem Gesicht erkennen; ein Spiegel seiner eigenen Befürchtungen.

Mit nervösen Fingern streifte Caligula den seidenen Umhang ab und vertauschte ihn mit einem dezenteren Gewand.

Geduldig war ihm Drusilla behilflich, die Falten seiner Tunika zu ordnen.

»Tiberius wird mich töten!« rief Caligula, während seine Schwester die Falten seiner Robe glättete. »Er wird mich töten und diesen Jungen Gemellus zu seinem Erben machen! Ich weiß es! Ich weiß es!« Seine Nerven waren vor Angst bis zum Zerreißen angespannt. Er redete viel zu schnell und viel zu viel.

»Das wird er nicht tun.« Drusilla bürstete sein Haar und verteilte es geschickt auf dem Kopf, so daß es nicht ganz so spärlich wirkte. »Das kann er doch gar nicht. Keine Bange!«

Aber Caligula war jetzt nicht in der Stimmung, sich besänftigen zu lassen. »Er haßte unseren Vater! Er haßt uns. Weil das Volk uns liebt und ihn haßt!« Er suchte einen warmen Umhang für sich heraus; die Nächte waren kalt in Rom, und ihn schauerte es sowieso bereits jetzt.

Drusilla schwieg. Sie wußte, daß etwas Wahres an Caligulas Worten war. Sie sah ihm zu, wie er versuchte, den Umhang mit einer silbernen Fibel mit eingelassenem indischem Smaragd zusammenzustecken. Seine Finger rutschten jedoch aus, und er stach sich mit einem Finger an der spitzen Spange. Sofort stieß er einen kleinen Schrei aus und steckte den Finger in den Mund. Wie ein Baby, dachte Drusilla, und ihr Herz klopfte heftiger vor Mitgefühl.

»Aber du hast doch Macro...«, sagte Drusilla zaghaft. »Und die Garde. Sie alle stehen doch auf deiner Seite und halten zu dir.«

»Das sagen sie.« Caligula blieb verdrossen und war keineswegs überzeugt. Zornig ließ er die Fibel in seine Kleidertruhe zurückfallen.

Drusilla kniete sich sofort neben der Truhe hin und wollte die Nadel wieder herausholen. Aber da fiel ihr Blick auf etwas in den Falten einer Toga. Drusilla langte hinein und holte die *caligae* ihres Bruders heraus.

»Deine kleinen Stiefel!« rief sie. »Du hast sie behalten! Sollen sie dir Glück bringen?« Sie sah ihn fragend an.

Caligula zuckte die Schultern. »Glück bringen? Ja, ich denke schon. Jedenfalls bete ich zu Isis...«

»Nicht zu Isis!« unterbrach ihn Drusilla. »Es ist verboten, sie zu verehren.« Sie hielt ihrem Bruder die kleinen Halbstiefel hin.

Caligula steckte sie in die lederne Tasche, die an seinem Gürtel hing.

»Geh zu Ennia«, gurrte Drusilla. »Zur *schönen* Ennia!« fügte sie verächtlich hinzu, weil sie sich ihrer eigenen Attraktivität absolut sicher war.

»Geh zum Teufel!« knurrte Caligula nur noch, als er hinausging, um sich Macro anzuschließen.

Die hinteren Korridore des Palastes bestanden aus rohem Stein und waren nicht mit Marmor ausgestattet wie die öffentlichen Räumlichkeiten und Gänge. Augustus war nicht extravagant gewesen; allenfalls dann, wenn er sich damit die Bewunderung der Menge hatte verschaffen können. Die Steinblöcke verströmten kühle Feuchtigkeit, und als Caligula mit Macro den schattigen Korridor entlangging, war er froh, seinen Wollmantel mitgenommen zu haben. Hinter den beiden Männern marschierte eine Abteilung der kaiserlichen Palastwache. In unregelmäßigen Abständen brannten Fackeln in Wandhaltern und warfen dunkle Schatten auf die Wände. Caligula zog es vor, nicht hinzusehen. Es erinnerte ihn an den ›Traum‹, und so kostete es ihn einige Mühe, jetzt nicht zusammenzuschauern. Nur die Gegenwart von Macro war ein gewisser Trost, aber Caligula dachte daran, daß die Loyalität dieses Mannes nur an spinnwebfeinen Fäden hing – an einem hauchdünnen Netz, das von Ennia wie von der schwarzen Witwenspinne gesponnen wurde.

»Wir haben nichts zu fürchten«, sagte Macro noch einmal zu Caligula.

Aber Caligula schüttelte stur den Kopf. »Bei Tiberius gibt es immer *irgend etwas* zu fürchten!« Caligula war in Gedanken bereits bei morgen früh... auf diesem Schiff, das nach Capri und damit zum Kaiser segeln würde.

An einer Biegung des Korridors standen zwei Soldaten gleichmütig auf Wache. »Halt!« befahl einer von ihnen. »Das Losungswort?«

»Gerechtigkeit«, antwortete Macro.

»Passieren.«

Der Wachposten hatte sowohl den Hauptmann als auch den Prinzen erkannt, aber er wußte, daß man heutzutage gar nicht vorsichtig genug sein konnte. Deshalb wurde das Losungswort auch jede Nacht geändert. Er hätte sogar Tiberius persönlich angerufen.

»Solange *ich* die kaiserliche Leibgarde befehlige, bist du sicher«, sagte Macro zu Caligula, der ihm unter halb gesenkten Lidern einen raschen Blick zuwarf. Dann legte er eine Hand leicht auf die massige Schulter des Hauptmannes. »Deine Loyalität, Macro, ist... ist...« Da ihm kein passendes Wort einfallen wollte, winkte er ausdrucksvoll mit einer Hand.

»... steht dir jederzeit zu Diensten«, vollendete Macro für ihn. »Genau wie Ennia, meine Frau.« Er sah den jüngeren Mann ruhig und fest an.

Caligula bedachte ihn mit einem charmanten Lächeln. »Die – falls ich verschont bleibe – *meine* Frau werden wird.«

»Und Kaiserin von Rom«, betonte Macro nachdrücklich.

Caligula holte geräuschvoll Atem. »Und Kaiserin von Rom«, bestätigte er.

Sie hatten inzwischen die hintere Tür zu Ennias Räumen erreicht.

Macro verbeugte sich soldatisch und ließ Caligula eintreten. Bevor der Hauptmann jedoch wieder ging, stellte er zwei seiner Wachen als Posten vor die Tür. Das Liebespaar sollte unter gar keinen Umständen gestört oder überrascht werden. Das war Macro vor einer halben Stunde nicht gelungen, als Caligula mit dieser blutschänderischen Hure Drusilla zusammengelegen hatte, wovon Macro felsenfest überzeugt war. Er hatte die Absicht gehabt, die beiden in flagranti zu erwischen. Seine Information war gut gewesen. Aber die beiden waren ihm entwischt. Drusilla schien sich in Nebel aufgelöst zu haben, wie er in Britannien über dem Boden zu schweben pflegte. Aber eines Tages würde Macro diese beiden schon in der gleichen Falle fangen, den Bruder und die Schwester... so wie Vulcan ja auch Venus und Mars ertappt hatte..., und dann würde Macro bei diesem Schwächling von Prinzen die Oberhand haben.

Caligula betrat Ennias Schlafgemach und konnte nur mit Mühe ein unwilliges Stöhnen unterdrücken.

Ennia lag bereits nackt im Bett. Parfümierter Weihrauch stieg in einer Wolke zur bemalten Decke hinauf. Die Lampendochte waren sehr niedrig gedreht. Irgendwo aus der Ferne waren die leisen Klänge einer behutsam gezupften Lyra zu hören.

Die Stute ist bereits in Hitze und wartet schon ungeduldig auf den Hengst, sagte sich Caligula. Er spürte aufsteigenden Haß wie gallebitteren Geschmack im Halse, während er sich der seidenbespannten Liegestatt näherte und dabei ein falsches Lächeln ins verkniffene Gesicht zwängte.

Ennia unterschied sich von Drusilla wie Hecate von Aphrodite. Drusilla war warm und golden, mit geschwungenen Hüften und üppigen, von rosigen Warzen gekrönten Brüsten. Ennia war dunkel und schlank, beinahe schmächtig; ihre winzigen Brüste wiesen dunkelbraune Warzen auf. Zwischen ihren Beinen ist ein lebendes Ding, dachte Caligula und starrte das dichte Gestrüpp aus drahtigem, schwarzem Haar an. Ein Tier, das nach seinem Blut lechzte..., das ihn bei lebendigem Leibe verspeisen würde!

Aber Ennia lächelte ihn verführerisch an und streckte ihm eine stark parfümierte Hand entgegen, deren Finger mit kostbaren goldenen und mit Edelsteinen verzierten Ringen geschmückt waren. Jetzt würde der Hengst seine Pflicht tun müssen!

Merkwürdigerweise steigerte der Haß auf diese Frau Caligulas Sinnenlust. Ungeduldig streifte er die Tunika ab. Wenn er Ennia schon nicht zu Tode würgen konnte, wie er es sich wünschte, dann wollte er sie – bei allen Göttern! – wenigstens zu Tode *reiten*. Er warf sich unter dumpfem Grollen auf ihren Körper, rammte in sie hinein und zwang sie gewaltsam, die Füße auf seine Schultern zu legen, damit er noch tiefer eindringen konnte. Er grunzte und knurrte vor animalischer Wollust, hob ihre Hinterbacken hoch vom Bett ab und hämmerte mit kurzen, harten Stößen in sie hinein.

Ennia liebte das. Sie zerschrammte mit den Fingernägeln seine Haut und spornte ihn zu noch größeren Anstrengungen an.

»Tu's!« keuchte sie. »Tu's härter! So ist's recht, mein Sturmbock, mein Prinz! Stoß mich tiefer! Laß mich jeden Zoll von dir spüren! Ja... ja... so... so! Oh, einfach so, mein Geliebter! Mehr! Mehr! Komm jetzt! Ich möchte spüren, wie es dir kommt... kommt... ah... aah... aaah...!!!«

Caligula schwitzte vor Lust, zog seinen schwellenden Penis heraus und zielte damit nach ihrem Mund.

»Nimm ihn!« grollte er. »Und sauge daran, bis du erstickst!«

Ennia warf sich eifrig auf ihn und begann zu lecken und zu saugen. Sie verstand sich gut darauf, sehr gut, sogar noch besser als Caligulas dreizehnjähriger griechischer Sklavenjunge. Jetzt spreizte sie mit den Fingern seine Hinterbacken auseinander, schob zwei Finger tief hinein und rieb... rieb... rieb...

Caligula ertrank in Wogen der Wollust. Er konnte bereits spüren, wie sein Samen aus den Hoden hochstieg. Unter lautem Stöhnen zog er sich aus ihrem Mund zurück und hatte einen reichlichen Erguß, der über ihr Gesicht, über ihren Hals und über das nach neuester Mode so sorgfältig frisierte Haar spritzte. Da...! So...! Das sollte ihr wohl genügen! Der königliche Hengst hatte seine Tricks ausgespielt!

Erschöpft ließ sich Caligula auf die Kissen zurückfallen. Er kam sich irgendwie schmutzig vor... *benutzt*. Sie hatten sich in der Tat gegenseitig benutzt, sowohl im Bett als auch außerhalb. Er wünschte Ennia tausend Meilen weit fort, nach Syrien, wo Germanicus gestorben war. Er wünschte sich tausend Meilen weit fort, zurück in Drusillas Arme. Vor allem aber sehnte er sich nach einem Bad... kalt, heiß, lauwarm, in dieser Reihenfolge, und anschließend eine sanfte Massage mit parfümierten Ölen. Und dann... oh, dann... wollte er schlafen. Aber schlafen, ohne diesen ›Traum‹ zu haben.

Er wandte sich von Ennia ab.

»Was ist los?« fragte sie mit falscher Zärtlichkeit.

Caligula erinnerte sich gerade noch rechtzeitig genug daran, daß er vor ihr seinen Widerwillen, seine heftige Abneigung verbergen mußte. Er zwang sich zu lächeln.

»Nichts, Ennia, meine Liebe.« Er drückte sie an sich und barg sein Gesicht an ihrem Hals, damit er den Triumph in ihren Augen nicht zu sehen brauchte. »Es ist nur...«, fuhr er fort. »Ich habe doch diese Träume.«

»Ich auch«, schnurrte Ennia. »Schöne, wunderschöne Träume! Alle golden und glorreich!« Sie konnte die Gier in ihrer Stimme nicht ganz unterdrücken. Ennia hungerte nach Macht... nach *seiner* Macht.

»Das sind keine Träume, das ist eine Prophezeiung«, sagte Caligula bedeutungsvoll. »*Falls* ich am Leben bleibe!« Er hatte seine Rolle gespielt. Jetzt war Ennia an der Reihe, ihre Rolle zu spielen.

»Du wirst am Leben bleiben«, entgegnete Ennia denn auch mit äußerster Zuversicht. »Du und ich... wir werden beide am Leben bleiben... und zusammen!« Sie breitete die dünnen Arme aus. »Wir beide zusammen!« rief sie. »Herren von Rom...«

»Mit Macro?« lächelte Caligula.

»Bist du eifersüchtig auf meinen Mann, lieber Junge?« gurrte Ennia und wandte ihm das Gesicht zu.

»Nein, nein!« protestierte Caligula herzlich. In Wirklichkeit verabscheute er diese Farce. »Ihn liebe ich doch auch... wie einen Bruder.« Aber meine Brüder sind tot, dachte er. Tot und gräßlich verstümmelt.

Ennia seufzte und kuschelte sich eng an ihn. »Wir werden ja sooo glücklich sein!« zirpte sie.

Caligula duldete es, daß Ennia seinen Kopf nach unten zog und ihn auf den Mund küßte. Er war jetzt weit weg... weit fort von ihr. Er war auf einem Schiff, auf einer Galeere mit zwei Ruderbänken, unterwegs nach Capri.

Und was ihn dort an diesem felsigen Strand erwartete...?

Das wußten nur die Götter.

ZWEITES KAPITEL

Es war ein herrlicher Tag zum Segeln, aber Caligula hatte sich noch nie in seinem Leben so elend gefühlt. Am frühen Morgen hatte er sich in seinen wärmsten Umhang gehüllt. Macro und eine ausgesuchte Abteilung der Garde hatten ihn zum Ufer des Tibers gebracht, wo das Schiff vor Anker lag. Der Ankerstein war tief ins schmutzige Wasser versenkt. Als Caligula an Bord gekommen war, legte das Schiff sofort ab.

Jetzt hatte man fast Ostia erreicht.

Die schwache Märzsonne beschien mit blassen Strahlen das Wasser.

Caligula stand neben Macro auf dem Achterdeck und beobachtete, wie die Sklaven auf den beiden Bänken die Ruder rhythmisch und tief ins Wasser tauchten. Der Anblick wirkte irgendwie hypnotisierend, aber Caligula ließ sich nicht in Sicherheit lullen. Statt dessen blickte er immer wieder aufmerksam zum Land hinüber. Wann – falls überhaupt – würde er Rom jemals wiedersehen?

In der Hafenstadt Ostia, für Rom der Zugang zum Mittelmeer, flogen schrill schreiende Möwen über das Schiff hinweg und lauerten auf irgendwelche Abfälle. Obwohl es immer noch ziemlich kühl war, lockerte Caligula den Knoten seines Umhangs. Furcht drohte ihn zu ersticken. Wenn man erst einmal das Tyrrhenische Meer erreicht hatte, gab es keine Umkehr mehr bis Capri... und Capri bedeutete möglicherweise den Tod. Wer kannte sich schon bei Tiberius aus? Er war ein mordwütiger, seniler Wahnsinniger, der einmal den Gedanken laut ausgesprochen hatte, daß er Priamos, den König von Troja, darum beneidete, alle seine Kinder überlebt zu haben. Und seine Großkinder auch! dachte Caligula und empfand dabei einen neuen Anflug von Furcht. Nimm Gemellus, alter Mann, betete er stumm vor sich hin. Töte Gemellus! Er ist doch dein echter Enkel! Nicht ich. Ich bin doch nur adoptiert.

Aber Adoption war genauso bindend wie Blutsverwandtschaft. Hatte nicht Augustus selbst Tiberius adoptiert, den Sohn aus Livias erster Ehe? Er hatte ihn nicht nur adoptiert, sondern sogar zu seinem Erben gemacht und an ihn das Reichssiegel des Imperiums weitergereicht. Natürlich war eine schier endlose Reihe von Morden, meistens durch Gift, erforderlich gewesen, bevor Tiberius an die Macht gelangen konnte, doch für alles das war gesorgt worden. Römer von edelster Abstammung waren zu Hunderten getötet worden. Einige hatten sich sogar lieber selbst die Pulsadern geöffnet, als sich Tiberius' rachsüchtigen Grausamkeiten auszusetzen.

Und Tiberius hatte Germanicus adoptiert, Caligulas Vater. Germanicus, der Liebling des Volkes! Wie hatte man ihm bei seinem Triumphzug zugejubelt! Wagen auf Wagen, beladen mit Gefangenen, Waffen und Kriegsbeute aus den Feldzügen in Germanien, gefolgt von Germanicus' triumphalem Siegeswagen, waren in Rom eingezogen. Menschenmassen hatten die Straßen gesäumt und unaufhörlich seinen Namen geschrien. Vielleicht, so dachte Caligula jetzt bitter, könnte sein Vater heute noch am Leben sein, wenn ihn die Menge weniger begeistert empfangen hätte. Tiberius hatte ihre Schreie gehört: »Germanicus! Gib uns Germanicus!« Und als Germanicus nach Syrien gezogen war, da hatte es keine römischen Bürger gegeben, die ihn vor dem weitreichenden Zugriff eines wahnwitzigen Kaisers hätten schützen können. Dort in Syrien war ihm das Gift gegeben worden... ein Tod von qualvoller Langsamkeit, der Tage gedauert hatte.

Und jetzt war Caligula der Liebling des Volkes. Menschenmengen folgten ihm, nur um seine Stiefel zu berühren, um an seiner Toga zupfen zu können und dabei seinen Namen zu rufen. Wenn doch bloß das gottverdammte Volk von Rom endlich den Mund halten würde! Hatte er nicht auch so schon Kummer und Sorgen genug? Mußte man Tiberius eifersüchtig machen? Tiberius war bei niemandem beliebt. Das brauchte er auch nicht zu sein, denn er war der Kaiser. Tiberius hatte Angst vor Rom, denn er fürchtete, dort zu sterben – und er wollte doch ewig leben. Im letzten Jahrzehnt hatte er nicht einen Fuß nach Rom gesetzt. Oh, ja... er hatte viele Male versprochen, nach Rom zurückzukehren. Einmal hatte er sogar eine Leibwache vertrauenswürdiger Senatoren verlangt – und auch bekommen –, die ihn hätte begleiten sollen. Aber immer hatte er in letzter Minute irgendeinen Vorwand für eine Absage gefunden: Krankheit, die Sterne standen nicht günstig, oder ähnliche Ausreden. Nichts würde diesen alten Mann von seiner Felseninsel losreißen können, dachte Caligula.

Wenn man ihm wenigstens erlaubt hätte, Drusilla mitzunehmen! Macro mochte zwar ein besserer Leibwächter sein, aber er war doch ein schlechter Ersatz, wenn es ums Trösten ging. Von seinen drei Schwestern war Drusilla die einzige, die er liebte. Oh, ja... er schlief mit allen. Mit der molligen Julia Livilla, deren Vagina nach dem Gerstenwein schmeckte, den sie so liebte. Und mit Agippinilla, dunkelhaarig und ernst wie ihre Mutter, aber eine Tigerin im Bett.

Doch im Grunde genommen machte sich Caligula aus niemandem auf der Welt etwas..., außer aus sich selber und Drusilla. Eigentlich nur aus sich selber, denn Drusilla betrachtete er als einen festen Bestandteil seiner eigenen Person; gewissermaßen war sie die Rückseite der Münze. Die beiden sahen sich sogar ähnlich; beide hatten goldblondes Haar (leider wurde Caligulas Haar schon sehr spärlich, während Drusilla eine enorme Lockenpracht aufzuweisen hatte) und große blaue Augen.

Während die Ruder der Galeere ins Tyrrhenische Meer getaucht wurden, um das Fahrzeug schnellstens nach Capri zu bringen, ließ Caligula seine Gedanken in die Vergangenheit wandern, zurück zu seinen Schwestern. Drusilla war seine erste Geliebte gewesen; damals war Caligula erst zwölf Jahre alt, und die wankelmütigen Römer hatten zu der Zeit den toten Germanicus bereits wieder vergessen. Agrippina, ihre Mutter, lebte im Exil, um dort bald zu sterben. Durch Hunger? Durch das Schwert? Das würde man wohl niemals erfahren. Aber selbst wenn es Selbstmord gewesen war, so trug Tiberius daran die Schuld, nur er allein. Er hatte sie dazu getrieben.

Caligula und Drusilla lebten bei Antonia, ihrer Großmutter, Mutter von Germanicus und von Onkel Claudius, diesem dummen, verkrüppelten Stotterer. Drusilla war fünfzehn und schöner als die schönste Jungfrau, die jemals von Roms Sonne beschienen worden war. Doch alle Kinder waren immer von Angst, vom Hauch des Todes umgeben. Beide hatten stets die dunkle Macht gespürt, die das Leben ihrer Brüder Drusus und Nero bedrohte, die beim Volk so ungemein beliebt waren..., beliebter jedenfalls, als es Tiberius recht sein konnte.

Sie schliefen in schmalen Betten in kleinen, getrennten Räumen. Caligula hatte schon damals diesen ›Traum‹, und wenn er nachts aufwachte, in Angstschweiß gebadet, und vor Entsetzen laut schrie, dann pflegte Drusilla ihn zu hören und zu ihm zu kommen. Sie wiegte ihn dann in ihren Armen, bis ihre Wärme und Liebe den grauenvollen Traum verblassen ließen. So hatte es begonnen.

Im Alter von zwölf Jahren war Caligula so weit, daß er hin und wieder schon eine Erektion bekam. Das war ihm peinlich, und deshalb war er froh und dankbar, diesen seltsamen Zustand in den Falten seiner losen, kindlichen Kleidung verbergen zu können. Er wußte so gut wie nichts darüber, was Männer und Frauen zusammen machten. Die Sklaven benahmen sich untereinander zwar ziemlich derb und vulgär, aber wenn die kaiserlichen Kinder in der Nähe waren, befleißigten sie sich eines höchst anständigen Verhaltens.

Caligula wußte nur, daß sein kleiner Zipfel nicht mehr so winzig war, sondern allmählich immer größer wurde. Die ersten Haare begannen an der Wurzel und auf dem Bauch zu sprießen. (Hatte er als einziger auf der Welt dort unten Haare? War er vielleicht irgendein Ungeheuer oder Monstrum? Er wußte es nicht.) Und wenn er jetzt seinen Zipfel berührte, und das tat er nicht selten, so wurde der schnell länger und dicker, was außerdem wohlige Gefühle auslöste.

Eines Nachts suchte ihn sein Traum heftiger denn je zuvor heim. Caligula hatte bereits ziemlich lange gezittert und geschluchzt, bevor er begriff, daß Drusilla bei ihm lag und ihn fest an sich gedrückt hielt. Es war Sommer, und Caligula hatte nackt geschlafen. Drusilla trug nur ein sehr dünnes Nachtgewand aus allerfeinster ägyptischer Baumwolle.

Während die Tränen allmählich auf den Wangen trockneten, preßte Caligula sein Gesicht noch fester an Drusillas Brüste, die sehr voll und stramm waren. Plötzlich verspürte er Wärme zwischen den Beinen. ›Es‹ wurde hart. Sein erster Impuls bestand darin, sich schleunigst von der Schwester zurückzuziehen, bevor sie darauf aufmerksam werden konnte. Statt dessen aber rieb er unwillkürlich seinen Bauch an ihrem Leib. Ganz instinktiv öffnete er den Mund und fing damit eine der Brustwarzen seiner Schwester ein. Eifrig begann er daran zu saugen, wie ein Baby, und vielleicht erinnerte er sich auch vage an die Milch, die Agrippinas Brüste ihm als Kind gespendet hatten.

Drusilla stöhnte und wollte den Kopf ihres Bruders wegdrücken, aber Caligula saugte nur noch heftiger. Jetzt begann er mit einer Hand an der anderen Brustwarze herumzuspielen. Zu seinem Staunen entdeckte er, wie die Warze zwischen seinen Fingern steif und hart wurde... genau wie sein Zipfel!

Drusilla stöhnte nun leise und zog den Kopf des kleinen Bruders noch dichter an ihre Brüste heran. Sie veranlaßte ihn, abwechselnd an den strotzenden Warzen zu saugen. Bald war sie genauso eifrig bei der Sache wie er selbst.

Der leichte Moschusduft, der unter Drusillas Nachtgewand hervorwehte, löste bei Caligula ein Schwindelgefühl aus. Er wurde so erregt, daß er schon befürchtete, ohnmächtig zu werden. Er *mußte* diesen Geruch näher untersuchen! Ungeduldig zerrte er Drusillas Nachthemd nach oben und entblößte ihren Bauch.

»Gaius... nein!«

Sie keuchte, als seine Finger damit begannen, den Unterkörper der Schwester zu erforschen.

Zu seinem Entzücken fand Caligula dort unten schlüpfrige Nässe. Er schob seine Finger tief in sie hinein und spürte, wie Drusilla sich vor Wohlbehagen zu winden begann. Dann fing sie an, sich unter seiner Hand zu bewegen. Er paßte sich bald diesem Rhythmus an und schob seine Finger hinein und heraus, hinein und heraus, während Drusilla kleine Freudenschreie ausstieß.

Der Schmerz in seinen Lenden war köstlich und unerträglich zugleich. Er rieb seinen nackten Unterleib an ihrem Oberschenkel. Und dann spürte er, wie sich ihre weiche Hand sanft um seinen Penis schloß und damit zu spielen begann. Sie drückte ihn und zupfte daran. Sie schob die Vorhaut zurück und dann wieder über die Spitze.

Lust und Wonne ohnegleichen! Hier ist das einzige Glück, das es gibt! dachte er. Hier in diesem Bett..., während wir Dinge tun, die nur *wir* entdeckt haben! Wer außer uns wäre auch schon solcher Wonnen, solcher Seligkeiten wert?

Beide atmeten nun schwer! Ihre Ekstase steigerte sich. Mit dem Instinkt, der jedem Lebewesen angeboren ist, beschleunigten Bruder und Schwester das Tempo ihrer Manipulationen.

Drusilla benutzte jetzt beide Hände und kitzelte und massierte damit seine kleinen Hoden und den steifen Schaft.

Caligulas Finger, naß von der Feuchtigkeit zwischen den Beinen seiner Schwester, streichelten schnell und tief. Er nahm die Lippen von ihrer Brust und küßte sie auf den Mund. Seine Zunge suchte nach ihrer. Während sie sich so küßten, wurde der zwölfjährige Junge jäh von heftigem Zucken erfaßt..., und er spritzte einen großen Strahl Sperma – seine erste Ejakulation – über die Hände der Schwester.

Drusilla schrie, wimmerte – und brach auf den Polstern zusammen.

Beide lagen sehr lange da, ohne etwas zu sagen. Als einziger Laut im winzigen Gemach waren ihre keuchenden Atemzüge zu hören, die allmählich wieder normal wurden.

Caligula spürte, wie ihn wohltuender Frieden einhüllte; eine totale Entspannung, wie er sie noch nie zuvor erlebt hatte.

»Gaius...«, sagte Drusilla schließlich leise, und in ihrer Stimme klang große Traurigkeit mit. »Was wir da eben getan haben, Gaius, war ein großes Unrecht. Wir dürfen das nie wieder tun! Die Götter würden sonst sehr zornig auf uns werden. Auch Tiberius würde sehr, sehr zornig werden!«

Caligula wandte im Dunklen den Kopf und versuchte, den Ausdruck im Gesicht seiner Schwester zu erkennen.

»Wie kann etwas ein großes Unrecht sein, wenn es uns so glücklich macht? Wollen die Götter denn nicht, daß wir glücklich sind?« fragte er in klagendem Tonfall.

»Die Götter werden uns bestimmt nicht beistehen, wenn wir es noch einmal tun..., und unsere Großmutter Antonia es herausbekommt!«

Das war eine Warnung, die Caligula verstehen konnte. Antonia war eine höchst altmodische, ehrwürdige römische Matrone, die in ihrem Haus ein gerechtes, aber strenges Regiment führte. Ihr eigener Sohn, Caligulas und Drusillas Onkel Claudius, lebte in ständiger Angst vor ihr. Nur Germanicus hatte sich nicht vor ihr gefürchtet, aber er war ja auch ihr Lieblingssohn gewesen, und den größten Teil seines Lebens hatte er sowieso bei irgendwelchen Feldzügen verbracht. Sogar Livia Augusta, geehrt mit dem Titel ›Mutter ihres Vaterlandes‹, Ehefrau des ersten Kaisers von Rom, zollte Antonia Respekt.

Caligula schauderte bei dem Gedanken, von seiner Großmutter bei irgendeiner Missetat ertappt zu werden.

»Drusilla und Caligula wechselten feierliche Schwüre, ›es‹ nie wieder zu tun..., was immer ›es‹ auch bedeuten mochte. Sie wollten ›es‹ nie mehr tun, auch wenn es ihnen solches Vergnügen bereitet hatte.

Während der nächsten beiden Nächte ließ der ›Traum‹ Caligula in Ruhe. Statt dessen träumte er von Drusilla, und in seinen Träumen konnte er immer wieder den Moschusduft ihres Körpers riechen und ihre kleinen Freudenschreie hören. Morgens erwachte er ausgeruht und entspannt. Aber sein Bettzeug war feucht und klebrig, genau wie seine Oberschenkel. Er mußte einen Sklaven mit einigen Kupfermünzen bestechen, heimlich die Bettwäsche zu wechseln. In der Unterkunft der Sklaven gab es deswegen viel Gelächter... *Stiefelchen* wurde ein Mann!

Als er in der dritten Nacht gerade in tiefen Schlaf versinken wollte, eine Hand fest um seinen Penis geschlossen, hörte er ein Geräusch von der Tür her und fuhr erschrocken hoch. Drusilla stand vor ihm.

»Ich... ich dachte, du hättest geschrien, Gaius. Ich glaubte, es gehört zu haben. Hattest du wieder diesen Traum?«

»Ja«, log er, und er wußte, daß Drusilla ebenfalls gelogen hatte. »Oh, Drusilla... ja! Und ich habe solche Angst! Halte mich fest, Schwester, ganz fest!«

Drusilla warf die Bettdecke beiseite und schlüpfte neben dem Bruder ins Bett. Sie hielt aber den Blick geflissentlich von seinem Glied abgewandt, das steif vom Körper des Bruders abstand. Der Körper eines Jungen, aber das Glied eines Mannes, dachte sie und errötete, weil ihr dieses Wort überhaupt bekannt war.

Schon nach fünf Minuten stöhnten beide. Ihre Zungen peitschten sich gegenseitig. Caligulas Instinkte rieten ihm jetzt, keinen Zollbreit von Drusillas Haut ungeküßt zu lassen, und als er schließlich seine Zungenspitze sogar in ihr Ohr stieß und deutlich spürte, wie die Schwester jäh und heftig zusammenzuckte, da wußte der zwölfjährige Junge, daß seine Instinkte richtig waren. Er veranlaßte Drusilla, ganz still auf dem Bett zu liegen, während er an ihrem Nabel leckte. Caligula wollte unbedingt den Geschmack seiner Schwester im Mund haben. Allmählich arbeitete er sich mit den Lippen immer weiter nach unten, und als er sie ins dichte, krause Schamhaar wühlte und auch dort herumzulecken begann, schrie Drusilla auf. Vielleicht hätte sie ihn jetzt gestoppt, aber er hielt sie mit erstaunlicher Kraft aufs Bett gedrückt..., und dann tauchte er zum erstenmal Nase und Zunge tief in sie hinein.

Das ist das Paradies! dachte er. Sogar der Nektar der Götter konnte keinen so köstlichen Geschmack haben wie seine Schwester Drusilla. Eifrig leckte er ihre Säfte auf und spürte, wie Drusilla die Hüften zu bewegen begann. Er spürte, wie sie seinem Mund ihren Bauch rhythmisch entgegenreckte. Ihr schneller, keuchender Atem verriet ihm, daß sie in höchste Ekstase geriet. Er verdoppelte seine Anstrengungen und benutzte nun auch noch sehr behutsam die Zähne, um an diesem kleinen, höchst empfindlichen Knubbelchen aus heißem, zuckendem Fleisch zu knabbern. Das Keuchen der Schwester wurde sehr schnell zu kleinen, unterdrückten Lustschreien. Sie krümmte plötzlich jäh den Körper nach oben und ließ sich dann schlaff aufs Bett zurückfallen.

»Nicht mehr, Gaius!« flüsterte sie. »Nicht mehr... bitte!«

Aber Caligula hatte erst angefangen. Die Härte zwischen seinen Beinen jagte Feuer durch seine Lenden und seinen Bauch. Es gab nur eine Stelle, um dieses Feuer wieder zu löschen... an der Oase der Feuchtigkeit. Deshalb ignorierte er Drusillas Protest, spreizte ihre Oberschenkel auseinander und führte sein steifes Glied langsam ein. Beinahe augenblicklich hörte dieses Brennen auf und wurde durch unbeschreibliche Lust ersetzt. Aber er konnte nicht sein ganzes Glied hineinbekommen. Irgend etwas versperrte ihm den Weg.

»Nein, Gaius, nein!« rief Drusilla. Sie verzog vor Schmerz das Gesicht und versuchte ihn zurückzustoßen.

Caligula handelte wieder instinktiv und zog seinen Penis fast ganz heraus, dann schob er ihn erneut hinein und stieß abermals sanft gegen dieses Hindernis. Wieder heraus, wieder hinein. Heraus, hinein. Der Schmerz verschwand aus Drusillas Gesicht. Sie verdrehte vor Wollust die Augen.

Caligula stützte sich auf die Ellbogen und beugte sich vor. Er nahm eine Brustwarze der Schwester sachte zwischen die Zähne und saugte sehr hart daran.

Plötzlich riß Drusilla förmlich die Oberschenkel auseinander und schlang ihre langen, schlanken Beine um den Körper ihres Bruders.

»Ja!« hauchte sie. »JA!!«

Caligula spürte jetzt ihre zärtlichen Hände auf seinem festen Hintern.

Drusilla versuchte, ihn zu noch tieferem Eindringen anzuspornen!

Mit einem einzigen wuchtigen, beinahe wütenden Stoß sprengte Caligula das Hemmnis und durchbrach die Barriere. Jetzt war er drin... alles von ihm! Und es war eine Ekstase, wie er sie noch niemals empfunden hatte!

Ein schriller Schmerzensschrei von Drusilla..., und dann gab es nur noch gegenseitiges Stöhnen der Lust, während beide miteinander verschmolzen hin und her wippten.

Wie lange das so ging, hätte keiner von ihnen zu sagen vermocht. Wer könnte schon die Ewigkeit messen? Aber sie machten in dieser Nacht noch einmal Liebe und schließlich ein weiteres Mal.

Am nächsten Morgen war das Bettlaken von dunklen Blutflecken gezeichnet, und diesmal mußte Caligula statt Kupfer schon Silber geben, um die Dienerin zu bestechen.

Nach dieser Nacht schliefen sie niemals mehr getrennt. Sowie im Haus alles zur Ruhe gegangen war, fanden sie zueinander und gaben sich gegenseitig Unterricht. Sie wurden zu Experten und erkundeten jeden Weg, um sich zu Lust zu verhelfen. Sie experimentierten mit Positionen; einige davon waren so unmöglich beizubehalten, daß beide lachend auf dem Bett zusammenbrachen.

Und dann geschah eines Nachts genau das, was Drusilla befürchtet hatte. Ihre Großmutter Antonia fand die beiden zusammen. Antonia hatte wegen der Sommerhitze nicht schlafen können und war auf den Innenhof hinausgewandert, weil sie gehofft hatte, daß hier eine frische Brise aus dem Garten wehen würde. Alle kleinen Schlafgemächer gingen auf diesen inneren Garten hinaus. So konnte Antonia das Flüstern aus Caligulas Zimmer hören, obgleich sie die Worte nicht verstand. Lautlos schlich sie ins Haus zurück, den Gang entlang und blieb an der offenen Tür stehen, vor der nur ein Vorhang hing, wie das in den älteren Häusern des Adels üblich war.

Ihre Großkinder lagen zusammen, nackt, flüsternd und kichernd..., als der Schatten auf das Bett fiel. Beide blickten voller Entsetzen auf und sahen Antonias starren, erbarmungslosen Blick auf sich gerichtet. Wie sie da schrien und weinten und bettelten! Sie wollten sich doch nur ein bißchen unterhalten, miteinander reden! Sie taten nichts Unrechtes! Und nackt waren sie doch nur wegen dieser schrecklichen Hitze! »Großmutter, bitte, bitte, hör uns an! Bitte!«

Aber Antonia war aus Stein. Außerdem entging ihr der Geruch nach Sex, der immer noch in der Luft schwebte, keineswegs. Und sie erkannte Schuld, wenn diese in kindlichen Gesichtern geschrieben stand.

Von diesem Moment an wuchsen Drusilla und Caligula getrennt voneinander auf..., bis zu einem Ereignis, das Antonia bald stattfinden ließ.

Drusilla wurde mit Lucius Cassius verheiratet.

Caligula empfand erstmals Mordwut im Herzen..., an diesem Tag, als er inmitten der Hochzeitsgesellschaft stand und mitansehen mußte, wie die einzige Geliebte, die er bisher gehabt hatte, einem pompösen, grauhaarigen Römer geschenkt wurde.

Aber Drusillas erster Ehemann stellte sich als impotent heraus, und so kam er auch niemals dahinter, daß seine junge, schöne Frau keine Jungfrau mehr war.

Dagegen erlangte Drusilla nun als Matrone wesentlich größere

Handlungsfreiheit, als ihr als jungem Mädchen vergönnt gewesen war.

So konnte Caligula bald viele Nachmittage im ehelichen Schlafgemach verbringen. Von seiner Schwester lernte er nun alles, was er wissen wollte, und das Verhältnis zwischen ihnen wurde noch inniger denn je zuvor. Es gab nur einen einzigen wichtigen Unterschied:

Wenn Caligula jetzt von diesem ›Traum‹ heimgesucht wurde, gab es niemanden mehr, der ihn beruhigen und trösten konnte. Wenn er rief, antwortete ihm stets nur ein Sklave, der ihm einen Becher Wein mit einem Schlafmittel brachte. Dessen Wirkung war so stark, daß Caligula jedesmal den ganzen nächsten Tag wie benommen herumlief.

Doch jetzt begannen seine jüngeren Schwestern heranzuwachsen, besonders Julia Livilla. Die mollige Dreizehnjährige hatte bereits einen frühreifen Körper mit üppigen Brüsten. Julia Livilla vergötterte ihren großen Bruder Caligula, und so reagierte sie voller Entzücken auf seine ersten Küsse und Liebkosungen, zumal er sie dazu mit in Honig getauchten Feigen verleitete. Anfangs war Julia Livilla noch zu klein und eng. Caligula mußte sich damit begnügen, die Schwester mit dem Mund oder mit den Fingern zu bearbeiten, aber auch so war sie ein frischer, köstlicher Leckerbissen. Außerdem liebte sie nichts mehr, als wenn der sechzehnjährige Caligula mit seiner geschickten Zunge an der noch von keinerlei Haarwuchs beeinträchtigten Klitoris leckte.

Aber nachdem Julia Livilla ein paar Wochen lang diese Zärtlichkeiten von Caligula genossen hatte, war sie heiß und locker genug geworden, endlich konnte er in sie eindringen, jedenfalls zum Teil. Er brauchte noch mehrere Tage, um sie hinreichend auszuweiten, um ganz in sie hineinrammen zu können.

Da man immer noch unter dem Dach der strengen Großmutter lebte und Caligula keine Wiederholung jener Strafe wünschte, pflegte er mit seiner kleinen Schwester tief in den Garten zu wandern, bis hin zu einer Grotte, in der es einen natürlichen Wasserfall gab, der aus einer unterirdischen Quelle gespeist wurde. Das laute Rauschen des Wasserfalls übertönte Julias Lustschreie.

Als Caligula eines Tages wieder einmal sehr hart und ungestüm auf Julia Livilla einhämmerte, verspürte er plötzlich ein unglaubliches Gefühl an seinen Hoden. Irgend jemand hinter ihm leckte daran! Eine dünne, lange Zunge tastete an ihm herum!

Erstaunt schaute Caligula sich um – seine elfjährige Schwester Agrippinilla kniete hinter ihm!

Bisher hatte Caligula ihr nicht die mindeste Beachtung geschenkt. Agrippinilla war total unterentwickelt, sie war schlank und flachbrüstig wie ein Junge. Später würde sie zwar kleine, knospenähnliche Brüste bekommen, aber sie blieb ihr Leben lang sehr schmächtig und klein. Doch sie schien für die körperliche Liebe geboren zu sein, von Anfang an war sie noch abenteuerlustiger und experimentierfreudiger, als es Drusilla je gewesen war.

Caligula war inzwischen Waise geworden. Agrippina war gestorben, möglicherweise von eigener Hand, auf jeden Fall aber von Tiberius' Verfolgungswahn dazu getrieben. Caligulas Brüder waren tot. Nero Caesar war durch das Schwert umgekommen, und Drusus Caesar war im Gefängnis verhungert. Beide waren beim römischen Volk so beliebt gewesen, daß Tiberius befohlen hatte, die Leichen in kleine, unkenntliche Stücke zu hacken. Für solche Tote gab es keine Verbrennungszeremonie, die der Bevölkerung noch einmal Gelegenheit gegeben hätte, eine große Trauerfeier zu veranstalten.

Jetzt hatte Gaius Caligula nur noch seine Schwestern, und ihnen fühlte er sich immer leidenschaftlicher verbunden. Die Nachmittage wurden oft in Drusillas Haus verbracht; ihr Schlafgemach hatte eine Tür, die abgeschlossen werden konnte. Dort spielten die vier Geschwister wunderbare und verzwickte Spiele der Lust und erfanden gegenseitig immer neue Vergnügungen.

Während Caligula jetzt auf der Galeere stand, die ihn einem ungewissen Schicksal entgegentrug, fachte er noch einmal alle Feuer seiner Erinnerung an.

Da war jener Tag gewesen, an dem Agrippinilla erstmals den Kopf zwischen Drusillas Oberschenkel vergraben und die Zunge weit herausgestreckt hatte. Drusilla hatte empört protestieren wollen, aber Caligula hatte sie zum Schweigen gebracht. Wie erregt er allein vom Zuschauen geworden war! Die Zunge des kleinen Mädchens war tiefer und immer tiefer eingetaucht und hatte Drusilla auf den Gipfel der Ekstase gebracht. Caligulas Erektion war immens und schmerzhaft geworden. Da hatte er Julia Livilla herangewinkt. Gehorsam hatte sie den Kopf zu den Lenden des Bruders hinabgebeugt. Caligula hatte sein Glied tief in ihren Mund gestoßen, während er das sapphische Vergnügen seiner beiden anderen Schwestern beobachtete. Alle vier hatten sich an Leidenschaftlichkeit nichts nachgestanden! Während Caligula jetzt neben Macro auf dem Achterdeck der Galeere stand und voller Grauen beobachtete, wie der Flecken Land am Horizont immer größer wurde, war er froh, daß die schweren Falten seines Umhanges verbargen, wie erregt er selbst jetzt bei der Erinnerung geworden war. Er richtete den Blick seiner blauen Augen auf den Hauptmann der Garde ..., diese muskulösen, behaarten Typen übten auf ihn eine unbestreitbare Anziehungskraft aus. Angenommen, so dachte Caligula amüsiert, daß ich ›es‹ jetzt einfach herausnähme und Macro befehlen würde, sich augenblicklich vor mir auf die Knie niederzulassen ... Würde dieser Befehl absolut und bedingungslos befolgt werden? Würde Macro gehorchen? Caligula nahm sich vor, das eines Tages auszuprobieren ..., eines Tages, wenn er totale Macht über das Imperium und damit auch über Macro haben würde. Aber noch war es nicht soweit.

Agrippinilla ... überlegte Caligula. Welches Talent besaß dieses Mädchen doch mit den Lippen! Hoffentlich würde ihr Mann Marcus Domitius das auch gebührend zu schätzen wissen. Aber das bezweifelte Caligula doch sehr stark. Nach den erotischen Erlebnissen, die sie als Kind gehabt hatte ..., was könnte sie da noch in ihrer Ehe mit diesem rechtschaffenen alten Stinker befriedigen? Jedenfalls widmete sie ihrem dicken kleinen Bengel Nero, den sie nach dem ermordeten Bruder benannt hatte, viel zuviel Aufmerksamkeit. Was für eine Zukunft bereitete sie für diesen verwöhnten Bastard vor? (Hätte Caligula jetzt in die Zukunft blicken können, hätte er vor Grauen gezittert. Bereits mit einer Vorliebe für den Inzest geboren, wofür sie so raffiniert ihren talentierten Mund einsetzen konnte, würde Agrippinilla – die ›kleine Agrippina‹ – ein listiges, verschlagenes und ehrgeiziges Leben führen. Ihr zweiter Ehemann würde ein Kaiser sein, ihr eigener Onkel Claudius, und ihn würde sie ermorden. Und einer ihrer Liebhaber würde dieser fette Bengel sein, ihr verabscheuungswürdiger Sohn Nero. Und Nero würde als Kaiser von Rom seine schlimmsten Begierden an seiner eigenen Mutter austoben und sie von einem bezahlten Attentäter erdolchen lassen. Selbst an ihrer Leiche würde er sich noch auf unaussprechliche, abscheuliche Art vergehen).

Caligulas Gedanken kehrten zu den Nachmittagen seiner Kindheit zurück, als er mit seinen Schwestern in goldener Sinnlichkeit geschwelgt hatte. Zu viert hatte man größere Möglichkeiten als zu zweit gehabt, erotische Vergnügungen zu erforschen und zu erfinden. Caligula und Julia Livilla hatten an Drusillas Brüsten gesaugt, während Agrippinilla sich weiter unten mit ihrer Zunge und einem riesigen Elfenbeinphallus an die Arbeit machte. Oder man hatte für orale Kopulation ein Dreieck gebildet, während die vierte Person von einem zum anderen gegangen war, um an den Hoden zu lecken oder die Zunge in eine feuchte Grotte zu stecken.

Einmal hatten sie auf dem Marktplatz einen Sklaven entdeckt und gekauft. Er war ein Numidier, fast zwei Meter groß und von entsprechenden Körperproportionen. Seine Haut war genauso schwarz, wie die von Drusilla schneeweiß. Aber seine Hauptattraktion bestand darin, daß er nicht sprechen konnte. Irgendein früherer Besitzer hatte dem Numidier die Zunge grausam mit einem Messer abgeschnitten. Weil er so groß und muskulös war, und weil sein ebenholzschwarzer Penis stundenlang hart und steif bleiben konnte, hatte Caligula ein neues Spiel erfunden. Es basierte auf dem Raub der Sabinerinnen, einem Lieblingsthema der Künstler und Poeten.

Es begann damit, daß seine Schwestern gewaltsam entkleidet wurden, wobei sie zum Schein schrien und sich wehrten. Der Sklave fesselte ihre Hände. Caligula saß auf einem vergoldeten Stuhl, und seine Hände waren eifrig an seinem Glied beschäftigt. Der Sklave band die Hände der Mädchen an den Marmorpfeiler des Schlafgemaches. Dann vergewaltigte er sie eine nach der anderen, während sie sich stöhnend hin und her warfen. Anfangs war dieses Spiel für Caligula sehr aufregend, weil die Schmerzen der Mädchen offensichtlich nicht nur gespielt waren. Aber bald hatten sie sich an das große, harte, steife, schwarze Werkzeug gewöhnt. Danach wurde die Sache für Caligula langweilig. Bis ihn eines Tages eine Inspiration dazu veranlaßte, dem Negersklaven neue Anweisungen zuzuflüstern. Danach konnte Caligula sich wieder zurücklehnen und die Szene aus vollem Herzen genießen, während er beobachtete, wie der riesige Neger die Mädchen unter dem lauten Kreischen der Schwestern gründlich von hinten vergewaltigte. Die Prozedur am folgenden Tage war dann noch erfreulicher, denn nun bekamen die Mädchen Gelegenheit, sich zu rächen. Diesmal wurde nämlich Caligula überwältigt, seiner Kleidung beraubt und von hinten genommen, während seine Schwestern sich bei seinen Schreien vor Lachen ausschütten wollten. Es war eine der besten Vergnügungen, die er je genossen hatte.

Aber kurz darauf kam dann der Tag, an dem Caligula seine Schwester Drusilla überraschte; völlig unerwartet, weil man keine Verabredung zu einem neuen Liebes-Intermezzo getroffen hatte.

Der Sklave lag rücklings auf Drusillas seidenem Bett und beobachtete grinsend, wie seine schöne blonde Herrin auf seiner steifen Lanze ritt. Beinahe lässig langte er nach oben, begann mit den üppigen Brüsten zu spielen und den Mund zu küssen.

Drusilla, vor Ekstase beinahe außer sich, stieß ihre Zunge tief in den zungenlosen Mund des Negers, ohne dabei jedoch den Rhythmus ihrer Körperbewegungen zu unterbrechen.

Caligula war rasend vor Empörung. Das Paar trieb es miteinander ohne sein Wissen, hinter seinem Rücken! Das sollten sie büßen! Oh ... und wie sie dafür büßen würden! Caligula konnte sich kaum noch beherrschen. Am liebsten wäre er aus seinem Versteck hervorgestürzt und hätte die beiden erdolcht. Aber er hielt sich hinter dem Türvorhang verborgen und beobachtete. Schweiß drang ihm aus allen Poren. Er wurde von einer tödlichen Mischung aus Lust und Eifersucht verzehrt. Obwohl er sich verzweifelt wünschte, jetzt wegblicken zu können, gelang es ihm nicht, den Blick von dieser Szene zu reißen. Erst als die beiden erschöpft auf dem Bett zur Seite sanken, stahl sich Caligula heimlich davon. Er war nicht minder stark mitgenommen wie das Paar, das sich eben so leidenschaftlich ausgetobt hatte.

Als Caligula später in aller Ruhe über diesen Zwischenfall nachdachte, kam er zu dem Schluß, daß ihm das Sabinerinnenspiel keine Belustigung mehr bieten konnte. Es gab auch keine Möglichkeit, die Freude daran wiederzugewinnen. *Ergo* ... der Sklave war überflüssig und entbehrlich geworden. *Ergo* ... hatten seine Lehrmeister ganze Arbeit geleistet, und bei dieser logischen Überlegung mußte Caligula unwillkürlich leise vor sich hin lachen. *Ergo* hatte er den Sklaven beseitigt und dazu eines der geheimen Gifte benutzt, die er für zukünftigen Gebrauch sammelte. Als sich der große Nubier unter Todesqualen wand, das Gesicht nicht länger schwarz, sondern eher grau-grünlich, da hatte Caligula beinahe müßig gedacht: *Das ist also der erste Mensch, den ich getötet habe! Nun, vielleicht zählen Sklaven gar nicht als Menschen.* Aber immerhin ... Es war eine gute Übung gewesen, und zweifellos würde es jetzt sehr lange dauern, bis Drusilla noch einmal auf die Idee käme, sich hinter seinem Rücken zu vergnügen.

Jetzt konnte er vor sich die Felsvorsprünge der Insel Capri sehen. Tiberius hatte sich diese Insel vor allem deswegen ausgesucht, weil sie nur sehr schwer zugänglich war. Es gab nur einen einzigen kleinen Landeplatz, der ohne sonderliche Mühe hatte befestigt werden können; er war leicht gegen jeden Angriff zu verteidigen. Das übrige Ufer der Insel bestand aus steilen Felsklippen, die steil aus dem Wasser ragten. Auf Capri fühlte sich Tiberius absolut sicher. Zur Bewachung der einzigen Landestelle war nur eine kleine Abteilung Soldaten erforderlich; alle anderen dienten dem persönlichen Schutz des Kaisers.

Als Tiberius Rom verlassen hatte und nach Capri gezogen war, befand sich das Imperium bereits in der Auflösung. Spanien und Syrien waren jahrelang ohne Konsuln gewesen. Die Armenier überrannten die Parther, und dadurch wurden die Germanen ermutigt, nach Gallien einzudringen, was sie zu Augustus' Lebzeiten niemals gewagt hätten. Augustus hatte seinerzeit die Armee mit Führern wie Germanicus verstärkt und seine Legionen weit hinein in die beherrschten Länder geschickt, um die Grenzen des römischen Imperiums zu befestigen. Aber Tiberius hatte Roms größte Heerführer einen nach dem anderen beseitigt, teils durch Intrigen, teils einfach durch Mord. Kein Wunder also, dachte Caligula, daß der römische Senat jetzt an Altersschwäche litt und nicht viel mehr war als eine Bande seniler, furzender, zitternder alter Männer unter dem Daumen von Tiberius. Und das sogar, obwohl Tiberius abwesend war. Sollte er – Caligula – einmal die kaiserliche Macht bekommen, würde er diesen alten Tattergreisen gehörig auf die Sprünge helfen!

Beim Anblick von Capri kehrte jedoch zunächst einmal die alte Furcht seines ›Traumes‹ zurück. Wie würde Tiberius ihn begrüßen? Würde er als Tiberius' auserwählter Erbe gnädig empfangen werden? Oder würde sich der Kaiser auch gegen ihn mit Schwert oder Gift wenden? Vielleicht auch würde Tiberius ihn einfach gefangenhalten? Wie beim ersten Male?

Caligula war erstmals nach Capri gesegelt, als er neunzehn Jahre alt geworden war. Tiberius hatte ihn eingeladen. Caligula war für seine Knabenkleidung längst zu alt geworden, aber noch hatte er die *toga virilis* nicht angelegt; noch hatte er seinen Bart nicht abrasiert; noch war er nicht zum Manne geweiht worden. Sein Großvater Tiberius als sein Gönner hatte diese Zeremonie arrangiert. Deshalb hatte Caligula, wenn auch sehr gegen seinen eigenen Willen, damals nach Capri segeln müssen. Er wäre viel eher geneigt gewesen, sich unter dem Bett zu verstecken, vorzugsweise unter Drusillas Bett.

Caligula erinnerte sich jetzt, daß die Zeremonie seiner Volljährigkeit nur sehr kurz gedauert hatte. Er hatte sein Kindheitsgewand mit den rotgestreiften Säumen, die *toga praetexta*, abgelegt und aus Tiberius' eigenen Händen die *toga virilis* entgegengenommen, dieses blütenweiße Gewand als Symbol der Mannbarkeit. Dann hatte er den ersten abgeschnittenen Flaum von seinem Kinn auf dem Altar der Göttin Venus geopfert, der Beschützerin und Ahnherrin der Claudianer-Familie. Und das war dann auch schon alles gewesen.

Als seine Brüder Drusus und Nero volljährig geworden waren, hatte es öffentliche Feiern gegeben – Spiele im Stadion, Ansprachen auf der Rednerbühne, Brot und Münzen waren an die Bürger Roms verteilt worden. Doch all diese Feierlichkeiten hatten den Brüdern das Leben nicht retten können! Brrr ...! Caligula schau-

Gaius Cäsar, genannt Caligula, Imperator Roms

Caligula mit seinem Großvater Tiberius. Die Nymphen des Kaisers

derte zusammen. Es bedeutete Unglück, solche Vergleiche anzustellen, und es war ein doppelt schlechtes Omen, die Toten um ihren Ruhm im Leben zu beneiden. Caligula spuckte hastig dreimal ins Meer, um Unheil abzuwehren.

Bei diesem ersten Aufenthalt auf der Insel Capri war Caligula mehr Tiberius' Gefangener denn sein Gast gewesen. Es hatte für Caligula keinerlei Möglichkeit gegeben, die Insel zu verlassen. Außerdem hatte er derartige Angst vor seinem Großvater gehabt, daß er einfach dessen Schatten gefolgt war und es kein einziges Mal gewagt hatte, auch nur ein Wort des Widerspruchs zu äußern. Er war Tiberius offenbar so ergeben, daß man in späteren Jahren in Rom sagen würde, es hätte niemals einen besseren Sklaven oder einen schlechteren Herrn gegeben.

Was Tiberius anbelangte, so schien er ihm gegenüber freundlich genug zu sein; er hatte für *Stiefelchen* fast so etwas wie Zuneigung gezeigt und suchte ihm sogar eine Ehefrau aus, eine unscheinbare, unbedeutende Person, aber von hoher Geburt: Junia Claudilla, die aber offenbar vernünftig genug gewesen war, zusammen mit ihrem neugeborenen Baby im Kindbett zu sterben. Caligula hatte damals die Schultern gezuckt, nach außen hin angemessene Trauer gezeigt und dann nie wieder an die Verstorbene gedacht.

Caligula war offiziell Tiberius' Erbe. Nachdem Tiberius' eigener Sohn Drusus gestorben war, hatte der Kaiser oftmals geäußert, daß Caligula sein Nachfolger werden sollte.

Aber Caligula hegte in dieser Hinsicht starke Zweifel. Immerhin hatte Tiberius noch einen leiblichen Enkelsohn, den kleinen Tiberius Gemellus, Drusus Sohn. Aber ... war Gemellus tatsächlich Drusus Sohn? Klatsch und Gerüchte behaupteten das Gegenteil. Gemellus sollte vom lüsternen, ehebrecherischen, mörderischen Sejanus, Hauptmann der Praetorianer-Garde, gezeugt worden sein. Sejanus und Livilla, Drusus Ehefrau, Tiberius' Schwiegertochter und Caligulas Tante, hatten jahrelang eine geheime Affäre miteinander gehabt.

Aber Tiberius, der üblicherweise mit gehässigem Eifer jeden Tratsch aufgriff, zog es hier ausnahmsweise einmal vor, nicht auf den Klatsch zu hören. Dabei ging es dem Kaiser allerdings weniger um seine Schwiegertochter, aus der er sich gar nichts machte, sondern vielmehr um Sejanus, der zu dieser Zeit in Tiberius' Augen kein Unrecht begehen konnte.

Tatsächlich herrschte in jenen Tagen Sejanus über Rom; seine Machtbefugnisse wurden nur noch von Tiberius selbst übertroffen. Sejanus war zugleich Tiberius' willfähriger Partner bei allen Verbrechen des Kaisers. Die beiden spornten sich gegenseitig an und richteten in Rom ein derartig tyrannisches Blutbad an, daß nicht eine einzige Adelsfamilie ungeschoren davonkam.

Caligulas Tage waren von Entsetzen und seine Nächte von diesem ›Traum‹ erfüllt. Er konnte sich nicht auf Tiberius' Zuneigung oder Gunstbezeigungen verlassen; sie kamen und gingen wie Morgennebel.

Caligula rechnete damit, daß man eines Tages seinen grausam verstümmelten Leichnam von den Felsklippen Capris ins Meer werfen würde ..., ein bevorzugter Zeitvertreib des alten Kaisers. Caligula war zwar das Imperium versprochen worden, aber noch gab Tiberius durch nichts zu erkennen, jetzt schon bereit zu sein, es ihm auch zu überlassen.

Tiberius war schon weit über siebzig, aber noch immer kräftiger – und vor allem gemeiner – denn je. Es stimmte zwar, daß Caligula ihn amüsierte, aber ansonsten verriet der alte Mann dem Enkelsohn gegenüber keinerlei besondere Zuneigung.

»Führe deinen Tanz auf, *Stiefelchen*!« pflegte er zu rufen, wobei der Wein aus seinem bemalten griechischen Becher schwappte. »Führe den Caligula-Tanz vor!« Der junge Mann, auf den dann alle Blicke gerichtet waren, kam sich jedesmal ziemlich dumm vor, während er diesen Tanz aufführte, der den Soldaten so gut gefallen hatte, als er noch ein kleines Kind gewesen war. Er hüpfte von einem Bein aufs andere – und konnte dabei nur allzu deutlich das bösartige, gehässige Lachen in den glitzernden Augen des alten Mannes erkennen ... In diesen Augen, die Caligula bis in seinen ›Traum‹ verfolgten.

Wie er da Drusilla vermißte! Wie er sich nach ihrem Verständnis, nach ihrer Liebe sehnte! Und natürlich auch nach ihrem üppigen Körper, obgleich ihm Frauenkörper mehr als genug zur Verfügung standen. Tiberius hatte nämlich sehr rasch in seinem

Adoptiv-Enkel etwas von der eigenen Perversion wiederentdeckt und ihn deshalb mit den ›Vergnügungen‹ der Villa Io bekannt gemacht. Caligula geriet in einen Mahlstrom wahnwitziger Sinnlichkeit, in dem Schmerz und Lust so raffiniert miteinander gemischt waren, daß man beides kaum noch voneinander unterscheiden konnte.

In der Villa Io lernte Caligula die Freuden der Folter kennen, die Freuden absoluter Macht über die Körper anderer Leute ..., und das mußten nicht unbedingt Sklaven sein! Das weckte in Caligula eine gewisse Vorliebe für Perversionen, einen Hunger nach sadistischen Lustbarkeiten, und seitdem versuchte er auch ständig, diesen Hunger zu stillen.

Jetzt aber lagen die Dinge ganz anders. Er war nicht mehr neunzehn, sondern sechsundzwanzig. Und Tiberius war inzwischen siebenundsiebzig. Sejanus war endlich tot – und Tiberius hatte die Wahrheit erfahren: daß Livilla und Sejanus, die schuldbeladenen Liebhaber, Drusus ermordet hatten, Tiberius' einzigen Sohn. Vielleicht würde nun doch noch alles gutgehen auf Capri. Vielleicht würde Tiberius jetzt eingesehen haben, daß Gemellus möglicherweise doch nicht sein leibliches Enkelkind war. Vielleicht würde Tiberius jetzt Caligula endgültig zum Erben erklären und ihn in einem Schreiben an den Senat von Rom zu seinem Nachfolger ernennen. Der Senat und auch das Volk von Rom würden sich niemals weigern, Caligula zum Imperator zu machen. Er war der Liebling des Volkes ... *Stiefelchen!*

Auf der anderen Seite – und bei diesem Gedanken wurde Caligula schon wieder das Herz sehr schwer – war es genauso logisch, daß Tiberius ihn nur nach Capri kommen ließ, um ihn zu töten, höchstwahrscheinlich durch Gift. Eben weil Caligula der Liebling des Volkes war ..., und zudem der letzte noch lebende Sohn eines Mannes, der von den Römern ebenfalls geliebt und verehrt worden war. Wahrscheinlich wußte Tiberius, daß es ihm nicht möglich gewesen wäre, Caligula in Rom ermorden zu lassen. Dagegen könnte hier auf Capri ohne weiteres ein bedauerlicher ›Unfall‹ arrangiert werden, der Tiberius sehr gelegen kommen würde.

Armes *Stiefelchen* ... was für eine Tragödie! Wo er doch noch so jung war! Würden ihn die Götter verschonen, könnte aus ihm vielleicht noch ein guter Imperator werden!

Es war ein herrlicher Tag, aber Caligula zog seinen Umhang noch fester um den zusammenschauernden Körper herum. Der Bug der Galeere knirschte auf Sand. Man hatte Capri erreicht.

DRITTES KAPITEL

Eine Handvoll ausgesuchter Männer der Garde kam in kleinen Booten zu der Galeere herüber, um Caligula und Macro an Land zu holen.

Caligula blickte sich neugierig auf dem felsigen Strand um. Hier war ein römisches Feldlager in Miniaturausgabe entstanden. Befestigungswälle waren aufgeworfen worden. Man hatte Mauern errichtet und Zelte aufgestellt. Es gab berittene Posten, die ständig hin und her patrouillierten.

Die alten Krieger vergessen ihr Handwerk eben niemals, dachte Caligula. Er selbst war ja noch zu jung, um sich an die Soldatenzeit von Tiberius erinnern zu können, aber es waren glorreiche Tage gewesen. Tiberius hatte sich als mutiger, tüchtiger Feldherr erwiesen; erst als er Kaiser geworden war, ging es mit ihm bergab. Aber immerhin wußte er sehr genau, wie ein römisches Feldlager auszusehen hatte, selbst auf diesem kleinen Felsstrand der Insel Capri.

Pferde wurden gebracht. Macro wartete, bis Caligula aufgestiegen war. Bis zu den Zelten war es nur ein kurzer Ritt, den man in leichtem Trab zurücklegte. Inmitten der Zelte stand eine gigantische Statue von Tiberius auf einem sehr hohen Piedestal. Das aus Marmor gehauene Gesicht der Statue ähnelte jedoch dem eines Mannes von fünfundvierzig, und nicht von siebenundsiebzig.

Caligula stieg im Schatten dieser Statue ab und händigte die Zügel einem jungen Offizier aus. Der Gast wurde sofort von lächelnden Soldaten umringt. Caligula war immer noch der Liebling der Armee, der Glücksbringer der Soldaten. Alle erinnerten sich noch gut an Germanicus.

Macro stieg nun auch ab und mischte sich unter die Soldaten; seine Pflicht war für den Moment erfüllt.

»Willkommen im Namen des Kaisers, Prinz!«

Caligula drehte sich um.

Ein stattlicher, wettergegerbter und ergrauter Offizier stand vor ihm und hielt die geballte Faust zum Gruß auf die Brust gelegt. Der Federbusch auf seinem Helm und die Insignien auf dem Brustschild wiesen seinen Rang aus: Obrist. Irgend etwas an ihm kam

Caligula bekannt vor; er war sicher, dieses Gesicht schon einmal gesehen zu haben.

»Danke«, erwiderte er huldvoll. »Ähem ... ich weiß ... nein, sag's mir nicht ... du warst bei meinem Vater ...«

Als der Obrist sich erkannt sah, leuchtete es in seinen Augen erfreut auf. Immerhin war es ja schon sehr lange her. Dieser junge Mann hier war damals noch ein ganz kleines Kind gewesen.

»Chaerea, Prinz ... Cassius Chaerea. Ich war mit deinem Vater in Germanien. Wie oft bin ich damals mit dir ausgeritten! Du mit deinen kleinen Stiefeln ...«

Aber Caligula hörte ihm schon nicht mehr zu. Ein betroffener Ausdruck huschte über sein Gesicht, während er sich umschaute. Dort stand die Statue von Tiberius, viel größer und auch viel jünger als das noch lebende Ebenbild. Aber irgend etwas fehlte. Etwas Wichtiges.

»Wo ... entschuldige die Unterbrechung ..., aber wo ist denn *meine* Statue?«

Der Offizier furchte erstaunt die sonnengebräunte Stirn.

»Ich weiß es nicht, Prinz. Ich wurde eben erst dem kaiserlichen Haushalt zugeteilt.«

Caligula geriet in Zorn, aber auch ein wenig in Panik. Seine Stimme nahm einen schrillen Tonfall an. »Jemand hat mich verdrängt! Wer?«

Inzwischen hatte sich eine große Schar von Bittstellern um Caligula versammelt, den man an den purpurnen Streifen an seiner Toga und am goldenen Kranz auf dem Haupt erkannt hatte. Diese Leute hatten nur auf jemanden gewartet, der Tiberius irgendwie nahestand und ihnen helfen würde, ihre privaten und finanziellen Probleme zu lösen. Von allen Seiten wurden Caligula dicke Pergamentrollen entgegengestreckt.

»Herr, nimm dies mit zum Imperator!« rief ein Mann und hielt Caligula eine Schriftrolle beinahe gefährlich dicht vor das Gesicht.

Ein zweiter Mann jammerte: »Ich warte schon seit zwei Monaten darauf, deinen glorreichen Großvater zu sehen!«

»Herr, bitte bei Tiberius für mich!« rief eine alte, zahnlose Frau.

»Herr, eine Bittschrift!« heulte ein einäugiger Mann in einem braunen Mantel mit Kapuze.

»Herr, Gerechtigkeit für meine Familie ...«

Ungeduldig drängte sich Caligula durch den Mob und schob einige besonders kühne Leute resolut aus dem Wege. Ihn beschäftigte im Moment nur eine einzige Sache – seine Statue! Daß sie nicht dastand, mußte eine schreckliche Bedeutung haben! Caligula spürte, wie sich ihm vor Grauen und Entsetzen die Nackenhaare sträubten. Über die nackten Arme lief eine Gänsehaut.

Chaerea und zwei seiner Leute trotteten hinter Caligula her und bahnten sich wie er energisch einen Weg durch die vielen Bittsteller. Doch plötzlich hielt Caligula abrupt an. Dann hörte der Obrist seinen gequälten Aufschrei.

Dort auf dem Boden lag die wesentlich kleinere und auch aus billigerem Marmor hergestellte Statue von Gaius Caligula.

»Wer hat das getan?!« heulte Caligula mit angstverzerrtem Gesicht.

»Ich habe keine Ahnung«, antwortete Chaerea. »Aber ...«

In diesem Moment näherte sich ihnen ein Arbeiter mit der ledernen Schürze eines Steinmetzes. Er wischte sich mit dem Handrücken den Staub aus dem Gesicht.

»Das haben wir getan, Herr«, sagte er zu Caligula.

Der junge Mann blähte vor Zorn die Nasenflügel auf. »Auf wessen Befehl hin?«

Der Steinmetz schüttelte den Kopf. »Niemand hat uns einen Befehl dazu gegeben, Herr. Wir nehmen nur einige Reparaturen vor, das ist alles.«

Erleichterung schwemmte über Caligula hinweg. Er lächelte und seine blauen Augen strahlten plötzlich wieder. Es war also gar kein böses Omen! Es hatte nichts zu bedeuten, das sah er jetzt selber. Die Statue wies tatsächlich einige Beschädigungen auf. Das mußte natürlich in Ordnung gebracht werden. Danach würde die Statue besser sein denn je zuvor. Er fühlte sich wieder sicher.

»Aha!« seufzte er glücklich und starrte auf sein aus Marmor gehauenes Ebenbild hinab. Dann sah er übermütig dem strengen alten Offizier ins Gesicht. »Was ist schöner, Chaerea?« Er strich mit den Fingern leicht über sein eigenes Gesicht. »Dies hier?« Dann stieß er mit dem Fuß an die Statue. »Oder das?«

Der Obrist sah ihn erstaunt an.

»Schöner? Ich weiß es nicht, Herr. Ich meine ... nun, ja ... es ist eine gute Arbeit ...«, aber ...« Es war offensichtlich, daß er vollkommen unvorbereitet darauf war, sich mit der Eitelkeit dieses Prinzlings zu befassen. Konnte das der Sohn von Germanicus sein? Das gleiche Kind, das sich damals am Knauf von Chaereas Sattel festgehalten hatte?

Aber Caligula hatte sich bereits gelangweilt abgewandt.

»Ist mein geliebter Großvater bei guter Gesundheit?« fragte er mit vorgetäuschtem Interesse.

Hier befand sich Chaerea auf sicherem Gebiet. »Bei ausgezeichneter Gesundheit ... gepriesen sei der Himmel dafür!« entgegnete der ergraute Offizier mit dröhnender Stimme.

»Gepriesen sei der Himmel!« echote Caligula pflichtgemäß.

»Er freut sich darauf, wieder nach Rom zu gehen. Um den Senat zu sehen. Um sein Volk wiederzusehen ...«

»Ist schon sehr lange her, nicht wahr?« Caligula lächelte flüchtig, dann zeigte er auf die Menge der Bittsteller.

Kaum sahen diese Leute, daß ihnen wieder Aufmerksamkeit geschenkt wurde, da drängten sie sich von neuem heran und versuchten, an den Wachen vorbeizukommen. »Sieh sie dir nur an, Chaerea! Sie haben ihren Imperator seit mehr als zehn Jahren nicht mehr zu sehen bekommen. Wie traurig für sie!«

»Bist du bereit, Prinz?« fragte der Obrist.

»Bereit?«

»Für den Weg auf den Berg, Herr. Der Imperator wartet. Die Maultiere sind gesattelt und stehen zu deiner Verfügung.«

Caligula atmete sehr tief durch und nickte. Er war so bereit, wie er es eben sein mußte.

Der Ritt von den Klippen zur Villa Io ging nur sehr langsam vonstatten, denn es gab nur eine einzige Straße dorthin, und sie war an einigen Stellen nahezu unpassierbar. Aber gerade aus diesem Grunde hatte sich Tiberius vor vielen Jahren die Insel Capri ausgesucht ... wegen ihrer Unzugänglichkeit. Noch bevor der Imperator nach Capri gezogen war, hatte er schon einmal Zuflucht vor den Menschenmengen gesucht, die er so sehr verachtete. Er hatte Rom verlassen und war nach Campania gegangen, wo er sich von Legionären die Leute vom Leib halten ließ. Er hatte strenge Edikte erlassen und jede Störung seines Privatlebens strikt verboten. Aber schon bald hatte er auch Campania gehaßt, weil es zum Festland gehörte und Rom und den Römern zu leichten Zugang bot.

Capri dagegen war ideal für ihn. Drei Meilen Wasser trennten die abgelegene Insel von der Surrentum-Landspitze. Abgesehen von dem kleinen Strand, an dem Caligula gelandet war, gab es auf der Insel keinen einzigen Hafen. So waren nur wenige Wachen nötig, um jegliches Betreten der Insel durch Unbefugte zu verhindern. Im Winter war das Klima mild, und im Sommer war es hier einfach herrlich.

Deshalb also hatte Tiberius auf der Insel Capri die Villa Io erbaut. An sich bestand die Besitzung aus insgesamt zwölf Landhäusern, jedes von ihnen auf eigene Art exquisit, jedes trug einen eigenen Namen. Die Römer, die von den schier unglaublichen Orgien gehört hatten, die Tiberius in seinem privaten Bordell veranstaltete, nannten diesen Ort aber nicht Villa Io, sondern ›Die Villa der Ungeheuer‹. Der Name war geblieben, und Tiberius amüsierte sich sogar darüber. Er war entschlossen, den Leuten mehr als genug Klatsch zu liefern, und bald war die ganze Insel bei den Römern nur noch als ›Caprineum‹ bekannt, ein lateinisches Wortspiel mit dem Ausdruck ›ziegenhaft, bockähnlich‹, wegen der lüsternen, geilen Gewohnheiten des greisen Imperators.

Seit Tiberius auf Capri Zuflucht gefunden hatte, schien mit ihm eine beinahe magische Veränderung vorgegangen zu sein. Er war immer tyrannisch und autokratisch, grausam und von wild aufbrausendem Temperament gewesen. Aber mehr als sechzig Jahre lang hatte er sich wie ein römischer Soldat benommen und sich auch die zwar rauhe, aber doch ehrenhafte Moral eines Soldaten zu eigen gemacht. Nachdem er zum Imperator ernannt worden war, hatte er sogar eine ganz entschieden sittsame Phase durchgemacht: Er erließ neue, härtere Gesetze gegen Ehebruch und vertrieb die *spintriae*, diese Knabenhuren in Frauenkleidung, aus Rom. Aber dann hatte er die Villa Io erbaut, war damit den neugierigen Blicken und spitzen Zungen der Römer entkommen und begann in Perversionen und Lastern aller Art zu schwelgen. Und zwar in einem Ausmaß, das vollkommen ausreichte, um ihn für alles zu entschädigen, was er sich bei seinem früheren Soldatenleben bis ins Alter hinein hatte versagen müssen.

Caligula war blind für die atemberaubenden Ausblicke übers Meer, die sich an jeder Straßenbiegung von neuem boten. Heute hatte er keinen Blick für Schönheit. Alle seine Gedanken waren vorausgerichtet ... auf seinen Großvater. Warum hatte Tiberius ihn herbefohlen? Und wie lange sollte Caligula hierbleiben? Nicht Jahre, Isis, bitte! Beschütze mich. Hindre ihn daran, mich wieder Jahre hier festzuhalten!

Aber wie viele Jahre hatte Tiberius eigentlich noch vor sich? Etwa tausend, sagte sich Caligula düster. Warum sollte er auch sterben? Der Imperator hatte doch die besten Möglichkeiten der Welt. Er saß hier oben in seinem privaten Königreich warm und absolut sicher. Bewacht von einer halben Legion der allerbesten Soldaten. Hier konnte sich Tiberius allen nur erdenklichen Ausschweifungen hingeben. Ganz Rom würde ungläubig den Kopf schütteln, wenn das ganze Ausmaß seiner Ausschweifungen jemals bekannt werden würde! Noch nie zuvor hatte es einen so lasterhaften und zugleich so schönen Ort gegeben wie die Villa Io, wie diese ›Villa der Ungeheuer‹. Das sagte sich Caligula, als man die letzte Wegbiegung hinter sich hatte und nun seinen ersten Blick auf das Besitztum werfen konnte.

Die Hauptvilla, die man von der Straße aus sehen konnte, wies eine Fassade aus weißem Marmor von Luna auf; sie gleißte geradezu in der Sonne und konnte den Blick eines Besuchers wohl blenden.

Caligula hob einen Arm, um seine Augen vor dem zurückgestrahlten Sonnenglanz zu schützen. Dann lächelte er. Der alte Fuchs! Er wollte jedermann beeindrucken und gleichzeitig Unbehagen einflößen.

Jetzt befand man sich innerhalb des Haupttores und war an der ersten Abteilung Soldaten vorbei. Die Wachen hatten respektvoll salutiert, aber Caligula hatte das Gefühl, daß die Begrüßung mehr dem alten Obristen als ihm selber galt.

Dann sah er Nerva den Steinpfad herunterkommen, um ihn zu begrüßen. Caligula zupfte unwillkürlich seine Toga zurecht und strich mit einer Hand glättend über das Haar. Marcus Cocceius

Nerva, Senator von Rom, übte diese Wirkung auf fast alle Leute aus.

In Rom sagte man, daß Tiberius, als er die Stadt verlassen hatte, einen Teil davon in der Person von Nerva nach Capri mitgenommen hatte. Und wahrlich ... sie waren schon ein seltsames Paar, der degenerierte Imperator und sein Berater, der Patrizier alten Stils, aufrecht, moralisch, streng. Nachdem Tiberius seinen früheren Partner bei Verbrechen, den teuflischen und abgrundschlechten Sejanus, endgültig losgeworden war, hatte er sich sogar noch enger an Nerva angeschlossen, dessen Adel einen scharfen Kontrast zur Verkommenheit des Imperators darstellte. Warum tobte Tiberius seine Wildheit eigentlich niemals an Nerva aus? Er schien wirklich ein tiefverwurzeltes psychologisches Bedürfnis zu haben, den Kontakt zu seinen besseren Eigenschaften nicht gänzlich zu verlieren, und diese besseren Eigenschaften sah er wohl in Nerva personifiziert.

Was Nerva betraf, so schien er dem *Imperium*, der Macht, zu dienen, weniger der Person des Imperators. In den seltenen Momenten, wo Tiberius einer Stimme der Vernunft lauschen wollte, war Nerva zur Stelle und verkörperte so etwas wie das gute Gewissen Roms.

Nerva war denn auch das ideale Abbild eines römischen Senators. Sein runzliges Gesicht zeigte stets einen ernsten, strengen Ausdruck; er hielt den Kopf auf dem dürren Hals hoch erhoben. Eine Adlernase ragte wie der Bug eines Schiffes aus dem Gesicht hervor. Die Haltung des gealterten Körpers war immer aufrecht. Sogar der kahle Kopf schien den Lorbeer von Ehre und Sieg zu tragen. Die Toga aus allerfeinster Lammwolle war schneeweiß. Damals war es bei den Senatoren Mode, die Toga mit viel mehr Purpur zu schmücken, als ihnen eigentlich zustand, aber Nervas Toga wies lediglich Purpurstreifen auf, die streng den gesetzlichen Vorschriften entsprachen.

Caligula kam sich in Nervas Gegenwart wie üblich viel zu aufwendig und protzig gekleidet vor. Er haßte Nerva.

Während sie gemeinsam zur Villa gingen, fiel Caligula auf, daß auch hier noch mehr bewaffnete Männer in strammer Haltung standen; Tiberius hatte eine kleine Armee zu seiner Verfügung, und es mußte Rom ein wahres Vermögen kosten, diese Privattruppe zu unterhalten.

Nerva verlor keine Zeit, sondern begann sofort wieder seinen alten Refrain: Tiberius gehöre nach Rom, nicht nach Capri. Die Macht solle wieder zum Ursprung der Macht zurückkehren.

»Zehn Jahre sind eine lange Zeit für einen Imperator, sich vor seinem Volk versteckt zu halten«, sagte Nerva sehr ernst.

»Aber wenn er hier glücklich ist?« antwortete Caligula und verbarg seine geheime Angst, so gut es ging.

»*Ich* werde glücklicher sein, wenn er wieder in Rom ist«, sagte Nerva.

Sie gingen nun durch die Villa – eigentlich eine Reihe von Gebäuden und Gärten, die durch Innenhöfe miteinander verbunden waren. Überall hielten Männer in voller Rüstung Wache, obwohl es ein für den März sehr warmer Tag war.

»Wie geht es ihm?« erkundigte sich Caligula, und seine Stimme verriet dabei eine angemessene Mischung aus Besorgnis und Eifer.

»Er ist alt ... genau wie ich«, antwortete Nerva und begleitete seine Worte mit einem leichten Seufzer.

Caligula biß sich auf die Lippen. »Ich meine ... äh ... wie es ihm ...«

»Seine Stimmung?«

»Ja.«

»Wie das Wetter«, sagte Nerva lächelnd.

Caligula blickte unwillkürlich zum Himmel hinauf. Keine Wolke in Sicht. »Das Wetter ist gut ... heute«, sagte er.

»Aber der Jahreszeit nach ist immer noch Winter«, stellte Nerva fest, weil er wußte, daß er mit dieser Bemerkung seinen jungen Begleiter aus der Fassung bringen konnte.

Prüfend blickte er den schlanken jungen Mann an, der übereleganterausgeputzt war, was einem nicht sonderlich gut zu Gesicht stand. Der Junge sah aus wie eine persische männliche Hure. Nerva verzog verächtlich die Lippen. Goldsäume an der Kleidung, Goldfäden in die Tunika eingewoben. Sogar die Spangen, die den Umhang zusammenhielten, waren aus Gold und mit Löwenköpfen verziert. Nach den alten, strengen Kleidervorschriften von Rom könnte dieser Junge zum Tode verurteilt werden, weil er in dieser übertriebenen Kleidung herumspazierte. Das also war inzwischen aus Rom geworden! Dieser herausgeputzte Bengel, diese Puppe mit der golddurchwirkten Kleidung ..., das würde höchstwahrscheinlich der nächste Imperator werden!

Aber immerhin war Caligula soeben aus Rom eingetroffen und damit für Nerva eine wichtige Informationsquelle. Deshalb legte er dem jungen Mann vertraulich eine Hand auf den Arm.

»Ich habe gehört, daß im letzten Monat sieben meiner Kollegen im Senat wegen Hochverrats den Tod gefunden haben?« fragte er in bedächtigem Tonfall und wartete auf die Bestätigung.

»Eigentlich neun«, erwiderte Caligula lässig. »Und fünf von ihnen haben den Henker betrogen und sich selbst getötet. Höchst rücksichtslos, meinst du nicht auch, Nerva?« Ein häßliches Lächeln spielte um seine Lippen, während er den alten Mann ansah.

»Es waren gute Männer«, sagte Nerva traurig.

Caligulas Augen funkelten bösartig. »Wenn sie gute Männer waren ...«, sagte er langsam und betonte jede Silbe. »... warum wurden sie dann des Hochverrats gegen meinen geliebten Großvater für schuldig befunden??«

Nerva riß seine Gedanken von Rom los und betrachtete den jungen Mann, der spöttisch lächelnd vor ihm stand. »Du hast ein Talent für Logik, Prinz«, sagte er trocken. Danach schwieg er, während sie weitergingen.

Der Zugang zu Tiberius' Schwimmbad im Freien wurde von zwei Reihen Soldaten bewacht, die an den Efeuspalieren standen, die des Imperators Privatsphäre abschirmten. Die Villa selbst enthielt ein komplettes Badehaus und zwei kleinere Innenbecken, aber Tiberius glaubte daran, daß das Wasser dieses Schwimmbades im Freien, das von einer Quelle gespeist wurde, wichtige gesundheitsfördernde Mineralien enthielt, die ihn jung erhalten würden. Deshalb war dies sein Lieblingsaufenthalt geworden; hier schwamm er an jedem milden Tag. Da der Imperator das Gefühl hatte, besonders leicht verwundbar zu sein, wenn er nackt war, bestand er darauf, daß nicht weniger als ein Dutzend der mutigsten Legionäre seine Person schützten, wenn er sich im Schwimmbecken aufhielt. Diese Soldaten waren für Römer recht groß; ihre Brustschilde trugen die Insignien der besonders sorgfältig ausgesuchten Garde des Imperators – eine Schlange mit dem Schwanz im Munde.

Caligula reckte sich und ließ den Blick wie ein Befehlshaber über die Truppe wandern. Plötzlich kam es Caligula vor, als schwankte einer der Soldaten ein wenig. Caligula trat sofort noch einen Schritt dichter an den Mann heran. Ja, es war unverkennbar ... Der Atem des Soldaten roch nach diesem sauren Wein, der überall im Imperium an die Legionäre ausgeschenkt wurde.

»Du!« schrie Caligula.

»Herr?« sagte der Posten und blickte erschrocken drein. Sein Gesicht verriet Angst.

»Vortreten!« befahl Caligula.

Der Soldat trat unsicher einen Schritt aus dem Glied nach vorn.

»Betrunken!« kreischte Caligula.

»O nein, Herr!« keuchte der Wachposten entsetzt.

Ein Offizier eilte betroffen auf Caligula zu.

»Dieser Mann wird sofort abgelöst!« donnerte Caligula.

»Jawohl, Prinz.«

Ein Garten mit Granatapfelbäumen und Ziersträuchern führte zu Tiberius' Schwimmbecken tief in einer Grotte. Hinter den Büschen war lautes Kichern und Schäkern zu hören. Die Spielzeuge des Imperators huschten im Garten herum und warteten offenbar darauf, daß der Kaiser sein Bad beendete.

Das Becken selbst, die Vergrößerung einer ursprünglichen Bodenmulde, wies behauene Wände aus rauhem Gestein auf. Gespeist wurde es von Mineralwasser-Quellen, die in der Mitte des Badebeckens einen Strudel bildeten. Auf den Kalksteinufern wuchsen Wildblumen und Moose, dort angepflanzt, um den Eindruck zu verstärken, daß es sich hier um einen absolut natürlichen Ort handelte, an dem Faune, Zentauren, Nymphen und der große Gott Pan selbst ihr Wesen trieben.

Pan ... in der Tat! dachte Caligula, während er zum dunklen Wasser hinabstarrte und eine Gestalt beobachtete, die mehrmals tauchte und wieder hochkam. Plötzlich richtete sie sich prustend aus dem Wasser auf und stand aufrecht da. Das spärliche Haar rund um die Ohren ragte wie die Hörner eines geilen Bockes empor. Imperator Tiberius Caesar, nur mit einer dünnen Tunika bekleidet, die klatschnaß an seinem alten, aber immer noch kraftvollen Körper klebte, hob einen Arm und winkte seinem Enkelsohn heiter zu.

»Caligula!« rief er.

Caligula empfand eine Mischung aus Ehrfurcht, Angst, Abneigung und Respekt, während er zum Becken hinabging und sich auf den schlüpfrigen Felsrand hockte. Eifrig ergriff er die Hand, die Tiberius ihm entgegenstreckte, und küßte sie.

»Herr... geliebter Großvater... großer Caesar...« murmelte er und blickte ins Badebecken hinab. Er sah die vagen, schattenhaften Gestalten, die wie zwei große Fische um Tiberius' Beine herumschwammen. Die ›Fische‹ tollten und spielten wie Tümmler und tauchten unter die Tunika des alten Mannes.

»Führe deinen Tanz auf, Junge!« schrie Tiberius dröhnend.

»Meinen... Tanz...?« keuchte Caligula erschrocken und zuckte unwillkürlich zurück.

»Ja«, lachte Tiberius.

Das Gesicht des Imperators war schrecklich anzusehen. Alt und rot, die Haut so runzelig und schlaff, daß die von roten Adern gezeichnete Hakennase scharf hervorsprang, überall offene, nässende Blattern.

Caligula verspürte aufsteigende Übelkeit, die er nur mit Mühe unterdrücken konnte. Seit Jahren litt Tiberius unter dieser Hurenkrankheit, die von den Legionen aus Gallien, Ägypten und Persien eingeschleppt worden war; eine Krankheit, die jeden von ihr befallenen Mann mit Geschwüren verunstaltete.

»Ja, deinen Tanz, Caligula! Den du zum Entzücken der Legionen deines Vaters getanzt hast! Na, komm schon, *Stiefelchen!*« Und als Caligula immer noch zögerte, der Befehl: »Deinen *Tanz!*«

Caligula erhob sich und begann sich unbeholfen zu bewegen; ein zögernder Schleifschritt, der allmählich zu Stampfen wurde. Der Takt war in seinem Kopf eingegraben, und so hüpfte er wie früher vor den Soldaten von einem Bein aufs andere. Er kam sich dabei vor wie ein Sechsjähriger, zumal Tiberius ihn vom Becken aus mit bösartigem Entzücken beobachtete, während Nerva scheinbar unbeteiligt zuschaute.

Unter lautem Plätschern tauchten die beiden ›Fische‹ aus dem Wasser auf – ein zehnjähriger Junge und ein zehnjähriges Mädchen. Beide waren splitternackt.

Tiberius verlor das Interesse an *Stiefelchens* Tanz.

»Meine kleinen Fische!« rief er herzlich. »Na, schön! Dann kommt alle her, ihr anderen!«

Hinter den Büschen und aus der Grotte tauchte etwa ein Dutzend lachender Kinder auf. Alle waren nackt. Das also waren die Jungen und Mädchen, die Caligula vorhin lachen gehört hatte. Jetzt rannten alle zum Badebecken, sprangen hinein, tauchten und schwammen um den Imperator herum. Einige von ihnen gerieten wie zufällig zwischen die weit gespreizten Beine des alten Mannes und leckten an dessen Genitalien und Oberschenkeln herum. Tiberius krächzte und krähte vor Lachen – diese Kinder waren seine Spielzeuge und das letzte Entzücken seiner alten Tage.

»Ein Schwarm Elritzen!« lachte Tiberius. »Oh, meine lieben, reizenden Fischlein!«

Caligula tanzte langsamer und beobachte Tiberius aufmerksam. Die Geschichten, die Caligula in Rom gehört hatte, stimmten also offenbar. Der letzte und neueste Klatsch über die Exzesse des Imperators entsprach der Wahrheit. Dann dürfte wohl auch die schlimmste dieser Geschichten zutreffen ..., daß Tiberius einer stillenden Mutter den Säugling aus den Armen genommen und ihm seinen Penis in den Mund gesteckt hatte, um ihn daran lutschen zu lassen.

»Das ist genug, Junge!« rief Tiberius. »Du wirst ein bißchen Tanzunterricht nehmen müssen!« fügte er lachend hinzu.

Caligula hörte auf und überlegte besorgt, auf welchen Einfall Tiberius als nächstes kommen würde.

Nerva, wie immer jeder Zoll römischer Adel, trat energisch nach vorn.

»Darf ich einige Dokumente holen und sie dir zur Unterschrift vorlegen, Caesar?« fragte er, als befände sich Tiberius im großen Marmor-Badehaus von Rom, um mit seinen Senatoren über das

Imperium zu diskutieren, statt hier geile Spiele mit herumschwimmenden Kindern zu treiben.

»Ah ... lieber alter Freund!« erwiderte Tiberius und lächelte huldvoll. »Ja, ja, natürlich. Aber wenn du zurückkommst, möchte ich, daß du dich auf deine kluge Art ein bißchen mit dem Prinzen unterhältst, wie du es ja auch mit mir tust.«

Nerva verbeugte sich ernst und feierlich, dann ging er, um die Dokumente zu holen.

»Gib mir deinen Arm!« befahl Tiberius, und Caligula beeilte sich, zu gehorchen. Er zog den Imperator aus dem Wasser. Isis, war er schwer! Tiberius war zwar dünn, aber groß und von derbem Knochenbau. Dazu kam noch die durchnäßte und deshalb ziemlich schwere Tunika. Caligula taumelte und wäre beinahe ins Wasser gefallen, aber irgendwie schaffte er es schließlich doch, Tiberius auf den Rand des Beckens zu ziehen, wo der alte Mann sich hinsetzte und die Beine ins Wasser baumeln ließ.

Tiberius winkte einem Jungen und einem Mädchen zu. Die beiden kletterten sofort aus dem Wasser und schmiegten sich in die ausgebreiteten Arme des Imperators.

»In Ordnung, ihr Fischchen! Und jetzt zurück in euer Aquarium!« Gehorsam stiegen jetzt auch alle anderen Kinder wieder aus dem Schwimmbecken und rannten in die Grotte. Tiberius streichelte die beiden Kinder in seinen Armen, als wären sie verspielte Kätzchen. »Setz dich hin, Caligula!« befahl der Imperator.

Caligula raffte die teure Tunika so hoch wie irgend möglich, um sie aus dem Wasser herauszuhalten, während er sich neben Tiberius auf den Rand des Beckens hockte. Auch er ließ nun die Füße ins Wasser baumeln und kam sich dabei vor wie in alten Zeiten, als man ihn noch ›Caligula, Tiberius' Schatten‹ genannt hatte. Er war halb erwartungsvoll, halb ängstlich.

»Liebst du mich?« fragte Tiberius abrupt und stürzte damit seinen Enkelsohn in größte Verwirrung.

»Was ...? Warum ... ich ... aber ... Himmel, ja! Ich meine ... du bist doch ...«, stammelte Caligula verlegen.

»Du solltest es!« unterbrach ihn Tiberius schroff und ungeduldig. »Ich habe dich am Leben gelassen ... gegen *jedermanns* Rat, wie ich hinzufügen möchte.« Er sah seinen Enkelsohn forschend an und zog die buschigen Augenbrauen zusammen. »Warum sagst du dann so schreckliche Dinge über mich?« donnerte er Caligula plötzlich an.

Caligula wurde bleich – hatte jetzt schon seine letzte Stunde geschlagen? »Aber ich doch nicht, Caesar!« brachte er schließlich keuchend heraus, wobei ihm die Zähne klapperten. »Wirklich ... niemals!«

»Ich hörte, daß du oft um meinen Tod betest«, fuhr Tiberius erbarmungslos fort.

Welcher hinterhältige Spion hatte dem Imperator denn diese Information hinterbracht? Hatte der alte Mann überall Ohren und Augen? In diesem Moment schwor sich Caligula: Ich werde dieses Plappermaul ausfindig machen und seine Zunge in kleine Stücke schneiden! Und dann werde ich ihm das Herz bei lebendigem Leibe herausreißen.

Er begann zu protestieren: »Beim Himmel, ich schwöre ...«

Aber Tiberius hörte ihm schon gar nicht mehr zu. Er hielt jetzt den kleinen Jungen auf dem Schoß, kitzelte dessen Genitalien, umschloß die winzigen Hoden mit einer Hand und spielte am kleinen Penis herum. Der kleine Junge schauerte vor Freude zusammen, und das kleine Mädchen kicherte bei diesem Anblick.

»Meine Fischlein mögen mich jedenfalls«, sagte Tiberius. Er kniff den Jungen in den kleinen Penis. »Nicht wahr?«

»Ja, lieber Onkel ...«

»Sie nennen mich Onkel«, kicherte Tiberius entzückt. »Sie sind lieb, nicht wahr? So süß ... und noch so jung! So ... unverdorben!« Er schob den kleinen Jungen weg und langte nach dem Mädchen. Er tastete an ihrem unbehaarten Schamhügel herum, streichelte mit seinen altersschwachen Fingern die winzige Klitoris, bis die Kleine sich glücklich hin und her wand.

»Ich tue mein Bestes, um ihre Unschuld zu schützen«, fuhr der alte Heuchler fort. Er kniff ein paarmal ziemlich derb in die Brustknospen des kleinen Mädchens. Dann ließ er plötzlich beide Kinder ins Badebecken fallen. »Ab mit euch!« krächzte er. Die beiden Kinder schwammen rasch durchs Becken und verließen es auf der gegenüberliegenden Seite. Lachend und kichernd rannten sie in die Grotte. Die kleinen, drallen Hintern glänzten dabei vor Nässe.

Caligula hatte sich inzwischen wieder gefaßt. Sein wildes Herzklopfen ließ nach, das einen Moment erstarrte Blut begann wieder warm durch die Adern zu strömen. Ihm war klar, daß sich sein Großvater nicht in mordlustiger Stimmung befand.

»Ich bin alt«, sagte Tiberius traurig.

»Aber du bist noch immer sehr kräftig ... und männlich ... und ...«, begann Caligula mit dem Ritual der von ihm erwarteten Proteste.

Doch Tiberius schüttelte den Kopf. Sein runzeliges Gesicht verriet Melancholie.

»Von meiner ganzen Familie seid nur noch ihr beide übrig ... du und der Knabe Tiberius Gemellus. Alle anderen ... dahingerafft. Vom Schicksal. Wir alle werden vom Schicksal beherrscht, Caligula ..., nicht von irgendeinem Gott oder von den Göttern.«

Ja, dachte Caligula ..., wenn man Tiberius' Henker als Schicksal bezeichnen wollte. »Ich weiß, Caesar ...«, sagte er.

»Ich wünschte, du wüßtest es wirklich«, unterbrach ihn Tiberius im gleichen klagenden Tonfall. »Aber du weißt es ja gar nicht. Du verehrst Isis. Das verstößt gegen das Gesetz und bedeutet die Todesstrafe!«

Jetzt bekam es Caligula derartig mit der Angst zu tun, daß er schon befürchtete, ohnmächtig zu werden. Woher wußte dieser alte Mann über alles Bescheid, was in Rom stattfand ...? Nicht nur über Worte und Taten, sondern auch Gefühle und Gedanken? Seine Spione waren überall. Man durfte niemandem trauen. War er – Caligula – deshalb hierher nach Capri befohlen worden ... zu seiner eigenen Hinrichtung? Die Welt um ihn herum begann sich erneut zu verdunkeln. Er konnte kaum noch richtig sehen und hören. Entsetzen hüllte ihn ein.

»Nein. Nein ... ich nicht ... bitte ...«, plapperte er und war einem hysterischen Anfall nahe. »Glaube mir, Großvater ... Caesar ... ich schwöre ...«

»Ich bin nachsichtig und milde«, seufzte Tiberius und genoß offensichtlich den Anblick seines Großkindes, das sich vor Angst und Grauen wand. Der junge Mann schwitzte tatsächlich; das spärliche Haar klebte auf der Kopfhaut. »Du bist jung. Und dumm. Hilf mir auf!«

Caligula erhob sich blindlings und half dem alten Mann auf die Beine. Sofort näherte sich von den efeuberankten Spalieren her eine dunkle Gestalt. Es war ein afrikanisches Mädchen von etwa fünfzehn Jahren, den Körper eingeölt und glänzend, barfuß und bis auf einen kleinen Lendenschurz nackt. Ihre Brüste waren perfekt ... hochstehende, große, ebenholzschwarze Halbkugeln mit weichen, dunklen Warzen. Um den Hals baumelten mehrere Goldreifen; Gold hing auch an ihren Ohrläppchen und am linken Nasenflügel. Sie trat rasch an Tiberius' Seite und hielt ihm eine schwarze Perücke mit massivgoldenem Lorbeerkranz entgegen. Tiberius stülpte sich diese Perücke auf den Kopf und langte nach dem Mädchen, das gerade groß genug war, so daß der alte Mann sich bequem darauf stützen konnte. Sie hatte keinen Namen und wurde nur als ›Tiberius Krücke‹ bezeichnet.

Aber selbst als Tiberius sich auf seine ›Krücke‹ stützte, überragte er Caligula immer noch. Der Imperator bewegte die Lippen, aber Caligula konnte nichts hören. Tiberius schüttelte den Kopf und machte sich auf den Weg vom Badebecken zur bewachten Loggia. Caligula trottete wie ein Schoßhündchen neben seinem Großvater her. Er wollte gelobt werden; er brauchte Anerkennung, damit der Großvater es ihm gestatten würde, weiterzuleben. Deshalb sagte Caligula, als sie die Loggia betraten: »Einer deiner Wachposten war betrunken ... im Dienst!«

Sie blieben bei einem kleinen Serviertisch neben dem Sessel des Imperators stehen.

»Oh ...?!« machte Tiberius und zog stirnrunzelnd die dichten Augenbrauen zusammen.

»Ich habe ihn sofort ablösen lassen«, sagte Caligula eifrig. »Und ich hoffe, daß dies richtig von mir war?«

Jetzt stand Tiberius hochaufgerichtet wie der Donnergott Jupiter da, das Gesicht vor loderndem Zorn verzerrt.

»Schafft mir sofort diesen betrunkenen Kerl herbei!« befahl er dröhnend.

Sofort entstand lebhafte Bewegung unter den Wachen. Wenig später wurde der entsetzte Posten, von zwei anderen Soldaten eskortiert, herbeigebracht. Der Mann war immer noch unsicher auf den Beinen; ob vom Wein oder vor Angst, das war schwer zu sagen. Er bemühte sich jedoch um stramme militärische Haltung. Als die beiden anderen Männer ihn losließen, stand er zitternd da und wagte nicht, seinem Kaiser in die Augen zu sehen.

»Betrunken im Dienst ...«, begann Tiberius drohend.

»Nein, Caesar!« flüsterte der Posten mit trockenen Lippen. »Das war ich nicht! Nicht wirklich ...«

Tiberius' Gesicht nahm einen etwas wohlwollenderen Ausdruck an. »Aber du hast ein, zwei Becher Wein getrunken?«

»Nun ... äh ... ja ... Caesar«, antwortete der Posten und schluckte sehr hart. »Aber nicht mehr! Eine kleine Feier!«

»Was für eine Feier?« schnurrte Tiberius beinahe und zog geduldig eine Braue in die Höhe.

»Mein erstes Kind wurde geboren, Caesar.«

»Ein Junge oder ein Mädchen?«

»Ein Junge, Caesar!« erwiderte der Posten stolz. »Mein erster Sohn!«

»Nun, das ist wirklich ein Grund zum Feiern!« rief Tiberius und lachte. Er klatschte in die Hände. »Wein!«

Ein Sklave näherte sich schleunigst mit einer silbernen Weinamphore und zwei Bechern mit doppelten Henkeln und vergoldeten, in Blei gefaßten Rändern.

Tiberius füllte persönlich einen der Becher und reichte ihn eigenhändig dem Posten. »Trinke, mein Sohn.« Er lächelte väterlich. »Zur Feier des Tages!«

Das Gesicht des jungen Soldaten verriet ungläubiges Staunen.

»Aber ... im Dienst ... und ... einfach so?«

»Du hast Urlaub«, sagte Tiberius. Er nickte und drängte ihm den Wein auf.

Mit zitternder Hand langte der Posten nach dem Kelch und trank den Wein. Erschrocken starrten seine Augen dabei über den Becherrand hinweg und sahen gebannt den Imperator an.

»Und jetzt noch einen Becher«, sagte Tiberius und füllte den Kelch des Postens noch einmal eigenhändig nach.

Diesmal leerte der Posten das Gefäß schon wesentlich zuversichtlicher.

Aber Caligula wußte, was als nächstes kommen würde. Als er vor Jahren Gast von Tiberius hier auf Capri gewesen war, hatte er diesen besonderen Trick des alten Mannes schon einmal miterlebt. Caligula wußte auch, was von ihm jetzt erwartet wurde. Er begann zu lächeln.

Als der Posten den Becher geleert hatte, wandte sich der Imperator an seinen Enkelsohn. »Und nun sorge du dafür, daß unser guter Wein nicht vergeudet ist!« sagte Tiberius freundlich.

»Ja, Herr.«

Caligula befahl dem Posten scharf: »Die Schnur aus deinem Stiefel! Schnell!«

Verwirrt beugte sich der betrunkene Legionär nach vorn und zog die lange Lederschnur aus einem seiner Stiefel. Er händigte sie dem Prinzen aus und stand dann sofort wieder hölzern stramm.

Caligula raffte die Tunika des Mannes nach oben und stopfte sie hinter den Gürtel. Dann langte er beinahe liebevoll in die Unterwäsche des Soldaten und holte Penis und Hodensack hervor.

Der Posten keuchte, wagte aber nicht, sich zu bewegen. Er verharrte in strammer Haltung, sein vom Wein lebhaft gerötetes Gesicht zeigte einen höchst verwunderten Ausdruck.

Caligula ließ den Penis fallen, so daß alle Anwesenden ihn gut sehen konnten. Geschickt knüpfte er eine Schlinge in die Stiefelschnur und testete den Knoten, bis er mit dessen Festigkeit zufrieden war. Dann langte er erneut nach dem Penis, streichelte ihn einen Moment, als erfreue er sich an Länge und Dicke, schob die Schlinge behutsam über den Kopf des Penis und streifte sie bis zur Wurzel hinab. Er blickte dem jungen Mann lächelnd in die Augen und zog gleichzeitig die Schlinge mit einem harten Ruck fest zu.

Ein gellender Aufschrei zerriß die Luft, dann noch einer. Der junge Posten fiel rücklings und immer noch laut schreiend in den Sessel. Als er versuchte, mit beiden Händen die schmerzenden Lenden zu schützen, wurden seine Arme von zwei Soldaten brutal nach hinten gerissen und auf dem Rücken zusammengebunden.

Tiberius lächelte wohlwollend und beobachtete, wie sich der mißhandelte Posten wand. Blut tropfte von den zerbissenen

Lippen. Dann sah Tiberius seinen Enkelsohn anerkennend an. Caligula reagierte mit einer leichten Verbeugung und lächelte genauso hinterhältig wie sein Großvater.

»Gebt ihm noch etwas zu trinken!« befahl der Imperator dem Wachoffizier. Dann drehte sich Tiberius nach dem unglücklichen Opfer um. »Immerhin ist dies ja ein Tag, den du niemals vergessen sollst, nicht wahr, Bursche?«

Das gequälte Ächzen des Postens wurde erstickt, als die Wachen ihm noch mehr Wein in den Hals schütteten.

Tiberius stützte sich wieder auf seine ebenholzschwarze ›Krücke‹ und wandte sich zum Gehen.

Caligula fiel auf, daß das schwarze Mädchen die Beine fest zusammengepreßt hielt und die Oberschenkel aneinanderrieb. Die Brustwarzen waren hart und steif geworden. Offenbar hatte die Folter sinnliche Empfindungen in der Kleinen ausgelöst. Caligula kniff die Augen zusammen, während er das Mädchen beobachtete, dessen Hinterbacken prall und rund waren. Plötzlich wurde er von heftigem Verlangen erfaßt. Vielleicht später, dachte er. Jetzt schlenderte er erst einmal neben seinem Großvater her durch die Gärten der Villa.

»Wie wird man mich in Rom empfangen?« fragte Tiberius unvermittelt.

Hurenpisse! Der alte Bastard plante also tatsächlich seine Rückkehr!

»Mit Freuden«, antwortete Caligula. Er seufzte leise und lächelte sein zärtlichstes Lächeln.

»Sollte man auch!« schnappte Tiberius. »Ich habe immer nur das Beste für mein Volk getan! Ich schwöre es!«

Sie spazierten jetzt durch die Haine und Wäldchen der Villa und Tiberius betrachtete von der Seite her seinen Enkelsohn sehr aufmerksam. Offenbar suchte er nach irgendwelchen Anzeichen von Abneigung oder Mißbilligung – aber Caligula hatte sich jetzt vollkommen in der Gewalt. Er lächelte freundlich und plauderte zuvorkommend von dem triumphalen Empfang, der Tiberius mit Bestimmtheit zuteil werden würde. Ganz Rom würde herauskommen, um den Imperator zu begrüßen. Man würde bis zum dreizehnten Meilenstein oder sogar noch weiter wandern, versprach Caligula. Tiberius akzeptierte das als selbstverständlich. Man würde die angesehensten Patrizier und Senatoren nach Ostia entsenden, um Tiberius' Triere nach Rom zu geleiten. Überall an den Ufern des Tiber-Flusses würden Statuen von Tiberius stehen, alle mit Lorbeerkränzen aus purem Gold geschmückt. Diese Kränze würden dann natürlich Tiberius' Eigentum werden.

»Natürlich«, murmelte Tiberius.

Es waren keine Kosten gescheut worden, um Tiberius' Zufluchtsort so ländlich und waldreich wie nur irgend möglich zu gestalten. Olivenbäume schimmerten silbrig blau neben Akazien. Weiden starrten wie Narziß ihr eigenes Spiegelbild in Tümpeln und Weihern an. Man hatte eine Umgebung geschaffen, die mythologischen Geschöpfen wie Faunen, Satyrn und Nymphen durchaus würdig war.

Deshalb überraschte es Caligula nicht im mindesten, als man auf einen jungen Satyr stieß, der sich auf einer sonnenbeschienenen Lichtung mit zwei Nymphen der Liebe hingab. Der Junge, den Caligula auf etwa achtzehn Jahre schätzte, stand auf gespreizten Hinterhufen da, mit dem Schweif an einem Baum. Vor diesem Satyr nach vorn gebeugt stand eins der schönsten Geschöpfe, die Caligula jemals zu Gesicht bekommen hatte. Die kleinen, runden Hinterbacken waren dem Penis des Jungen entgegengereckt. Das Mädchen hatte hellgoldenes Haar, geschmückt von einem Kranz aus Wildblumen. Das durchsichtige Gewand, bis zur Taille hochgerafft, schien für eine göttliche Nymphe gewoben zu sein. Mit beiden Händen stützte sie sich auf die Knie, um von dem Satyrpfahl nicht umgestoßen zu werden. Und ein Pfahl war es, wie Caligula mit einem Anflug von Neid feststellen konnte ... gut fünfundzwanzig Zentimeter lang und auch entsprechend dick.

Eine andere Nymphe lehnte sich neben dem Satyr mit dem Rücken gegen denselben Baumstamm, als wartete sie darauf, als nächste an die Reihe zu kommen. Ihre Hände umschlossen die mächtigen Genitalien und streichelten sie zärtlich und liebevoll, während der Satyr wuchtig zustieß. Das Haar dieser Nymphe war pechschwarz und hing lose bis zu den Hüften hinab. Das dünne Gewand war von einer Schulter geglitten und enthüllte eine runde Brust; an ihr saugte der Satyr mit offenkundiger Freude.

Als das Trio den Imperator Tiberius zu Gesicht bekam, drehte sich das dunkelhaarige Mädchen nach dem Kaiser um. Ohne die Brust aus dem Mund des Satyrs zu nehmen, raffte es sein Gewand hoch und spreizte die Beine, so daß Tiberius gut ihre rosige Grotte sehen konnte. Dann erstarrten alle drei Gestalten in dieser Position – wie ein erotisches Fries an den Wänden eines Hauses der Prostitution.

Tiberius blieb stehen, um das Trio zu bewundern.

»Reizend, nicht wahr?« meinte der alte Imperator.

»Ja, Caesar«, stimmte Caligula aufrichtig zu. »Neuzugänge?« Tiberius schlenderte um die drei jungen Körper herum, als handelte es sich tatsächlich nur um Statuen. Er tätschelte hier eine Wölbung, zupfte dort an einem Haarbüschel, steckte einen Finger in eine Spalte und streichelte eine Haarlocke.

»Der Satyr ist aus Illyrien«, sagte Tiberius zu Caligula. »Diese Nymphe ist aus ... aus ...«

»Britannien, Herr«, erwiderte das blonde Mädchen leise, ohne sich aus der gebückten Stellung aufzurichten. Der Satyr war immer noch tief eingedrungen.

»*Sprechende* Statuen!« Tiberius strahlte wie ein Kind über ein neues Spielzeug.

»Und von der allerbesten Art!« schwor Caligula. Auch er schlenderte jetzt um das Trio herum und bewunderte, wie raffiniert Hörner, Hufe und Schweif des Satyrs nachgebildet worden waren. Dann betrachtete Caligula angelegentlich die beiden Nymphen. Beinahe hatte er Angst, sie auch einmal zu berühren, immerhin waren sie ja Tiberius' Eigentum. Aber dann lockerte er doch das Tunika-Oberteil des blonden Mädchens und legte ihre kleinen, spitzen Brüste frei. Er berührte erst die eine, dann die andere rosige Warze.

»Du ziehst Nymphen den Satyrn vor?« fragte Tiberius neugierig.

»Ich mag beides«, erwiderte Caligula. Er drückte die Hoden des Satyrs und strich mit einem Finger über die Kerbe im Hintern des Jungen.

»Man braucht auch beides, um gesund zu bleiben«, riet Tiberius. Er klatschte in die Hände.

Sofort erwachten die ›Statuen‹ wieder zum Leben und bildeten immer von neuem erotische Kombinationen. Während Tiberius zuschaute, schob er eine Hand unter den Lendenschurz seiner ›Krücke‹ und massierte sanft die Klitoris des afrikanischen Mädchens.

Vor ihm hatten sich inzwischen die beiden Mädchen auf dem Gras ausgestreckt und leckten gegenseitig an ihren Lustgrotten. Der Satyr drang in den Anus des schwarzhaarigen Mädchens ein. Ein paar Minuten später pfählte er ihre Scheide auf seinen Schaft, während sie beide Beine um seine Taille schlang. Er stieß in stehender Position zu, und die Blonde hockte sich unter ihn und ließ abwechselnd ihre Zunge an beiden spielen.

»Vergiß niemals, Caligula, daß Rom eine Republik ist«, sagte Tiberius fromm. »Und daß wir beide, du und ich, einfache, schlichte Bürger sind.« Er beugte sich vor, um den Hintern des Satyrs zu tätscheln. »Ein bißchen mehr Überzeugungskraft, bitte!«

Der Satyr beschleunigte sofort seine Bewegungen und rammte so tief hinein, daß das dunkelhaarige Mädchen vor Schmerz stöhnte.

»Aber du bist ein Gott, Caesar!« protestierte Caligula pflichtgemäß.

»Nein!« lautete die scharfe, schroffe Erwiderung. »Nichts dergleichen! Nicht einmal dann, wenn ich tot sein werde!«

Caligula sah ein, daß es Tiberius ernst war, aber der jüngere Mann konnte nicht verstehen, warum. Der Imperator wollte kein Gott sein? Er wollte nicht als Sterblicher der Erde ins unsterbliche Pantheon der gesegneten Götter versetzt werden? Das ging über Caligulas Begriffsvermögen.

»Aber ... dein Vater und Großvater ... Julius Caesar und Augustus ... sie sind jetzt Götter ...«

»Das *behaupten* wir«, unterbrach ihn Tiberius. »Und deshalb glaubt es das Volk auch so gern. Aber wir sind nur Menschen, Caligula ... mit einer kurzen Lebensspanne hier auf Erden.« Sein Gesicht war ernst, beinahe würdevoll, trotz der nässenden Blattern.

Sie gingen jetzt auf einen dunklen, fast versteckten Hain zu, in den die schwachen Sonnenstrahlen kaum noch eindringen konnten.

Caligula konnte vage drei Gestalten in lebhafter Bewegung erkennen. Während man sich ihnen näherte, fügte Tiberius hinzu: »Also nutze dein Leben voll aus, Caligula!« Er winkte mit einer Hand in die Richtung des Hains und gab Caligula damit zu verstehen, daß er dort eindringen solle.

Jetzt waren die drei Gestalten schon klarer zu erkennen. Alle waren nackt. Es handelte sich um zwei große Neger und ein weißes Mädchen. Eine so helle, schneeweiße Haut hatte Caligula noch nie gesehen. Eine Keltin ... natürlich! Nur die keltische Rasse vereinigte so blaue Augen mit so schwarzem Haar und so leuchtend weißer Haut.

Das Mädchen wurde mit Gewalt genommen. Der größere der beiden Männer hielt den heftig zappelnden Körper vom Boden hoch und preßte ihn an seine Brust, während seine großen Hände gewaltsam die Beine auseinanderzwängten. Der andere Mann stand zwischen den gespreizten Beinen des Mädchens und vergewaltigte es brutal.

Caligula beobachtete, und sein Mund war vor Gier weit geöffnet; seine Zunge leckte fieberhaft an den trockenen Lippen.

Das Mädchen wand und wehrte sich mit aller Macht. Es bettelte um Gnade. Aber die Vergewaltigung wurde minutenlang fortgesetzt, bevor der Neger sich zurückzog, immer noch hart, wollüstig grinsend.

Jetzt erst begannen die Leiden des Mädchens erst richtig. Es wurde auf den Boden geworfen, landete stöhnend auf Händen und Knien. Die großen Brüste baumelten nach unten. Sofort kam der Mann an die Reihe, der das Mädchen bisher festgehalten hatte. Während es auf dem Boden kniete, rammte er brutal von hinten hinein. Der andere Mann brachte sich vor dem Mädchen in Position, stieß sein Glied in ihren Mund und zwang es, daran zu saugen. Danach wechselten die beiden Männer wieder ihre Stellung. Sie sprangen mit dem Mädchen um, als wäre es nichts weiter als ein Kissen oder irgendein anderer lebloser Gegenstand. Ein Mann legte sich flach ins Gras. Sein erigierter Penis ragte nach oben. Der andere hob das Mädchen hoch in die Luft, setzte den widerstrebenden Körper direkt auf den steifen Schaft und ließ ihn zwischen den weißen Oberschenkeln tief in ihre Spalte gleiten. Das Mädchen schrie vor Schmerz laut auf. Beide Männer aber lachten.

Jetzt kniete sich der Mann, der das Mädchen eben hochgehoben hatte, zwischen die Beine seines Freundes und zielte mit seinem abnorm dicken Penis nach dem Anus. Er stieß sofort wuchtig zu. Wieder bettelte das Mädchen um Gnade, das diesen erneuten Angriff wegen der Größe der beiden Lustinstrumente kaum ertragen konnte.

Caligulas Penis war inzwischen unter der Toga steinhart angeschwollen. Er sehnte sich nach Entspannung. Wie lieb wäre es ihm jetzt gewesen, wenn ihm die dicken Lippen von Tiberius' Begleiterin, seiner ›Krücke‹, einige Erleichterung verschafft hätten!

»Ich glaube, die zwei zählen zu den besten meiner Hengste«, stellte Tiberius mit Kennerblick fest, während er zusah. Dann wandte er sich an Caligula und nahm die politische Vorlesung wieder auf: »Diene dem Staat gut, Caligula! Auch wenn die meisten Bürger nur verruchte Bestien sind!«

»Sie lieben dich, Herr«, krächzte Caligula heiser vor Erregung. Er ließ den Blick keine Sekunde von diesem Spektakel vor seinen Augen.

»Nein.« Der Imperator zuckte die Schultern. »Aber ich habe sie wenigstens gelehrt, mich zu fürchten.« Dann wandte er sich an das weinende Mädchen. »Du kannst beide in dir unterbringen«, sagte er sanft zu ihr. »Aber du mußt dich entspannen.«

Das Mädchen gehorchte sofort, streckte sich auf dem ersten Mann aus und spreizte die Oberschenkel, so weit es nur konnte.

Der andere Mann rammte sofort seine ganze Länge in sie hinein, und die drei Körper begannen im gleichen Rhythmus zu wippen und zu schwanken.

Caligula stand wie hypnotisiert da. Er konnte seinen Blick nicht von den schneeweißen Lenden des Mädchens losreißen, das nun von festem, wuchtig zustoßendem Fleisch in beiden Öffnungen gefüllt wurde. Das Mädchen stöhnte wieder, aber diesmal vor Lust. Es bäumte sich auf und zuckte ekstatisch. Dann wandte es den Kopf und suchte nach dem Mund des anderen Mannes, um ihre Zunge tief hineinzustoßen.

Caligula sah, daß die ›Krücke‹ des Imperators die dunklen Finger unter den Lendenschurz geschoben hatte und eifrig an ihrem feuchten Lustzentrum beschäftigt war.

Nur Tiberius schien von diesem Treiben vollkommen unbeeindruckt zu sein. Er drehte sich nach Caligula um und zwang so den jungen Mann, den Blick von der faszinierenden Vorstellung loszureißen. »Ich hatte keine Wahl«, fuhr der Imperator fort.

»Aber ... Caesar ...«

»Ich wollte tatsächlich die alte Republik wiederherstellen. Niemand glaubte mir das – aber ich wollte wirklich den Senat regieren lassen ..., so, wie wir es immer noch vortäuschen. Doch jetzt ...« Wiederum zuckte Tiberius in einer beredten Geste die Schultern.

Das Trio der miteinander verschlungenen Körper erreichte nun den Höhepunkt. Schluchzend, knurrend und ächzend fielen alle drei schwitzend aufeinander zusammen.

Tiberius blickte auf die erschöpften Körper hinab. Er bückte sich, streichelte das Mädchen und murmelte: »Na ... so schwer war es doch gar nicht, oder?«

Das Mädchen konnte nur müde lächeln und nicken.

»Menschen *wollen* Sklaven sein.« Während der Imperator die politische Erziehung seines Enkelsohnes fortsetzte, winkte er die beiden jungen Neger auf die Beine. »Sie brauchen einen Herrn. Natürlich hassen sie ihn.« Er strich mit seinen alten Händen über die Rücken der beiden Männer und streichelte ihre Hinterbacken. »Und der Himmel weiß, daß es undankbare Arbeit ist. Für uns. Aber wenn wir sterben ...« Seine Hände hoben die beiden Hodensäcke an, als wollte er deren Gewicht prüfen, dann zupfte er liebevoll an den halbschlaffen Gliedern. »... oder getötet werden ...«, fuhr er fort, »... dann geht man einfach hin und sucht sich einen anderen ... der genauso ist wie wir. Diese beiden Schwarzen habe ich übrigens aus Nubien. Zehn Talente in Gold mußte ich für das Paar bezahlen. Was glaubst du – zuviel?« fragte er Caligula.

Zehn Talente in Gold! Das war das Lösegeld für einen Imperator! »Ein guter Handel, Caesar«, erwiderte Caligula glattzüngig. »Die beiden sind ... atemberaubend!«

Tiberius nickte ohne sichtbare Gefühlsregung. »Ich kann mich nicht mehr so wie früher selbst beteiligen – aber ich bin ein ausgezeichnetes Publikum!«

Und unersättlich obendrein! dachte Caligula. Nachdem er zwei Vorstellungen beobachtet hatte, ganz zu schweigen von der ›Schar Elritzen‹ des Imperators, war er durchaus bereit, sich mit einem schnellen Orgasmus zu begnügen, anschließend genüßlich ein Bad zu nehmen und sich dann zu einer köstlichen Mahlzeit hinzusetzen.

Aber Tiberius war noch immer nicht gesättigt.

Im nächsten Hain stieß man auf eine ganz spezielle Attraktion, nämlich auf eine Gruppe akrobatischer Tänzer aus Kreta. Es waren vier Jungen und zwei Mädchen, die sich alle ganz erstaunlich ähnlich sahen. Offensichtlich waren es Brüder und Schwestern. Mit blitzschneller Präzision führten sie dem Imperator und seinem Enkel ein sexuelles Ballett von erstaunlichem Einfallsreichtum vor. Die Körper waren so geschmeidig, so sportlich trainiert, daß sie ohne sichtbare Zeichen von Anstrengung die kompliziertesten Positionen längere Zeit durchhalten konnten. Caligula bewunderte ihre Geschicklichkeit aus vollem Herzen, während Tiberius vor Stolz förmlich glühte.

Zuerst stellten sich die Jungen im Kreis auf, jeder von ihnen stieß in seinen Vordermann hinein.

Inzwischen machte das kleinere Mädchen vor der größeren Schwester einen Handstand und behielt diese Position bei, so daß beide stehend die klassische Neunundsechziger-Stellung praktizieren konnten.

Tiberius spendete höflichen Beifall.

Der nächste Trick war eine Pyramide: Die beiden kräftigsten Jungen stellten sich Seite an Seite mit gespreizten Beinen auf, und eine der Schwestern kniete sich vor den Brüdern hin. Die beiden anderen Jungen sprangen auf die Schultern der Brüder und gingen so in die Hocke, daß ihre Penes auf die Münder der stehenden Brüder gerichtet waren, die nun der anderen Schwester halfen, die Spitze der Gruppe zu erreichen. Als alle in Position waren, begann die kniende Schwester abwechselnd an den Penes der vor ihr stehenden Brüder zu saugen. Die Brüder in der oberen Reihe steckten ihre Glieder in die Münder der Brüder in der unteren Reihe und wechselten sich dann dabei ab, mit den Zungen an der Vagina der Pyramidenspitze zu lecken, ihrer kleinen Schwester.

Caligula lief bei diesem Anblick das Wasser im Munde zusammen. Auch er wollte an irgend etwas saugen – an einer Brustwarze, an einem Testikel, an einem Phallus ..., an irgend etwas! Er warf Tiberius einen gequälten Blick zu. Der Imperator nickte tolerant und gewährte dem Enkel die flehentliche Bitte.

Sofort sprang Caligula nach vorn, zerrte seine Tunika auseinander und entblößte seine pulsierende Erektion. Dann nahm er hinter dem größeren Jungen Aufstellung drang tief in ihn ein. Aaah ... das tat sooo guuut! Sehr schnell fand er in einem Orgasmus Erleichterung und Entspannung.

Befriedigt kehrte Caligula an Tiberius' Seite zurück und beobachtete weiter die sexuellen Akrobatenstückchen, während der Imperator ungerührt mit seiner politischen Vorlesung und seiner Lebensgeschichte fortfuhr.

»Ich wollte niemals Imperator werden – mein Privatleben war mir viel wichtiger. Ich liebte meine erste Frau.« Dies entsprach wenigstens der Wahrheit; ganz Rom wußte es. Tiberius hatte Vipsania, selbst als er dazu gezwungen worden war, sich von ihr scheiden zu lassen, auf der Straße so sehnsüchtige Blicke nachgeworfen, daß seine Mutter Livia, die Frau des Kaisers Augustus, schließlich Vipsania aus Rom verbannt hatte, so daß Tiberius sie nie wieder zu Gesicht bekam. »Aber Augustus zwang mich zur Scheidung von ihr. Ich mußte seine Tochter heiraten – die ich haßte.« Auch das entsprach der Wahrheit. Fast jeder Mann in Rom hatte es hinter Tiberius' Rücken mit Julia getrieben, bis ihr Vater, der Kaiser, in Wut geraten war und sie auf Lebenszeit ins Exil geschickt hatte. »Aber ich mußte sie heiraten.« Tiberius wirkte jetzt beinahe rührselig. »Genauso wie ich Kaiser werden mußte ...«

Caligula war nun echt neugierig und wagte es, den Imperator zu unterbrechen: »Warum *mußtest* du denn Imperator werden?«

Die Tanzgruppe aus Kreta erreichte jetzt den Höhepunkt ihrer Darbietung, aber Caligula hatte das Interesse daran verloren.

Nur Tiberius beobachtete aufmerksam, wie die Brüder und Schwestern eine Reihe lebender Bilder von perverser Sexualität stellten. Sie imitierten Tiere so überzeugend, daß Tiberius mit beiden Händen Beifall klatschte.

»Um mein Leben zu retten«, beantwortete Tiberius dann die Frage seines Enkelsohnes, ohne dabei den Blick von der Gruppe zu wenden, die soeben ein Kamel und eine Giraffe nachahmten. »Hätte irgendein anderer die Nachfolge angetreten, wäre ich getötet worden ..., so wie du getötet werden wirst ...«

Caligula zuckte heftig zusammen und stand wie versteinert da.

»...oder wie du getötet werden würdest«, korrigierte sich Tiberius und fügte hinzu: »... wenn du nicht mein Erbe wärst!«

Ich kann und darf mich niemals entspannen, dachte Caligula. Dieser alte Hurensohn wird mich keine Minute zur Ruhe kommen lassen! Das ist seine Art, mich zu foltern.

Caligula war inzwischen von physischem und emotionalem Streß so erschöpft, daß er jeden Gedanken an ein Bad und an eine Mahlzeit aufgegeben hatte. Jetzt wäre er schon für einen Strohsack in einer dunklen Zelle dankbar gewesen.

Aber Tiberius war noch weit von Müdigkeit entfernt, und für Caligula gab es ja noch soviel zu sehen.

Und deshalb setzten sie zu dritt die Wanderung fort, wobei Tiberius sich immer noch auf seine schöne ›Krücke‹ stützte.

VIERTES KAPITEL

Seit Caligula vor Jahren Capri besucht hatte, war Tiberius ausschweifender denn je zuvor geworden. Solange Sejanus, der Hauptmann der Praetorianer-Garde, gelebt und seine Intrigen gesponnen hatte, waren er und der Imperator offenbar entschlossen gewesen, die vornehmsten Bürger Roms, vor allem die Mitglieder des Senats, um Kopf und Ansehen zu bringen. Auf dieses Ziel hatten sie ihre volle Aufmerksamkeit gerichtet. Ihre Wildheit war grenzenlos gewesen. Soweit ihnen außer dem Morden noch Zeit übriggeblieben war, hatten sie sie mit Orgien verbracht. Selbst als junger römischer Offizier war Tiberius schon als schwerer Trinker bekannt gewesen. In den Garnisonen hatte einst ein Scherz die Runde gemacht: Die Soldaten hatten ihren Befehlshaber nicht Tiberius Claudius Nero, sondern ›Biberius Caldius Mero‹ genannt – also den ›Trinker von reinem Wein‹, der nicht mit Wasser gemischt war, wie man das für nötig hielt.

Nach Sejanus Hinrichtung hatte Tiberius weniger Zeit damit verbracht, andere Leute umbringen zu lassen, obgleich das immer noch seine Lieblingsbeschäftigung war. Statt dessen hatte er sich mehr den Bankettischen und Polsterbetten gewidmet. Sein bevorzugter Weinkelch war das zehnfache Gewicht in Gold wert. Der aus Athen stammende Becher war schon ein paar hundert Jahre alt, und auf der bemalten Schale waren ein betrunkener Satyr und eine bereitwillige Mänade bei sexuellem Treiben abgebildet. Der Becher war fast niemals leer, sondern stets bis zum Rande mit rätischem Wein gefüllt, Tiberius' Lieblingsgetränk, das bei seinen Gelagen häufiger serviert wurde, als der gewöhnliche Falerner.

Die Orgien des Imperators auf Capri waren zum Tagesgespräch in Rom geworden, aber der gemeine Bürger mit seiner beschränkten Erfahrung auf diesem Gebiet konnte sich nicht einmal in seinen wildesten Fantasien vorstellen, was sich wirklich in der ›Villa der Ungeheuer‹ abspielte. Der Imperator, altersschwach und impotent, hatte sich einen wahren Vergnügungspalast erbaut, mehrere Stockwerke hoch. Unter schier unglaublichem Kostenaufwand hatte er Leute mit abartigen Sexualbräuchen aus allen Winkeln des Imperiums herbeigeschafft.

An diesem Nachmittag wollte Tiberius seinem Enkel Caligula die seltsamste Ausgeburt seiner Lasterhaftigkeit zeigen – eben jene ›Villa der Ungeheuer‹.

Während man sich mit der untergehenden Sonne im Rücken der Villa näherte, kamen ganze Scharen von Tiberius' Sexsklaven angerannt, um ihren Herrn zu begrüßen: Liliputaner, Zwerge, Buckelige und Krüppel, die jeder Beschreibung spotteten. Längs der Straße waren riesige Pfeiler errichtet worden; bizarre Parodien der Kreuze, an denen die Römer zum Tode Verurteilte hinzurichten pflegten. Jeder dieser Pfeiler war wie ein Phallus geformt; an sie angekettet waren nackte Gefangene in grotesken Positionen, sowohl Männer als auch Frauen, die von vorn und hinten auf immense Dildos aufgepfählt worden waren.

Tiberius' Sinn für Humor hatte ihn dazu veranlaßt, seinen Tempel in Form eines Hurenhauses zu bauen. In drei Stockwerken gab es separate Räume für die unterschiedlichsten Ausschweifungen. Es war eine römische *insula*, aber so aufwendig erbaut, daß allein die Kosten für die Kunstgegenstände ausgereicht hätten, um mehrere Feldzüge gegen die Gallier zu finanzieren.

Da war zum Beispiel der Mosaikfußboden der Haupteingangshalle: Darauf abgebildet waren die Arbeiten des Herkules; kein ungewöhnliches Thema. Aber hier waren die Arbeiten doch höchst merkwürdig, da alle sexueller Natur waren. Statt die vielköpfige Hydra zu erschlagen, wurde der mächtige Herkules dargestellt, wie er versuchte, mit einer Frau zu kopulieren, die viele Geschlechtsorgane aufwies. In einem anderen Abschnitt des Mosaiks war Herkules mit dem Ausmisten des Augias-Stalles beschäftigt, was er aber nicht durch einen rauschenden Wasserstrom bewerkstelligte, sondern durch einen rauschenden Strom gelblichen Urins.

Bei den goldenen Äpfeln der Hesperiden ließ Herkules die Nymphen, die als Wachen fungierten, der Reihe nach sein stämmiges Werkzeug in den Mund nehmen, während er selbst die Früchte von einem Baum pflückte.

Caligula blieb stehen, um sich dieses kunstvoll gearbeitete Mosaik etwas näher zu betrachten, aber Tiberius drängte ihn zum

Weitergehen und setzte seine Vorlesung über republikanische Sitten fort.

»Als Rom nur eine Stadt und wir alle ihre Bürger waren, die sich gegenseitig kannten..., nun, da mußten wir rechtschaffen, genügsam und würdevoll sein. Doch dann entschlossen wir uns ja, die ganze Erde zu erobern!«

Sie stiegen ins erste Stockwerk hinauf. Hier schob Tiberius einen dünnen Vorhang an einer Schlafkammer beiseite.

Caligula riß die Augen auf. Auf einer Polsterliege zurückgelehnt sah er ein Geschöpf, von dem er zwar schon viel gehört, das er aber bisher nur für eine Gestalt aus der Mythologie gehalten hatte. Es war schön und hatte große Brüste mit roten Warzen. An ihnen saugte ein kniender Negersklave. Zwischen den langen, schlanken, milchweißen Oberschenkeln der liegenden Gestalt ragte ein großer, dicker Penis hervor... Ihr eigenes Glied! Ein Hermaphrodit... bei Isis! So benannt nach Hermes und Aphrodite.

Tiberius sah die Verwunderung seines Enkelsohnes und meinte grinsend: »Erstaunlich, was?« Er lachte glucksend. »Hat mich ein Vermögen gekostet. Sowohl der Junge...« Er bückte sich und streichelte den Penis. »... als auch das Mädchen.« Er liebkoste die prallen Brüste. »Glückliches Geschöpf!«

Ein großer junger Mann schlüpfte in die Schlafkammer und setzte sich aufs Bett. Er streichelte den Penis des Zwitters bis zur vollen Erektion. Dann raffte der Bursche seine Tunika hoch, entblößte den Hintern, bestieg das Geschöpf und pfählte sich auf. Der Negersklave saugte weiter an den Brüsten des Hermaphroditen, der geschmeidig die Hüften bewegte.

Tiberius langweilte sich jedoch schon wieder. Er hakte sich bei Caligula unter und zog ihn mit sich.

»Wir haben für uns den Reichtum der Welt gestohlen. Und sieh uns doch jetzt mal an, Caligula! Die Römer, über die ich herrsche, sind nicht mehr das, was sie einmal waren. Nein – ihr Sinn steht nach Geld, Vergnügungen..., und nach den Weibern anderer Männer! Jawohl, ich bin ein echter Moralist! Genauso streng wie Cato. Unglücklicherweise aber erkor das Schicksal ausgerechnet mich dazu aus, Schweine zu regieren. Ich bin auf meine alten Tage zu einem Schweinehirten geworden...« Und immer weiter in diesem Sinne redete der Imperator, während er dem Enkel einen grotesken Raum nach dem anderen zeigte.

Hier preßte eine immens fette Frau gleich drei schlanke Jugendliche auf einmal an ihren monströsen Körper – es sah aus, als wollte sie alle drei verschlingen. Dort lag eine Frau, die war so uralt, daß sie sogar Tiberius' Großmutter hätte sein können – mit dem Temperament einer Vierzigjährigen trieb sie es mit einem fünfzehnjährigen Jungen. In einem anderen Raum war ein Negersklave mit Lederschnüren an eine Pritsche gefesselt; mit ausgebreiteten Armen und gespreizten Beinen lag er wehrlos da, während wunderschöne weiße Mädchen, alle halbnackt, den zuckenden ebenholzschwarzen Körper mit Fächern aus Straußenfedern kitzelten. In einem anderen Zimmer hatte man ein weißes Mädchen mit dem Bauch nach unten an ein Rad gekettet, das sich grausam mit ihr drehte, während ein großer Soldat sich bei jeder Drehung erneut zwischen ihre Hinterbacken rammte.

Und überall gab es erotische Kunst, die das Lösegeld für einen König wert war. Die Lampen waren aus Ton geformt und stellten komisch dahockende Gestalten mit riesigen Phallen dar, aus deren Öffnungen brennende Dochte ragten und lange, zuckende Schatten an die Zimmerdecke warfen.

In einigen Zimmern gab es gemalte Friese, die alle Positionen der sexuellen Liebe zeigten; einige waren heterosexuell, andere homosexuell oder lesbisch. Auf hohen Sockeln standen kostbare griechische Vasen; auf ihnen verschleppten schwarze Satyrn weiße Nymphen, die auf ihren riesigen erigierten *phalloi* ritten. Jugendliche trieben es mit anderen Jugendlichen oder mit älteren Männern; diese Bilder zogen sich auf anderen Vasen rundherum.

Überall standen Hermen, Büstenpfeiler der Gottheit, alle mit einem dicken Phallus ausgestattet. Caligula sah, wie sich Sklavenmädchen mit offensichtlicher Freude auf diese Hermen setzten und die aus Stein oder Marmor gemeißelten Vorsprünge tief in sich hineintrieben. Und Caligula sah auch, daß diese steinernen Gebilde am unteren Ende mit eingetrocknetem Blut befleckt waren.

Ein Raum war eigens für Tiberius reserviert. Die Einrichtung war spartanisch einfach: ein breites, niedriges Liegebett mit

Decken aus Seide und Pelz; eine Kohlenpfanne auf nachgebildeten Löwenpranken; ein großer, glänzender Silberspiegel, in dem Tiberius die Vorgänge auf dem Bett beobachten konnte – und auf einer Staffelei ein Gemälde von Parrhasius im geschätzten Wert von zehntausend Goldstücken. Ein raffiniert komponiertes Bild, das die schöne Atalanta bei höchst unanständigem Treiben mit ihrem Verehrer Meleager zeigte.

Es gab so vieles zu sehen, daß Caligula fast der Kopf schwirrte. Schließlich hatte Tiberius mit ihm Mitleid und versprach, ihm den Rest erst morgen zu zeigen. Sie verließen die *insula*. Im Freien atmete Caligula ein paarmal sehr tief die frische Abendluft ein, während er Tiberius und seiner ›Krücke‹ folgte.

Überall brannten Fackeln, so daß die Loggia in helles Licht getaucht war.

Hier wurden sie von Nerva erwartet, von einem Sklaven begleitet, der einen Tisch hielt, auf dem die Dokumente lagen, die der Imperator unterschreiben mußte. Im Sessel des Imperators wand sich der gefangene Posten vor Qual. Die Wachen schütteten ihm immer noch Wein in den Hals; der Soldat war halb bewußtlos, sein Bauch stark angeschwollen, denn die Lederschnur war immer noch so fest um die Wurzel des Penis zusammengezogen, daß kein Wasserlassen möglich war. Der Penis selbst sah inzwischen fast schwarz aus.

Der Atem des Mannes stank jetzt nicht nur nach Wein, sondern auch nach Urin. Nervas Gesicht zeigte einen Ausdruck höchster Abscheu.

Tiberius betrachtete den gefolterten Soldaten und lächelte. »Nun, ich glaube, jetzt hat der junge Mann für einen Tag genug gefeiert, was?« Er warf Caligula dabei einen bedeutsamen Blick zu.

»Ja, Herr«, antwortete Caligula hastig. »Sollen wir nun seiner Blase Erleichterung verschaffen?«

»Ich glaube, das wäre wohl sehr menschenfreundlich«, sagte Tiberius und nickte zustimmend.

Sofort zog Caligula seinen Dolch und stieß ihn tief in den geschwollenen Bauch des Soldaten. Man hörte einen einzigen, gellenden Aufschrei, als der Bauch platzte; Blut, Wein und Urin strömten wie ein Wasserfall an den Beinen des unglücklichen Legionärs hinab. Dann war der Mann tot.

Tiberius schaute die Leiche mitleidlos an. »Er war ziemlich voll«, stellte er fest.

»Schade, daß wir roten Wein benutzten«, sagte Caligula. »Der weiße sieht viel hübscher aus, wenn er sich mit Blut mischt.«

Tiberius drehte sich nach Nerva um, der sich wortlos genähert hatte. »Hör auf, uns so düster anzustarren, Nerva!« sagte Tiberius. »Und laß uns nun an die Arbeit gehen.«

Die Sklaven brachten sofort den Tisch heran und hielten ihn so hoch, daß die Kante dem Imperator an die Brust reichte.

Nerva griff nach dem ersten Dokument.

»Die revidierte Liste der Kandidaten für die Reiterspiele«, sagte Nerva.

Tiberius warf nicht einmal einen Blick auf die Liste. Er nahm den schweren Siegelring vom linken Zeigefinger, strich damit über das erwärmte Wachs und sprach die kaiserliche Formel: »Ich, Tiberius Caesar, befehle hiermit im Namen des Senats und des Volkes von Rom ...« Dann drückte er das Siegel auf das Dokument und machte es damit rechtsgültig.

»Steuereinschätzungen«, fuhr Nerva fort und hielt dem Imperator das nächste Bündel Papiere unter die Nase. »Für Asien, Britannien und Gallien.«

Tiberius erledigte auch das sehr rasch mit den üblichen Formalitäten.

Caligula beobachtete fasziniert, wie einfach Tiberius seine Regierungsgeschäfte führte und zum Abschluß brachte.

Jetzt schien Nerva zu zögern. Er legte ein Dokument vor und zog es wieder ein wenig zurück, als widerstrebte es ihm, dem Imperator dieses Schriftstück zu präsentieren.

Tiberius sah ihn leicht verwundert an.

Da händigte Nerva ihm die Liste aus.

»Senatoren, die *angeblich* des Hochverrats schuldig sind«, sagte Nerva kalt und sah dabei Tiberius kaum an.

Der Imperator bedachte ihn mit sarkastischem Lächeln, dann unterzeichnete er die Liste und drückte mit offenkundiger Freude sein Siegel darauf.

»Der Senat ist der natürliche Feind aller Caesaren«, sagte er. »Jeder Senator hält sich doch selbst für einen Imperator. Deshalb ist auch jeder Senator des Hochverrats schuldig ..., wenn nicht durch die Tat, dann aber doch in Gedanken.« Er wandte sich an seinen Enkelsohn. »Hörst du auch zu, Caligula?«

»Ja, Herr«, sagte Caligula. In Wirklichkeit hatte er aber nicht sonderlich aufmerksam hingehört. Sein Blick war starr auf das Siegel in Tiberius' Hand gerichtet – er hatte überlegt, wie gut dieser Ring wohl auf seinen eigenen, aber doch wesentlich kleineren Finger passen würde. Nun, er würde ihn schon passend machen! Falls er jemals die Chance dazu bekäme!

Das Abendessen wurde in einem kleinen Speiseraum serviert. Tiberius Villa konnte mit vier derartigen Räumen aufwarten. Außerdem gab es noch eine große Banketthalle, wo große Feste gefeiert werden konnten. Es gab nur drei Liegesofas in diesem Raum, alle sehr niedrig und sehr breit. Tiberius nahm natürlich den Ehrenplatz ein, also den auf der mittleren Polsterliege. Caligula plazierte sich auf dem Platz eines Konsuls auf dem oberen Polster wie es einem Gast gebührte. Nerva ruhte auf der unteren Liege. Vor ihnen stand ein niedriger, breiter Tisch mit wertvoller, künstlerischer Einlegearbeit, auf dem Schüsseln und Krüge standen. Vor Caligula und Nerva hatte man große Wasserkrüge hingestellt, in deren Goldplattierung Bildnisse der ägyptischen Isis in tiefen Reliefs eingearbeitet worden waren. Nur Tiberius trank seinen Wein ohne jeglichen Zusatz von Wasser.

Caligula lehnte sich lässig zurück. Ein ausgiebiges Bad hatte ihn erfrischt, und er war jetzt in frisches Linnen gehüllt. Auf dem Kopf trug er einen Blumenkranz. Die Römer glaubten daran, daß Blumenduft geeignet sei, die Trunkenheit fernzuhalten. Also wurden am Ende jeder Mahlzeit Kränze aus frischen Blumen an die Männer verteilt. Aber an Tiberius Tafel wurden solche Kränze von Anfang an getragen, weil hier der Wein niemals zu fließen aufhörte. Nerva allerdings nippte nur sparsam an seinem griechischen Keramikbecher.

Das Essen wurde Gang auf Gang in Unmengen herangeschleppt. Nackte Sklavinnen trugen die schweren Schüsseln.

Tiberius hatte eine Vorliebe für die Fische, die es im Meer rund um Capri im Überfluß gab. Der Fußboden in der Nähe seiner Liege war mit Muschelschalen und Fischgräten übersät.

Auch während des Essens hielt Tiberius seinem Enkelsohn Vorträge über die Staatsgeschäfte und betonte vor allem die Unfähigkeit des Senats.

»Weißt du ...«, sagte er, rülpste und wischte sich die fettigen Hände an seiner teuren, kostbaren Robe ab. Das parfümierte Wasser in der silbernen Handschüssel ignorierte er geflissentlich. »Der Senat hat sich erboten, jedes Gesetz schon zu bewilligen, *bevor* ich es erlassen habe. Stell dir das nur vor! Also habe ich zu den Senatoren gesagt: ›Aber was nun, wenn ich verrückt werde? Was dann?‹« Er sah dabei aber Caligula auf eine Art an, als wäre eine solche Vorstellung natürlich vollkommen unmöglich. »Was dann? Natürlich gab es keine Antwort darauf. Sie sind geborene Sklaven, Caligula! Vergiß das niemals. Beim Himmel ... Sie wollten mich ja schon zu meinen Lebzeiten zum Gott machen!«

Caligula richtete sich ein wenig auf seiner Polsterliege auf und hörte nun aufmerksamer zu. Gottheit war ein Thema, das ihn faszinierte.

»›Nein‹, sagte ich«, fuhr der Imperator fort. Er stopfte sich gebratene und in Honig getauchte Lerchen in den Mund. »›Ich bin ein Mensch‹. Danach boten sie mir diesen Titel und jenen Titel an. ›Nein‹, sagte ich. ›Ich bin ganz einfach der Erste unter euch‹. Natürlich würden sie mich töten, wenn sie das könnten ...«

Caligula ließ den Blick über die Marmorwände des Raumes wandern. Die etwa zwei Fuß breite Wand über dem oberen Marmorrand wies ein kunstvolles Relief auf; es stellte eine Pan-Figur dar, die auf einer Hirtenflöte spielte. Nymphen huschten zwischen seinen Beinen herum. Es war eine sehr schöne Arbeit. Caligula gefiel vor allem, wie der Phallus des Satyrs aus dem Relief herausragte.

Ein langer, durchdringender Schmerzensschrei lenkte Caligula von der Betrachtung des erotischen Kunstwerkes ab.

Zwei große, kräftige Sklaven rollten ein Gestell auf großen Rädern durch die Tür herein. Ein Gefangenenwärter mit Lederschürze beobachtete wachsam einen gequälten Gefangenen, der an dieses Gestell gefesselt worden war. Es war ein Mann unbestimmbaren Alters; früher war er vielleicht einmal recht stattlich gewesen, jetzt aber war sein Gesicht so vor Schmerz verzerrt, daß man sein Alter nicht einmal mehr schätzen konnte. Arme und Beine waren aus den Gelenken gerissen worden, die dick und bläulich angeschwollen waren.

Tiberius rief erschrocken: »Ist der Koch verrückt geworden? Wir sind doch keine Kannibalen!«

»Außerdem ist er sowieso viel zu dürr!« meinte Caligula kritisch.

»Du hast mir befohlen, ihn zu dir zu bringen, Caesar«, sagte der Gefangenenwärter und machte eine respektvolle Verbeugung. »Während des Abendessens, hattest du gesagt.«

»Ach, ja?« Ganz offensichtlich hatte Tiberius das vollkommen vergessen. »Oh ... ja ... ja ...«, fügte er hastig hinzu, denn es wäre natürlich nicht gut gewesen, die anderen glauben zu lassen, daß der Imperator das Gedächtnis verlor. »Name?« schrie er den Gefangenen an.

»Carnalus«, krächzte der Mann durch seine zerbissenen Lippen.

Tiberius versuchte sich zu erinnern. Er drehte sich nach einer großen Truhe aus ägyptischem Holz um, reich mit Gold verziert, die an seiner Seite stand, öffnete sie, langte hinein und begann seine Lieblingsschlange zu streicheln. Das war ihm beim Nachdenken behilflich.

»Carnalus ...«, überlegte Tiberius. Er erinnerte sich allmählich. »Oh, ja! Ich hätte es wissen sollen. Ich habe zuviel Wein getrunken. Du ... ähem ... du hast ein Gedicht geschrieben ... zum Lobe ... zum Lobe ...« Er starrte den gefolterten Mann an. »Du lobtest darin ...«

»Brutus«, knurrte Carnalus. »Den Tyrannen-Töter!« Das Sprechen fiel ihm offenbar sehr schwer.

»Das ist Hochverrat!« schrie Caligula und erhob sich halb von seinem Ruhesofa.

»Ich weiß, ich weiß.« Tiberius seufzte und winkte Caligula zu, sich wieder zurückzulehnen. »Siehst du jetzt, wie ich leben muß?« Er richtete den kaiserlichen Blick zu den Göttern empor, als wolle er die himmlische Bestätigung seines Unglücks erflehen. »Umgeben von Undank ... ganz gleich, was ich tue ... ganz gleich, wie gut meine Taten auch immer sein mögen.« Er rief einem der Sklaven herrisch zu: »Fliegen für die Schlange!«

»Dann töte mich doch!« verlangte Carnalus mit schwacher Stimme. »Jetzt!«

»Hast du denn keine Freude am Leben?« fragte Tiberius mild lächelnd.

Ein goldenes Tablett wurde gebracht; es war reich mit mythologischen Geschöpfen verziert. Sechs oder sieben tote Fliegen lagen darauf. Schmeißfliegen. Die Schlange des Imperators mochte Schmeißfliegen am liebsten.

»Danke«, schnurrte Tiberius. Er fütterte seine Schlange mit einer Fliege nach der anderen. »Du hast Hunger, nicht wahr, mein Liebling?« gurrte er.

»Wie kann jemand an einem Leben unter deiner blutigen Tyrannei noch Freude haben?« murmelte Carnalus.

»Herr ...!« rief Caligula eifrig und zog seinen Dolch. »Erlaube mir, ihm die Zunge herauszuschneiden!«

Aber Tiberius schüttelte das kaiserliche Haupt. »Nein, nein. Ich habe doch Redefreiheit garantiert ... mit meinem Ehrenwort ...« Er warf der Schlange Kußhändchen zu.

»Töte mich jetzt!« heulte Carnalus.

Tiberius riß die Augen auf. »Dich töten, Carnalus? Wie könnte ich das? Wir sind ja noch nicht einmal Freunde.« Er lächelte und winkte dem Gefangenenwärter zu, der den beiden germanischen Sklaven Befehl gab, das Gestell mit dem gefolterten Mann wieder hinauszurollen.

»Ich erinnere mich noch daran, wie Macro ihn festgenommen hat«, sagte Caligula, der sich wieder einmal in günstiges Licht setzen wollte.

»Macro ist dein Freund, nicht wahr?« fragte Tiberius.

Caligula hatte soeben in ein Salzfäßchen langen wollen. Nervös verschütteten seine zitternden Finger etwas Salz. Ein schlechtes Omen, verwünscht! »Herr ...«, stammelte er. »Du ... und nur du bist ...«

Tiberius blickte zur Decke hinauf, die ebenfalls bemalt war.

Nackte Nymphen spazierten durch Arkadien, immer verfolgt von Schäfern und oft von ihnen eingeholt. »Sie sind alle gleich«, murmelte Tiberius betrübt. »Sie verlassen die untergehende Sonne ...« Er berührte seine eigene welke Brust. »... für die aufgehende Sonne.« Und dabei zeigte er auf den entsetzten Caligula. Dann wandte er sich an Nerva und warnte mit harter Stimme: »Gib auf Macro acht, wenn ich tot bin!

»Ich weiß, daß er mich haßt«, erwiderte Nerva ruhig.

»Weil du klug bist ... weil du gut bist«, sagte der Imperator und nickte. »Also, wenn ich tot bin ..., hüte dich vor ihm!«

»Ich habe Vorsichtsmaßnahmen ergriffen, Caesar«, sagte Nerva trocken, ohne dabei auch nur einen Blick in Caligulas Richtung zu werfen.

Tiberius trank tief aus seinem Becher. Ein nacktes Sklavenmädchen beugte sich sofort herüber, um den Kelch nachzufüllen. Dann sah Tiberius auf, als ein schüchterner junger Mann in der Tunika der Knaben den Raum betrat und den Blick niedergeschlagen hielt.

»Mein Kind!« rief der Imperator. »Tiberius Gemellus ... Fleisch von meinem Fleisch ... mein *eigener* Enkelsohn ... mein *letzter* Enkelsohn! Komm, küsse deinen alten Großvater!«

Beim Anblick des heranwachsenden Jugendlichen sträubten sich Caligula unwillkürlich die Nackenhaare. Haßerfüllt kniff er die Augen zusammen.

»Aber ich bin doch auch dein Enkelsohn!« protestierte er und richtete sich abermals halb von seiner Polsterliege hoch.

»Nur durch Adoption«, antwortete Tiberius kalt. »Durch Fügung des Schicksals.« Er zog den schlanken Jungen dicht zu sich heran und küßte Gemellus zärtlich. »*Dies* ist der Letzte meiner Lieben! Oh, reizender Knabe! Was ... was wird wohl aus dir werden?«

Am liebsten würde ich dir auf der Stelle zeigen, was aus ihm werden wird, du alter Bastard! dachte Caligula, halbverrückt vor Eifersucht. Es juckte ihm in allen Fingerspitzen, jetzt nach seinem Dolch zu greifen. Im Geiste konnte er bereits sehen, wie das Herzblut dieses miserablen Bengels die hübsche weiße Tunika befleckte.

Doch dann zwang er sich zu einem Lächeln. »Er ist für mich doch wie ein Bruder, Herr.«

Aber Tiberius ließ sich nichts vormachen. Außerdem liebte der alte Mann dieses Spiel. Es amüsierte ihn, einen Enkel gegen den anderen auszuspielen. Der Imperator konnte auch spüren, wie Gemellus in seiner Umarmung zitterte. Also hatte sich der Junge ebenfalls nicht von Caligulas Worten täuschen lassen. Wahrscheinlich wußte Gemellus schon, was das Schicksal für ihn bereithielt.

»Ein Bruder, sagst du? Ein Bruder? Du weißt doch, was dies in unserer Familie bedeutet«, ermahnte der Imperator Caligula. »Mord. Bruder gegen Bruder. Vater gegen Sohn. Alle wurden einer nach dem anderen vom Schicksal dahingerafft ...«

»Nicht vom Schicksal, sondern von dir, Tiberius«, sagte Nerva fest und entschieden.

»Was ...?!« Tiberius erhob sich in plötzlichem Zorn von seiner Polsterliege. Doch dann hatte er sich auch schon wieder unter Kontrolle und ließ sich zurücksinken. »Ah, ja ... Nerva, alter Freund.«

Nerva war der einzige noch übriggebliebene Mann, dem der Imperator einigermaßen vertrauen konnte, und deshalb war es Nervas Privileg, einzig und allein sein Privileg, seine Gedanken so auszusprechen, wie er es für angebracht hielt. Nerva war das Gewissen des Imperiums.

Tiberius wandte sich nun direkt an den Senator und erklärte: »Wenn ich Grund hatte, irgendein Mitglied meiner Familie von dieser Welt zu entfernen, dann doch nur deswegen, weil man sich gegen mich gewandt hatte ..., und das ist Blasphemie! Denn ich bin das vom Schicksal auserwählte Instrument auf dieser Erde. Wer mich herausfordert, fordert den Himmel selbst heraus!«

»Du bist kein Gott, Tiberius«, antwortete Nerva streng.

Caligula zog scharf und tief die Luft ein. So zu Tiberius zu sprechen! Nerva mußte wahnsinnig sein! Wenn er – Caligula – es wagte, auch nur eine einzige Silbe dieser Art zu äußern, dann würde der Imperator ihn halbtot schlagen, zu den Klippen schleppen und ins Meer werfen lassen!

»Jedenfalls noch nicht«, fuhr Nerva fort. »Außerdem ...«, fügte er noch trocken hinzu, »... glaubst du doch gar nicht an den Himmel!«

Tiberius lächelte freundlich. »Da hast du recht. Das tue ich wirklich nicht. Ich habe meine Position überbewertet. Ein Fehler, das gebe ich zu. Aber mir wurde die absolute Macht über Leben und Tod verliehen ... bis ich selber sterbe!« Wieder zog er Tiberius Gemellus eng an sich und streichelte das Haar des Enkelsohnes. »Armer Junge«, murmelte der Imperator, und jetzt zeigten sich Tränen in seinen Augen. »Wenn ich nicht mehr bin, wird Caligula dich töten.«

»Nein, ich schwöre ...«, begann Caligula zu protestieren – und genoß dabei das Entsetzen in Gemellus Gesicht.

»Aber dann wird auch dich jemand töten, Caligula«, sagte Tiberius, und dabei huschte ein Lächeln um seinen Mund.

Caligula knirschte heimlich mit den Zähnen. Er schob die Schüssel mit dem kandierten Obst zurück, plötzlich hatte er jeglichen Appetit verloren.

Nerva lag vollkommen entspannt im lauwarmen Wasser. Er blickte sich im luxuriösen Baderaum um und lächelte vor sich hin. Wie vulgär! In seinem Haus in Rom sah der Baderaum so aus, wie das Bad eines edlen Römers sein sollte: Klein. Bescheiden. Sauber. Schöne Kacheln mit einfachem Muster. Eine Wanne, gerade groß genug, um einem Menschen Platz zu bieten, und mit nicht mehr Wasser gefüllt, als ein Mensch brauchte, um seinen Körper zu säubern. Aber hier ...

Der Baderaum war groß wie das Vorzimmer des Senats von Rom. Der Fußboden zeigte ein höchst kompliziertes Mosaik und wies ein derartig sexuelles Muster auf, daß Nerva sich niemals dazu aufraffen konnte, nach unten zu blicken. Das Fries rund um die Decke stellte *putti* zur Schau; kleine Cupidos, die intime Dienste für nackte Kurtisanen leisteten. Hier puderte ein winziger Eros mit nacktem Hintern das Schamhaar seiner Dame. Dort war ein anderer damit beschäftigt, ihre Brustwarzen rot anzumalen.

Nerva seufzte. In diesem Baderaum kam er sich immer irgendwie fehl am Platze vor, doch Tiberius hatte ihn für den exklusiven Gebrauch des Senators bestimmt. Die Badewanne aus roter

Marmor war das Schlimmste. Sie war groß genug, um darin eine *naumachia* aufzuführen – beziehungsweise eine kleine Seeschlacht. Viele Gallonen Wasser wurden benötigt, um sie zu füllen. Und das alles nur, damit ein einzelner Mann darin baden konnte! Welche Verschwendung ...!

Frieden begann Nervas Körper zu durchdringen; langer, ruhevoller Frieden. Nerva lächelte sanft vor sich hin, während er beobachtete, wie das Wasser sich allmählich rosa und dann rot färbte, als das Blut aus seinen aufgeschlitzten Handgelenken floß.

Nerva beging Selbstmord in der traditionellen Art eines römischen Patriziers, indem er sich die Pulsadern in einem warmen Bad geöffnet hatte.

Die beiden Sklaven, die ihn umsorgten, weinten vor Verzweiflung. »Bitte, Herr ... verlaß uns nicht!« schluchzte der Ältere.

Nerva lehnte den Kopf an den Rand der gekachelten Wanne. »Seid froh und glücklich für mich. Ich vertausche ein Gefängnis für ein ...«

Die große, unheildrohende Gestalt von Tiberius tauchte plötzlich im Eingang auf, gefolgt von seinem Schatten Caligula, der aus weit aufgerissenen Augen in den Raum spähte.

»Nerva! Wie kannst du es wagen ...?!« tobte Tiberius los. Er schrie die Sklaven an: »Verbindet sofort seine Handgelenke!« Die Sklaven machten sich unverzüglich daran, Linnen in Streifen zu reißen.

Nerva stoppte sie mit einem lauten Befehl: »Nein!«

»Nein? Mir gegenüber?« brüllte Tiberius. »Beeilt euch!« herrschte er die Sklaven an, die einen Moment lang wie gelähmt dastanden, eingekeilt in diese Auseinandersetzung zwischen zwei Männern von ungeheurer Willenskraft.

»Wenn du mich jetzt nicht sterben läßt, dann werde ich eben morgen oder übermorgen einen Weg zum Sterben finden«, sagte Nerva grimmig.

Tiberius ließ sich auf einen Schemel in der Nähe der Badewanne ⟨sin⟩ken und wandte sich nun in beinahe bittendem Tonfall an den ⟨Se⟩nator.

»Aber du kannst mich doch nicht auf diese Weise im Stich ⟨lass⟩en, Nerva! Du bist doch mein ältester und bester Freund ...«

Nerva sah ihn ohne Gefühlsregung an. »Aber ich lasse dich jetzt im Stich ..., eben weil ich dein ältester, dein bester und treuester Freund bin.«

»Warum?« Tiberius ließ die altersschwachen Schultern hängen.

»Sich die Stunde des eigenen Todes auszusuchen, ist so ziemlich der beste Streich, den ein Mensch dem Schicksal spielen kann ...«

»Na, dann werde ich dir jetzt einen Streich spielen!« rief Tiberius und stand auf. »Ich werde dieses Schauspiel hier unverzüglich beenden!« Er schrie die beiden Sklaven an: »Los, los, beeilt euch!«

Zweifellos hätten sie gehorcht, aber wiederum stoppte Nerva sie mit einer herrischen Geste.

»Ich habe lange genug gelebt, Tiberius«, sagte Nerva nun mit einiger Leidenschaftlichkeit. »Und ich hasse mein Leben!«

»Warum?« Tiberius' Tonfall klang flehend und beschwörend.

»*Du* fragst mich, warum? Ich habe neben dir gestanden und zugesehen, wie du deine Familie ermordet hast ... deine Freunde ... die besten Männer von Rom!«

Tiberius wandte sich abermals an die Sklaven. »Raus!« befahl er schroff. Er beobachtete zufrieden, wie sie entsetzt aus dem Raum liefen.

Caligula blieb im Eingang stehen und betrachtete Nerva fasziniert.

»Wir *waren* Freunde ... vor Jahren«, sagte Nerva.

»Wir sind es immer noch!« rief der Imperator. »Wir *sind* es!«

Nerva schüttelte den Kopf. »Was immer wir sind ... oder waren ... du wirst bald sterben ...«

»Woher willst du das wissen?« jammerte Tiberius.

»Und wenn du nicht mehr da bist, wird Macro mich töten«, fuhr Nerva fort. Er ignorierte den plötzlichen Angstausbruch des Imperators.

»Ich werde ihn verhaften! Jetzt! Wirst du dann zufrieden sein? Ich werde ihn hinrichten lassen! Wegen Hochverrats ...«

Wieder schüttelte Nerva den Kopf. »Du kannst ihn nicht kontrollieren oder beherrschen«, sagte er schroff. »Aber selbst wenn Macro tot wäre, wie soll ich dann mit *diesem* hier leben?«

fragte er und zeigte dabei voller Verachtung auf Caligula. Der Schlitz in Nervas Handgelenk, das nun aus dem Badewasser erhoben war, klaffte offen wie ein hungriger Mund. Dunkelrotes Blut troff aus der Wunde.

Tiberius wandte sich bittend an Caligula. »Du wirst doch meinen alten Freund immer respektieren, nicht wahr?«

»Ja, Caesar!« erwiderte Caligula fromm. »Ich respektiere ihn ... und ich ehre ihn.« Im stillen aber dachte er: Nur zu! Stirb, du miserables altes Schaf!

»Hast du das gehört?« sagte Tiberius zu Nerva und hoffte offenbar, daß Nerva jetzt seine Absicht ändern und sich die geöffneten Handgelenke endlich verbinden lassen würde.

»Leb wohl«, sagte Nerva sanft. Seine Stimme klang wie aus weiter Ferne. Er war jetzt bereits außer Tiberius' Reichweite, und der Imperator wußte das.

»Du ... du ...«, brachte Tiberius nur noch heraus. Er brach in Tränen aus und verließ überstürzt den Raum.

Caligula jedoch blieb. Seine blauen Augen verrieten sowohl Kälte als auch Neugier, während er auf den alten, sterbenden Mann hinabstarrte.

»Wie ist das denn so?« fragte er leise.

Genauso leise, beinahe verträumt, antwortete Nerva: »Warm. Angenehm.« Seine Augen waren jetzt geschlossen. Sein Kopf nickte.

»Ich meine doch nicht das Bad!« erwiderte Caligula gereizt. Er trat dicht an die Wanne heran. Das Wasser war jetzt schon dunkelrot gefärbt, beinahe so rot wie der Marmor der Wanne. Caligula hockte sich hin und spähte Nerva intensiv ins Gesicht.

Der alte Mann war sehr blaß.

Fasziniert beobachtete Caligula, wie das letzte Lebensblut langsam aus den Adern wich.

»Es gibt keinen Schmerz«, murmelte Nerva. »Man schwebt einfach davon ... schwebt davon ...«

»Ist das alles?« fragte Caligula, und seine Augen glitzerten. Rote Flecken brannten auf seinen Wangen.

Keine Antwort.

»Siehst du *sie* schon?« fragte Caligula drängend.

Bacchanal und Mord wechselten am Hof des Kaisers

Messalina, die Frau Caligulas. Lüsterne Spiele

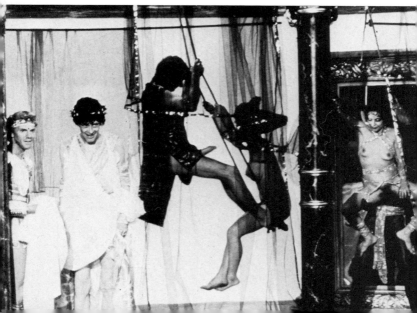

Nerva hob noch einmal halb die Augenlider. »Sie ...? Wen denn?«

»*Sie!*« flüsterte Caligula. »Die Göttin ... Isis!«

Jetzt huschte ein belustigtes Lächeln flüchtig über Nervas Gesicht.

»Ah ... du bist also auch einer von diesen«, murmelte er. »Nein. Es gibt keine Göttin. Da ist nichts ... gar nichts ...«

»Bist du ganz sicher?« Caligula drängte besorgt, weil er wußte, wie wenig Zeit nur noch blieb. Der Tod glättete bereits die Falten und Runzeln in Nervas Gesicht. Caligula berührte die Stirn des alten Mannes.

»Du wirst ja schon kalt! Du bist fast tot!«

Stille.

»Wie ist das nun? Sag mir, was geschieht! Sag's mir!« drängte Caligula und brachte den Kopf noch dichter an Nervas Gesicht heran.

»Nichts ...« Die Antwort war ein fast unhörbares Wispern.

Jetzt stieg dem jüngeren Mann die Zornesröte ins Gesicht.

»Du lügst!« schrie Caligula. »Du *kannst* sie sehen! Ich weiß, daß du es kannst! Also sag's mir. Komm, schnell! Bevor du stirbst, sage mir rasch noch, wie sie aussieht!« Er bettelte darum, um diese Vision der Göttin als Beweis für die Unsterblichkeit seiner eigenen Seele.

»Da ist nichts ... nur ... Schlaf ...« Nerva war jetzt fast bewußtlos.

»Lügner!« rief Caligula. Er sprang so hastig auf, daß er den Hocker umstieß. Wütend packte er mit beiden Händen Nervas Kopf und tauchte ihn brutal ins blutige Wasser ... tiefer, tiefer, immer noch tiefer. »Ertrinke, du alte Ratte! Ertrinke und stirb!«

Aber da war Nerva bereits tot.

FÜNFTES KAPITEL

Was kaum möglich gewesen zu sein schien, war eingetreten. Jedermann hatte behauptet, daß es unmöglich wäre – und doch war es passiert. Tiberius hatte tatsächlich auf seiner Triere Capri verlassen und war nach Rom zurückgekehrt. Jetzt lag die Triere in Sichtweite der sieben Hügel von Rom im Tiber vor Anker.

Tiberius, im Alter von siebenundsiebzig Jahren, war wieder in Rom.

Natürlich hatte es einen enormen Wirbel gegeben. Im Hafen von Ostia hatten alle Schiffe die Glocken geläutet, als sich die kaiserliche Triere näherte. An beiden Ufern des Tiber waren Statuen von Tiberius aufgestellt worden. Alle trugen die versprochenen Kränze, aber nur die Hälfte davon bestand aus purem Gold, die anderen waren einfacher Lorbeer. Menschenmengen an beiden Seiten des Flusses schrien Tiberius' Namen, als die Triere vorbeikam. Eine lange und ziemlich unregelmäßige Reihe von Senatoren näherte sich, alle in blütenweißer Toga; hinter ihnen trugen Liktoren die Stabbündel, die *Faszes*. Allen voraus gingen die Tribunen, die meilenweit aus der Stadt herausgekommen waren, um der Triere entgegenzugehen. Die meisten dieser Senatoren waren von Tiberius ernannt worden und seine willfährigen Kreaturen. Alle anderen, die gegen den Imperator gewesen waren, hatten längst auf die eine oder andere Weise den Tod gefunden; dafür hatte Tiberius während seiner Herrschaft gesorgt. Aber sicherheitshalber marschierte eine ausgesuchte Legion der Garde unter Führung von Chaerea vor und hinter den Senatoren. Die Soldaten trugen die Legionsadler und die *aeges* mit den Insignien SPQR: Senat und Volk von Rom. Alles in allem genommen war es ein zufriedenstellender Tribut, ein begeisterter Empfang, und so war Tiberius auch recht erfreut.

Natürlich stand der Einzug in die Stadt selbst erst noch bevor, aber seine Günstlinge waren bereits dort, um die Festlichkeiten und Ehrungen für den Imperator vorzubereiten. Der hielt inzwischen Hof auf seinem Schiff. Zwanzig und mehr Senatoren tänzelten um ihn herum und versuchten, seine Aufmerksamkeit zu erregen, Höflinge umschmeichelten ihn, Verwandte, denen er das Überleben gestattet hatte, waren ebenfalls zugegen, um ihm Treue und Ergebenheit zu versichern. Dazu gehörten natürlich Caligula und Gemellus; die beiden jungen Männer hatten den Imperator von Capri nach Rom begleitet. Caligulas Onkel Claudius war in Ostia an Bord gekommen. Claudius war gewissermaßen der Hanswurst der Familie; ein schäbig aussehender Mann mittleren Alters, lahm und offensichtlich nicht ganz richtig im Kopf. Dazu hatte er die abstoßende Neigung, zu stammeln und zu sabbern, wenn er aufgeregt oder verängstigt war, und das geschah nicht selten.

Es gab kaiserliche Geschäfte zu erledigen. Tiberius saß jetzt unter einem goldgesäumten Baldachin auf dem Vordeck. Auf den Armlehnen seines Sessels ruhte ein kleiner Schoß-Schreibtisch. Während der Imperator amtliche Dokumente unterzeichnete und siegelte, schlenderte Caligula gelangweilt auf dem Deck herum. Er starrte zum fernen Rom hinüber, als könne er von Bord aus schon Drusilla sehen.

Gemellus saß schüchtern neben dem Imperator; dieses Kind sah immer aus, als erwarte es, jeden Augenblick geschlagen oder getreten zu werden. Vielleicht befürchtete es sogar noch Schlimmeres. Nun, dachte Caligula, wenn Isis mir beisteht, dann werde ich eines Tages schon dafür sorgen, daß sich alle Erwartungen des kleinen Bastards erfüllen!

Claudius lehnte am Schiffsmast und schlief; sein Mund stand weit offen.

Der alte Narr! Was macht er eigentlich hier? Er kann doch niemandem außer sich selbst etwas nutzen, dachte Caligula angewidert.

Tiberius beeilte sich mit der Erledigung seiner Staatsgeschäfte. Ein sehr tüchtiger griechischer Sekretär reichte ihm immer nur ein Dokument und gab die nur für Tiberius' Ohren bestimmten Erklärungen mit leiser Stimme ab.

»Die Steuererhöhungen für Gallien, Caesar ...«

Nach diesem Dokument griff Tiberius besonders eifrig. Sein scharfer Blick stellte einen für ihn ungünstigen Fehler in den Berechnungen fest.

»Sieh her ... da ... ein Fehler!« Mit einem Strich der aus

gespaltenem Rohr bestehenden Feder korrigierte er den Fehler. Dann lehnte er sich in seinen Sessel zurück und blickte zufrieden drein. Es bereitete ihm stets Spaß, wenn er bei einem anderen einen Fehler feststellen konnte. »Ist es schon Mittag?« fragte er.

Ein großer, stattlicher junger Offizier warf sofort einen raschen Blick auf die *clepsydra* auf dem Heck des Schiffes; eine Wasseruhr, mit schweren Gewichten belastet, um trotz der schlingernden Schiffsbewegungen stets die akkurate Zeit anzuzeigen.

»Kurz nach Mittag, Caesar.«

»Dann holt mir die Schlange! Es ist Zeit für ihre Mahlzeit!« Der Imperator lehnte sich in seinem Sessel wieder nach vorn und drückte sein Siegel auf den jetzt korrigierten Steuererlaß. Wie bei jedem Dokument, so leierte er auch hier die stereotype Formel herunter: »Ich, Tiberius, befehle im Namen des Senats und des Volkes von Rom ...« Er legte das unterzeichnete Schriftstück beiseite.

Der Sekretär händigte ihm das nächste Dokument aus. »Das Orakel in Cumae, Herr. Man schickt dir eine Botschaft.«

Tiberius nahm den zusammengefalteten Brief und zerriß sorgfältig das *linum*, den Faden, der das Schriftstück zusammenhielt. Er las die Botschaft halblaut vor. »Hüte dich vor der Macht des Pöbels!« Er lachte grimmig. »Zu einem so späten Zeitpunkt brauche ich keine Warnung mehr!«

»Wer ist das denn?« fragte Caligula und machte Chaerea auf den stattlichen jungen Offizier aufmerksam, der soeben vorbeischritt, um die Lieblingsschlange des Imperators zu holen.

»Proculus. Ein prächtiger junger Offizier. Wurde soeben dem kaiserlichen Haushalt zugeteilt. Er wird sehr bewundert ... von den Damen.« Der Obrist warf Caligula einen Seitenblick zu, als wollte er fragen: Bewunderst du etwa diesen muskulösen Proculus ebenfalls?

Aber Caligula starrte auf Proculus dichtes, lockiges, schwarzes Haar. »Hat viel Haare, nicht wahr?« stellte er mürrisch fest. »Meine Haare fallen schon aus.«

»Beweis dafür, daß du ein Caesar bist, Prinz«, versicherte ihm Chaerea. »Wie dein Großvater, wie dein Onkel Claudius ...«

Bei der Erwähnung dieses Namens schaute Caligula zu dem

schnarchenden Dummkopf hinüber, den das ständige Kommen und Gehen der Höflinge und Senatoren nicht im mindesten zu stören schien. Da kam Caligula auf einen bösartigen, gehässigen Gedanken. Sein Gesicht hellte sich auf. Er liebte es über alles, sich einen Scherz auf Kosten anderer zu erlauben. Claudius schlief und hielt dabei ein Taschentuch aus feinstem Linnen in der Hand. Ganz in seiner Nähe war ein Seemann damit beschäftigt, mit einem schmutzigen, ölverschmierten Lappen Metallteile des Schiffes zu putzen. Caligula streckte eine Hand nach diesem Fetzen aus. Der Seemann starrte ihn verwundert an und gab ihm den Lappen. Dann hockte sich Caligula dicht neben seinem schlafenden Onkel hin.

Behutsam, um Claudius nicht zu wecken, zupfte er ihm das Taschentuch aus der Hand und ersetzte es durch den öligen Lappen. Nachdem er das getan hatte, beugte er sich nach vorn und pfiff laut in Claudius Ohr. Der alte Mann zuckte heftig zusammen und wachte erschrocken auf.

»G-G-Großer Him-mel! Ich m-m-m-meine ... m-m-m-meine ... g-g-großer Aug-g-gustus! W-W-Was ... w-w-wo ... w-w-was ist d-d-denn ...«, stotterte er überrascht und bestürzt. Er rieb sich – wie er glaubte – mit dem reinen Taschentuch übers schwitzende Gesicht und merkte gar nicht, daß es sich jetzt um einen schmierigen Lappen handelte.

Caligula unterdrückte sein Lachen. Der alte Narr, dessen Gesicht jetzt von Öldreck verschmiert war, wirkte zu lächerlich.

Tiberius blickte auf und war über die Störung sichtlich verärgert.

»Claudius! Was hast du denn mit deinem Gesicht gemacht?« fragte er.

»Ge-Ge-Gesicht ... m-m-mein Ge-Ge-Gesicht, Onkel?« stammelte Claudius vollkommen perplex. »W-W-Was ist denn m-m-mit m-m-meinem Ge-Ge-Gesicht? Ich m-m-meine ... m-m-meine ...«

Caligula lachte jetzt hellauf, und selbst die Höflinge gestatteten sich ein verächtliches Lächeln.

Tiberius seufzte, halb amüsiert, halb resigniert. »Geh nach unten, Claudius!« befahl er. »Wasche dein Gesicht!« Er schüttelte den Kopf. »Wie glücklich war doch Priamus, daß er seine *ganze* Familie überlebte!« murmelte er.

Aber Caligula hatte es gehört. Es stimmte also – man hatte ihn schon in Rom gewarnt, daß Tiberius diese Bemerkung mehr als einmal gemacht hatte. Aber nach dem heutigen Tage würde er sie nie wieder sagen. Denn heute ...

Ein Trompetensignal kündigte das Eintreffen eines kleinen Schiffes neben der Triere an. Eine Leiter wurde hinabgelassen. Im nächsten Moment kletterte Macro aufs Achterdeck. Er salutierte vor Obrist Chaerea und Caligula, dann kam er nach vorn, um Tiberius, dem Imperator zu huldigen.

»Heil, Caesar!« sagte er und hob den ausgestreckten rechten Arm.

Tiberius schob die Papiere beiseite und stand auf.

»Macro!« sagte er. »Sei gegrüßt. Sind sie bereit?«

»Ja, Caesar. Die Konsuln und der Senat erwarten dich am Palatine-Dock.«

»Gut«, nickte der Imperator.

»Soll ich für das Schiff Befehl geben, die Fahrt fortzusetzen?« fragte Macro.

Aber jetzt schien der Imperator zu zögern. »Nein ... nein ... noch nicht.« Er entfernte sich von den anderen, trat an die Reling heran und blickte in die Richtung von Rom. Die Stadt schimmerte in der Ferne; die Sonne beschien die prachtvollen Paläste, die Augustus geschaffen hatte.

Zehn Jahre ... überlegte der Imperator. Zehn Jahre ... eine so lange Zeit der Abwesenheit ... eine ganze Dekade. Vielleicht sollte er es mit seiner Rückkehr lieber nicht so eilig haben. Vielleicht ...

Caligula tauchte neben Tiberius auf und unterbrach die Gedanken des Imperators.

»Macro sagt, daß die ganze Stadt auf den Beinen ist. Tausende und aber Tausende von Leuten, die dich sehen wollen ...«

»Die nur sehen wollen, ob ich noch existiere«, überlegte Tiberius. »Oder ob ich nur ein Traum bin.«

Der alte Mann seufzte und sah plötzlich wie tausend Jahre alt aus. Das Netzwerk der Runzeln in seinem Gesicht schien wie aus

Stein gemeißelt zu sein; die leprösen Wunden seiner syphilitischen Krankheit wirkten wie Krater auf einem Schlachtfeld.

Wieder seufzte der Imperator. »Ich hasse dieses ständige Lächeln auf allen Gesichtern. Es ist falsch und scheinheilig. Und dann... das Messer in der Dunkelheit... das Gift im Becher...« Er schauderte zusammen.

»Du bist ihr Vater, Herr«, sagte Caligula ehrfürchtig und verbot es sich, jetzt zu lächeln.

Aber der alte Mann schüttelte den Kopf. Heute trug er wieder seine schwarze Perücke. Sie verrutschte durch die Bewegung und saß nun zusammen mit der goldenen Krone ein wenig schief auf dem Kopf. »Nein... ich bin nur ihr Herr... den man widerstrebend duldet.«

Jetzt näherte sich der stattliche junge Gardist namens Proculus mit dem goldverzierten Kasten der Schlange.

»Die Schlange, Caesar.«

»Hast du auch Fliegen mitgebracht?«

»Ja, Caesar.« Der junge Offizier holte ein zusammengefaltetes Pergament aus der Tasche seiner Tunika; es enthielt mehrere besonders dicke Fliegen.

Tiberius öffnete den Schlangenkasten und begann zu lächeln. »Wie geht es denn meiner reizendsten, meiner liebsten...« Er brach jäh ab, dann stieß er einen qualvollen Schrei aus.

Caligula warf hastig einen Blick in den Kasten und zuckte erschrocken zurück.

Die Schlange war tot. Ameisen krochen wimmelnd über den zusammengeringelten Leib und fraßen an ihm. Die Augen fehlten bereits; nur feuchte, leere Höhlen waren geblieben.

Mit einer für einen so alten Mann erstaunlichen Kraft schleuderte Tiberius den Kasten über die Reling ins Wasser.

»Hüte dich vor der Macht des Pöbels!« rezitierte er mit krächzender Stimme das Orakel. »*Das ist ein Omen!*« Er würde die Schlange, die Römer würden die Ameisen sein. Sie würden ihn verschlingen.

Macro kam herbeigeeilt.

»Sage dem Kapitän Bescheid, daß wir sofort umkehren!« befahl Tiberius.

Macro wechselte rasch einen Blick mit Caligula.

»Aber, Caesar ...«

»Gehorche mir!« donnerte Tiberius jetzt nahezu hysterisch. Er war offensichtlich außer sich. Sein dürrer Brustkorb wogte, Schweiß strömte ihm über die welken Wangen.

»Ja, Caesar«, sagte Macro und salutierte.

»Ich werde nie mehr einen Fuß nach Rom setzen!« erklärte Tiberius. Danach ging er sofort unter Deck, um dem Anblick der verhaßten Stadt zu entgehen.

Macro und Caligula sahen ihm betroffen nach, dann blickten sie sich gegenseitig an.

»War dies der Tag?« fragte Caligula leise.

Macro nickte grimmig. All ihre Pläne, so sorgfältig und geheim vorbereitet ..., und jetzt war alles umsonst. Dieser senile, abergläubische Narr entging dem vorgesehenen Attentat!

Boote legten längsseits der Triere an, um die Besucher an Land zu bringen. Senatoren und Bittsteller gingen von Bord. Claudius näherte sich kichernd. Sein Gesicht war jetzt wieder sauber gewaschen. Dem Himmel sei Dank für kleine Wohltaten! dachte Caligula.

»Gut, dich zu sehen, Neffe ... äh, Prinz, meine ich.« Claudius lachte schrill und albern. »War ein ziemlich kurzer Besuch, was? Aber immerhin besser als gar nichts, das schwöre ich ... bei Augustus natürlich!« Er kicherte immer noch, während er über die Reling in eins der wartenden Boote hinabstieg.

Macro drehte sich nach Proculus um, der in strammer Haltung dastand. »Alle mit Ausnahme des kaiserlichen Gefolges gehen an Land!« befahl Macro.

»Ja, Kommandant.«

»Und sage dem Kapitän Bescheid, daß er den Anker lichten soll!«

Proculus salutierte und marschierte davon, um die Befehle auszuführen.

Macro mußte das Schiff ebenfalls wieder verlassen, weil er ja der Hauptmann der Garde in Rom war und nicht zum kaiserlichen Hof gehörte.

Caligula streckte ihm eine Hand hin.

»Sag Ennia, daß ich ... untröstlich bin.«

Macro nickte mitfühlend. »Das werde ich tun. Es wird dem armen Mädchen das Herz brechen.« Er drückte freundschaftlich die ausgestreckte Hand; ein Signal, daß doch noch alles gut ausgehen würde.

Aber Caligula war sich da gar nicht so sicher. Er wußte nur, daß er seine Wut hinunterschlucken und seinen maßlosen Zorn vor allen anderen verbergen mußte ... vor Gemellus, Chaerea und vor allem natürlich vor Tiberius. Es gab keinen Ort auf diesem verwünschten Schiff, wo Caligula hätte allein sein können, um seine Enttäuschung laut hinauszuschreien und sich so wenigstens ein bißchen Luft zu verschaffen. Es gab auch niemanden, an dem er seinen Zorn jetzt hätte auslassen können. Als die Triere wieder dem offenen Meer zusteuerte, konnte Caligula nur heimlich mit den Zähnen knirschen, während er nach außenhin freundlich lächeln mußte.

Aber Caligula hatte wenigstens am Abend das Glück, einen Seemann zu finden, der masochistisch genug veranlagt war, um sich mit Vergnügen sexuell malträtieren zu lassen. Caligula richtete ihn derart zu, daß der junge Mann seinen Schiffsdienst für den Rest der Reise nicht mehr versehen konnte.

Der Weg schien jedoch nicht nach Capri zu führen. Man segelte am Kap von Surrentum vorbei und fuhr nach Norden statt nach Westen. Tiberius hatte es rundheraus abgelehnt, jemandem das Ziel der Reise zu nennen. Nur der Kapitän wußte Bescheid. Der Kapitän wiederum gab nur hin und wieder dem Navigator neue, kurze Anweisungen. Niemand wußte, welche Pläne der Imperator jetzt verfolgte.

Tiberius schien krank zu sein und ruhte sich die meiste Zeit des Tages in seiner Kabine aus. Er wollte niemanden sehen, auch nicht Caligula. Nicht einmal Gemellus ..., und das war für Caligula immerhin eine gewisse Erleichterung. Einen ganzen Tag lang spielte Caligula mit dem Gedanken, daß Gemellus über Bord fallen könnte. Aber das war zu riskant. Es gab zu viele Zeugen hier.

Allmählich wurde das Reiseziel offenkundig. Misenum. Dort

besaß Tiberius eine große Villa. Vor seiner Übersiedlung nach Capri hatte der Imperator viel Zeit in Misenum verbracht.

Caligula war erleichtert. Misenum lag immerhin noch auf dem Festland und war notfalls durch Macros Legionen leicht zu erreichen. Außerdem war es möglich, von Misenum aus Briefe nach Rom zu schicken.

Tiberius wurde in einer Sänfte an Land getragen. Für Caligula war es doch beinahe ein Schock, als er sah, wie schwach und blaß der Imperator aussah. Aber seine Augen funkelten immer noch wild, und auch sein Gehör und seine Redegewandtheit schienen nicht gelitten zu haben.

Im Vergleich zum mächtigen Rom war Misenum zwar nur eine kleine Provinzstadt, aber die Bewohner taten ihr Bestes, um den Imperator mit allen Ehren zu empfangen. Es gab jubelnde Menschengruppen, Statuen wurden hastig errichtet. Man brachte den Göttern Opfer dar und betete um weitere gute Gesundheit und Sicherheit des Imperators.

Während Caligula dies alles beobachtete, erinnerte er sich unwillkürlich an jene alte Geschichte über Tiberius und die Akolythen. Bei einem Opfergottesdienst hatte Tiberius an zwei unschuldigen und noch sehr jungen Knaben Gefallen gefunden, die dem Priester behilflich gewesen waren. Tiberius hatte sie nach der Zeremonie verfolgt und vergewaltigt, obwohl beide noch die heiligen Gefäße getragen hatten. Aber heute sah es nicht danach aus, als könne Tiberius auch nur an irgendeine Vergewaltigung denken. Auf jeden Fall waren die hiesigen Akolythen äußerst unattraktiv – einer von ihnen war ungemein fett, der andere litt scheußlich an Akne.

Tiberius schien sich sehr bald in Misenum häuslich zu fühlen, wenngleich er oft von Capri redete und immer wieder versprach, daß man schon ›morgen‹ dorthin zurückkehren würde. Es sah aber ganz und gar nicht danach aus. Mehrere der reichsten Männer von Misenum hatten einen Tag der Spiele im Stadion arrangiert. Tiberius warf den ersten Speer, um die Spiele zu eröffnen, zog sich dabei aber eine Muskelverletzung in der Seite zu, die ihm große Schmerzen machte. So sehnte er sich nur noch nach Ruhe.

Macro hatte von Rom aus eine Legion als Ersatz für die auf Capri zurückgebliebene Garde geschickt. Tiberius fühlte sich eben nur wohl, wenn er von einer kleinen Privatarmee umgeben war. Als alter Soldat war er daran gewöhnt, und als altem Mann gefiel es ihm außerdem, so viele jüngere, kräftige Soldaten befehligen zu können.

Ab und zu riß sich Tiberius zusammen und erklärte, daß das Leben weitergehen müsse wie üblich. Dann schickte er nach Tanzmädchen, ließ Zwerge und andere groteske Wesen kommen, die zu Musik obszönen Sex treiben mußten, aber meistens schlief er dabei ein oder machte wenigstens ein Nickerchen.

Doch jetzt wollte er sogar ein Bankett veranstalten. Er verschickte Einladungen an die Patrizier der Stadt, und am festgesetzten Abend trafen diese Männer in verschleierten Sänften in der Villa ein und brachten kostbare Geschenke mit.

Caligula, mit einer durchsichtigen roten Robe mit breitem Goldsaum bekleidet, betrat die riesige Bankettalle, deren Wände aus vielfarbigem Marmor bestanden; die Decke wurde von Säulen getragen, die mit echtem Gold reich verziert waren. Er schloß sich Tiberius an, der mitten im großen Raum stand und seine Gäste begrüßte.

Der Imperator war offensichtlich erschöpft, schien aber grimmig entschlossen zu sein, das zu verbergen.

Macro und Charikles, der bekannte griechische Arzt, standen im Eingang und beobachteten den Imperator.

Caligula hatte den Arzt, der viele Patrizier behandelte, eingeladen.

»Er hatte an Bord des Schiffes so etwas wie einen Schlaganfall«, sagte Macro sehr leise zu Charikles. »Kurz vor unserer Landung hier in Misenum.«

Charikles nickte. »Mir ist schon aufgefallen, daß er beim Gehen das linke Bein etwas nachzieht.«

Macro schaute sich vorsichtig um, ob man auch nicht belauscht werden konnte. »Wir müssen unbedingt herausfinden, *wie* krank er ist, Charikles. Wie lange er noch zu leben hat. Natürlich im Interesse von Rom.«

»Wenn ich ihn einmal gründlich untersuchen könnte ...«

Macro schüttelte sofort den Kopf. »Er läßt niemals einen Arzt in seine Nähe.«

»Vielleicht ist das klug von ihm«, meinte Charikles trocken.

»Geh zu ihm, Charikles«, drängte Macro. »Stelle dich bei ihm vor. Sieh ihn dir wenigstens einmal ganz aus der Nähe an.«

Der Arzt nickte und ging langsam durch die Menge. Er beobachtete Tiberius, während er sich ihm näherte. Der Imperator war vor Müdigkeit in sich zusammengesackt. Seine Haut wies eine graugrünliche Färbung auf und wirkte im Kontrast zu dem bunten Blumenkranz und der goldenen Krone auf der schwarzhaarigen Perücke nur noch abstoßender.

Charikles nannte seinen Namen dem Hofmarschall und stellte sich in die Empfangsreihe.

»Der Arzt Charikles, Caesar«, kündigte der Kammerherr an.

Tiberius streckte eine Hand zum Kuß aus, und der Doktor beugte sich darüber und küßte sie. Während er dies tat, schloß er seine Finger um das Handgelenk des Imperators und fühlte nach dem Puls.

Mit der Schnelligkeit einer zustoßenden Schlange riß Tiberius seine Hand zurück. »Ich weiß genau, was du tust, Charikles!« sagte der Imperator ruhig. Er starrte dem Doktor tief in die Augen.

»Herr, ich möchte nur ...«, protestierte der Arzt.

Tiberius wandte ihm den Rücken zu. »Bleibe mir vom Leibe!« befahl er. Tiberius schaute sich um und sah, daß die Gäste ihn neugierig beobachteten. Caligulas Blick war fest auf Tiberius gerichtet. Auch Macro starrte intensiv herüber.

Da beschloß Tiberius, einen Scherz aus der Sache zu machen. »Jeder Mann über dreißig, der sich freiwillig in die Hände eines Arztes begibt, verdient ein vorzeitiges Begräbnis!« verkündete Tiberius laut.

Caligula gab pflichtgemäß das Signal für allgemeines Gelächter, aber er hatte dabei einen Geschmack wie von Asche im Mund.

Tiberius wandte sich ab und ging auf seine Bankett-Liege zu. Damit signalisierte er den Beginn des Festes.

Caligula hielt sich ständig in unmittelbarer Nähe des Imperators auf, während Charikles sich zurückhielt, bis Macro an ihn herantrat.

»Nun?« fragte Macro.

Charikles war ein sehr teurer ›Gast‹; sein Honorar für diese Konsultation betrug zehn Talente Silber. Aber von seiner Diagnose hing viel, viel mehr ab ... eine ganze Welt.

»Der Puls schlägt sehr schwach und unregelmäßig«, meldete der Arzt. »Seine Augen zeigen deutliche Krankheitserscheinungen.«

»Wie lange noch?« fragte Macro. Er war Soldat und sprach forsch aus, was er dachte. Eine Diagnose interessierte ihn nicht. Ihm ging es um den Zeitplan.

»Nicht mehr lange«, sagte Charikles.

»*Wie* lange?« fragte Caligula, während er mit Macro einen halbdunklen Korridor auf der Rückseite der Villa entlang ging. Es war schon sehr spät. Alle Gäste waren längst fort, die meisten von ihnen unmäßig betrunken. Irgendwo in der Villa lag Tiberius schnarchend, scharf bewacht.

»Nicht mehr lange«, erwiderte Macro. »Hat Charikles jedenfalls behauptet.«

»Es muß bald sein!« sagte Caligula in gepreßtem Tonfall. »Er plant irgend etwas! Ich weiß es!« Dem Ziel schon so nahe! Und immer noch von einem Tag auf den anderen in Angst und Schrecken leben zu müssen! Ständig zu überlegen, ob der Tod zuerst den Imperator oder ihn selbst ereilen würde! Caligula war manchmal zumute, als könnte er vor Angst den Verstand verlieren. Seine Schläfen schmerzten, und er rieb sie heftig mit beiden Fäusten.

Die beiden Männer blieben vor einer geschlossenen Holztür stehen. Draußen in den Wandhalterungen flackerten Fackeln.

»Er kann doch ohne mich gar nichts tun«, sagte Macro beruhigend.

»Das haben andere auch geglaubt!« widersprach Caligula pessimistisch. »Und wo sind sie jetzt ... diese anderen?« Er zeigte mit einem Finger nach unten ... zum Hades.

»Keine Bange«, sagte Macro und berührte Caligulas Schulter. »Ich verspreche dir, daß Tiberius niemals Capri wiedersehen wird.«

Caligula ergriff die Hand des Hauptmanns. »Schwörst du mir das, Macro?«

»Ich schwöre es!«

Macro öffnete die Holztür, die nicht abgeschlossen war. Dahinter war ein Raum mit einem breiten Bett – und Ennia. Sie stand da – klein, dünn, wölfisch – in der Haltung der Liebe; die Arme weit ausgebreitet, den Mund zu wollüstigem Lächeln verzogen.

»Mein Geliebter ...«, murmelte sie.

Caligula schloß einen Moment die Augen.

»Gute Nacht ... und süße Träume«, sagte Macro und lachte leise, während er Caligula vertraulich auf den Rücken klopfte. Caligula rechnete halb damit, daß Macro ihm jetzt auch noch verschmitzt zublinzeln und ihn auffordern würde: »Und nun ran!«

Er zuckte zusammen, als er die Tür hinter sich zuschlagen hörte. Macro war gegangen, und Caligula allein mit Ennia.

»Mein Geliebter ...«, murmelte sie erneut.

»Meine Liebe ...«, echote er pflichtgemäß, während er Macros Ehefrau in die Arme nahm. Und heute war die Nacht, für die er sich eigentlich vorgenommen hatte, den Tanzknaben zu vernaschen, der beim Bankett mit den Dolchen jongliert hatte! Caligula stöhnte innerlich, während er Ennia langsam aufs Bett zurückdrängte und ihr das Nachtgewand vom Leibe riß.

Ennia war heiß und feucht ... und bereit. Das alles wurde bei ihr wahrscheinlich durch den Gedanken an die Macht ausgelöst. So nahe! Alles war schon so nahe!

Bei dem Gedanken an Tiberius Tod versteifte sich Caligulas Glied, und er schob es in Ennia hinein ... wie eine Katze die Zunge in die Sahneschüssel. Er tat seine Pflicht. Hoffentlich würde Macro jetzt auch bald seine Pflicht tun!

Obwohl der Exerzierplatz bei der Villa Misenum kaum mit dem Campus Martius in Rom zu vergleichen war, erwartete Tiberius, daß sich seine Offiziere fit hielten. Sie mußten sich tagtäglich im Bogenschießen und Schwertkampf üben. Außerdem standen Springen, Diskuswerfen, Ringen und Boxen auf dem Programm. An einem Ende des Übungsgeländes hatte der Imperator ein

Schwimmbecken erbauen lassen. Er sah es gern, wenn seine strammen Offiziere nackt badeten, um Brust- und Beinmuskeln zu stärken. Wenn er auch nur noch ein alter Lustgreis war, fühlte sich Tiberius doch immer noch als Feldherr.

Jetzt, in der Hitze des Tages, saß der Imperator in einer schattigen Loggia, blickte ab und zu auf den Übungsplatz hinaus und unterschrieb und siegelte endlos ... Er unterzeichnete und besiegelte das Schicksal von Rom in einem ganzen Bündel langweiliger Dokumente. Obgleich sein Sekretär sehr tüchtig und offenbar auch ehrlich war, vermißte Tiberius doch seinen alten Vertrauten Nerva bitterlich; ihm fehlten jetzt sogar Nervas mitunter recht bissige Bemerkungen. Heute fühlte sich der Imperator besonders alt und krank. Trotzdem galt seine Aufmerksamkeit nicht den kaiserlichen Papieren, sondern vielmehr den Soldaten, die sich da draußen auf dem Exerzierplatz tummelten. Das Speerwerfen interessierte ihn ganz besonders. Die Speere mit ihren Metallspitzen waren sehr lang und schwer. Man mußte viel üben, um sich mit dem Ausbalancieren des Schaftes vertraut zu machen und die Flugbahn nach dem Wurf richtig abschätzen zu können. Tiberius war zu seiner Zeit ein ausgezeichneter Speerwerfer gewesen; seine Größe und die enorm breiten, muskulösen Schultern waren ihm dabei zustatten gekommen. Aber diese Zeiten waren längst vorbei. Doch Tiberius genoß immer noch die Grazie und Schönheit eines Speerwurfs, wenn er korrekt ausgeführt wurde.

Tiberius hielt den jungen Proculus für den besten Speerwerfer; auch mit dem Diskus verstand er gut umzugehen und war auch sehr flink auf den Beinen. Seine Bewegungen verrieten animalische Anmut, was ihn von den anderen unterschied. Er war eine Naturbegabung, eine männliche Schönheit, und Tiberius dachte: Vor fünfhundert Jahren hätte man ihn in Athen verherrlicht! Man hätte ihm zu Ehren Gedichte geschrieben und Amphoren bemalt. *Kalos kai agathos* ... dem Edelsten und Mutigsten!

Caligula saß gereizt und gelangweilt neben dem Imperator und sehnte sich nach Rom, nach Drusilla und vor allem nach dem Siegel der Macht, das jetzt immer noch Tiberius am Zeigefinger trug. Im Moment schien es für nichts von alledem gute Aussichten für Caligula zu geben. Der alte Imperator war zwar sehr schwach, aber zugleich listig und unberechenbarer denn je zuvor. Seit seiner Krankheit und dem Tod der Lieblingsschlange hatte Tiberius fast ständig auf Caligula herumgehackt und eine düstere Zukunft prophezeit. Gewiß, Caligula saß ständig dicht neben dem Imperator, wie es einem Prinzen gebührte, aber Tiberius Gemellus hielt sich auf der anderen Seite genauso nahe. Der kleine Wurm war auch jetzt wieder da. Er saß auf einem Schemel. Caligula starrte mürrisch auf das Übungsgelände hinaus. Er haßte Sport und Spiele ... häßliche, schweißtreibende Dinge, die Muskelschmerzen verursachten. Wie jeder vornehme Römer hatte auch er sich während seiner Knabenzeit an kriegerischen Übungen beteiligen müssen, aber er machte sich nichts daraus, nicht einmal als Zuschauer. Er zog Wettkämpfe vor, die mit dem Tod endeten.

»Die revidierten Listen der Prokonsuln, die du ...« Der Sekretär präsentierte schon wieder ein anderes Dokument, das der Imperator unterzeichnen sollte. Aber Tiberius schob ihn unwillig beiseite. »Jetzt ist's genug!« grollte Tiberius.

Wortlos raffte der Mann die Papiere zusammen und wollte sich entfernen, aber Tiberius hielt eine Hand hoch und stoppte ihn. »Für heute nichts mehr«, sagte er. »Aber ich möchte den Staatsanzeiger sehen, sowie er eintrifft.«

»Ja, Caesar.«

Tiberius drehte sich stirnrunzelnd nach Caligula um.

»Warum treibst du eigentlich niemals Sport?«

Caligula riß die Augen weit auf. »Aber das tue ich doch, Herr!«

»Ja, aber nur im Bett«, knurrte Tiberius. »Und wie geht's ihr?«

»Wie soll es wem gehen, Herr?«

»Ennia, dem Eheweib von Macro! Dem Kommandeur *meiner* Garde!«

Caligula schaffte es, jetzt zu erröten. »Ich weiß es nicht. Ich meine, ich ... sehe sie ... spreche mit ihr ... das heißt ...« Es war eine wunderbare schauspielerische Leistung.

»Du brauchst Marco, nicht wahr? Denn wenn ich nicht mehr bin, wird *er* der einzige sein, der dich emporheben oder vernichten kann! Was von beiden, glaubst du, wird es sein?«

Caligula spürte, wie sich ein dicker Klumpen in seinem Hals bildete. Er wagte nicht zu antworten. Und in Wahrheit war es ja auch eine Frage, die er gar nicht beantworten konnte.

»Ich weiß alles ... was gesagt wird ... was getan wird ... was gedacht wird«, fuhr Tiberius fort. Er grinste, dann rief er Tiberius Gemellus. »Komm her, reizender Knabe! Wenigstens *du* bist noch zu jung für verschwörerische Umtriebe.« Er legte dem Enkelsohn einen Arm um die Taille und drückte ihn zärtlich an sich. »Nun, vielleicht nicht *zu* jung.« Er wandte sich an Caligula. »Geh jetzt! Übe mit den anderen auf dem Feld!«

Widerstrebend stand Caligula auf und legte seinen Umhang ab. Nur mit der Tunika bekleidet, schlich er sich aufs Übungsgelände. Sofort drängten sich Sklaven heran und boten ihm eine Auswahl von Pfeilen, Bogen, Schwertern und Speeren an. Die Soldaten ignorierten ihn geflissentlich und setzten ihre Übungen fort. Aber man warf ihm Blicke zu.

Caligula war sich dessen durchaus bewußt. Er spürte auch, wie Tiberius ihn gespannt beobachtete. Deshalb ließ sich Caligula mit der Auswahl seiner Waffen Zeit und entschied sich schließlich für einen Speer.

Eine lebensgroße Strohpuppe war als Ziel am Ende des Feldes aufgestellt worden. Im Moment traf Proculus gerade mit seinem Speer mitten ins Herz. Das brachte ihm lauten Beifall ein.

Caligula nahm Aufstellung, um zu zielen. Er hob den Speer, der jedoch für Caligulas Körpergröße ein paar Zoll zu lang war und in seiner Hand zitterte. Er warf ihn, so kräftig er nur konnte, aber sein Wurf war schwach und schlecht gezielt. Der Speer landete ein paar Fuß vor der Strohpuppe entfernt und außerdem etwas seitlich. Caligula hörte hinter sich unterdrücktes Lachen, aber als er sich umdrehte, machten alle Männer ein ernstes Gesicht.

Proculus wollte sich als hilfreich erweisen. »Du hast den Speer zu hoch geworfen, Herr«, sagte er.

»Die Sonne schien mir in die Augen«, knurrte Caligula.

Beide Männer ignorierten die Tatsache, daß man die Sonne im Rücken hatte.

Sklaven hielten erneut Waffen hin. Diesmal wählte Caligula einen *gladius* aus, ein kurzes Schwert. Mit einer Geste forderte er

Proculus auf, sich auch so eine Waffe zu nehmen. Caligula war mehrere Jahre lang im Kampf mit dem Schwert ausgebildet worden, aber die einzige Waffe, die er wirklich liebte, war sein eigener Dolch. Aber bei einem Schwerterkampf würde Caligula gut gegen den größeren Mann abschneiden. Wer würde es schon wagen, ernsthaft gegen einen Prinzen zu kämpfen und ihm eine Niederlage beizubringen? Nein, dies war zweifellos ein Wettbewerb, dessen Ausgang schon jetzt zu Gunsten Caligulas entschieden zu sein schien.

Sie begannen den Zweikampf, und schon sehr bald wurde allen Zuschauern klar, daß Proculus nicht nur größer und stärker war als Caligula, sondern auch ein viel besserer Schwertkämpfer. Nichtsdestotrotz gab sich Proculus Mühe, ab und zu einen Fehler zu machen, genau wie Caligula es erwartet hatte. Doch dann schlug Proculus doch das Schwert aus Caligulas Hand. Ein Sklave holte es sofort. Unwille und Wut huschten über Caligulas Gesicht. Dieser Dummkopf!

»Tut mir leid, Herr«, sagte Proculus verlegen.

Caligula schrie zurück: »Du hast betrogen!«

Der Soldat war fassungslos. »Aber ... nein, Herr!« rief er naiv. »Mein Arm ist ein bißchen länger als deiner, und ...«

»Du hast die Linie übertreten!« beschuldigte ihn Caligula, dessen Gesicht vor Zorn dunkel angelaufen war. »Du hast betrogen! Du ... du ... «

Ein lauter Zuruf von Tiberius stoppte den Streit. Caligula ließ das Schwert fallen und rannte zur Loggia, wo der Imperator zitternd dastand und den Staatsanzeiger in einer Hand hielt. Dicke Schweißperlen standen auf dem runzeligen Gesicht, das eine purpurne Färbung angenommen hatte.

»Das Mitteilungsblatt!« keuchte Tiberius und hielt Caligula die Zeitung entgegen. »Verfahren des Senats! Ich kann es nicht glauben! Ich hatte ihnen drei Verbrecher zur Aburteilung geschickt!« Tiberius konnte die Worte kaum herauswürgen. Die Augen quollen ihm aus den Höhlen. »Sie waren des Hochverrats schuldig! Und der Senat ...« Er drückte Caligula das Blatt in die Hand. »Da ... sieh selbst! Ich kann es noch immer nicht glauben! Ich kann es nicht ... man hat ... man hat die Anklage *fallenlassen*

... man hat gesagt ... gesagt, daß die Beschuldigungen ... nur ... auf einem Informanten beruhen ... einem Informanten ...« Tiberius torkelte und wäre beinahe hingefallen, aber zwei Sklaven packten ihn sofort an den Armen. »Ich ... ein Informant ... ein bloßer Informant ... wo ich doch der Imperator bin!« Er schaffte es, sich aufzurichten. Seine Augen funkelten in altem Glanz. »Oh ... das ist ... schändlich. Gib Befehl! Wir segeln nach Capri!«

Wieder taumelte er, und Caligula streckte sofort eine Hand aus, um ihn zu stützen. Aber Tiberius stieß die Hand zurück.

»Ich habe ... ich war ... ich ... oh, ich bin zu nachsichtig gewesen ... viel zu gnädig!«

Schweiß strömte von Tiberius' Gesicht über den Hals in den goldenen Kragen seines Gewandes.

»Nun ... nun ... soll der Senat sich hüten! Denn ich schwöre beim Himmel, daß ... daß ...«

Plötzlich kippte Tiberius nach vorn.

Caligula und die Sklaven konnten ihn gerade noch rechtzeitig genug auffangen, bevor das kaiserliche Haupt auf dem Boden aufschlug. Aber die schwarze Perücke fiel vom Kopf, zusammen mit der goldenen Krone, die immer noch in den dunklen Locken befestigt war. Halb schleppte, halb zerrte man den bewußtlosen Imperator in die Villa und legte ihn auf sein Bett.

Tiberius Gemellus folgte in angemessenem Abstand; sein Gesicht war blaß, als läse er bereits sein eigenes Todesurteil. Sollte er etwa niemals den Zeitpunkt erleben, an dem es auch ihm vergönnt sein würde, die Toga eines Mannes anzuziehen?

Der Arzt Charikles kam sofort. Die Sklaven, die seine Sänfte trugen, waren außer Atem. Keuchend rannten sie die letzten paar Schritte den Hügel hinauf zur Villa.

Zwei von Tiberius' persönlichen Sklaven hielten Wache im Schlafgemach des Imperators. Macro, Caligula und Charikles hielten sich dicht neben dem Bett auf und beobachteten jeden Atemzug, das leiseste Flattern eines Augenlids, das winzigste Lebenszeichen. Tiberius Gemellus versuchte, sich im hintersten Winkel unsichtbar zu machen; seine Augen waren vor Entsetzen weit aufgerissen.

Auf der seidenen Bettdecke lag Imperator Tiberius Claudius

Nero Caesar, Beherrscher der Welt, angefangen von den westlichen Mooren Britanniens bis hin zum Euphrat im Osten. Er lag ganz still da und atmete kaum. Vor dreiundzwanzig Jahren hatte Augustus diesem Mann das Imperium hinterlassen ... und zugleich das Mitleid. Wie man sich erzählte, sollte Augustus damals gesagt haben: »O weh, armes Rom! Dazu verurteilt, von diesen langsam kauenden Kiefern zermahlen zu werden!« Doch Augustus hatte immerhin Tiberius' Geschick als Feldherr bewundert; der alte Mann hatte geglaubt, daß sein Adoptivsohn die Macht Roms ausweiten und stärken würde.

Und in den ersten Jahren hatte es auch ganz den Anschein gehabt, als hätte Augustus eine gute Wahl getroffen und den richtigen Mann zu seinem Nachfolger ernannt. Denn zwei Jahre lang hatte Tiberius keinen Fuß aus Rom gesetzt. Seine Urteilssprüche waren gerecht und republikanisch gewesen. Er hatte sich intensiv um die Staatsgeschäfte gekümmert, und für alle Angelegenheiten, die vor seinen Thron gebracht worden waren, hatte er Gerechtigkeit als Maßstab gelten lassen.

Aber dann war allmählich eine Veränderung mit ihm vorgegangen, als wäre er von innen heraus vergiftet worden. Tiberius war langsam wahnsinnig geworden. Er hatte allen seinen Freunden mißtraut und sie mit seinen Feinden verwechselt, hatte sich aus Rom zurückgezogen, zuerst nach Campania, dann nach Capri. Dort vollzog sich der endgültige Wandel in seinem Leben. Aufgehetzt und unterstützt von Sejanus hatte er ein Blutbad angerichtet, hatte die edelsten und besten Römer töten lassen, indem er sie des Hochverrats gegen Rom beschuldigt hatte, hatte sie auf die grausamste Weise hinrichten lassen. Manche behaupteten, daß die Krankheit, mit der er sich bei seinen Huren angesteckt hatte, sein Gehirn zerfressen würde. Andere flüsterten, daß zuviel Macht jeden Mann verderben müsse. Doch Augustus hatte das Imperium beherrscht und war nicht daran zugrunde gegangen.

Wie die Erklärung auch immer lauten mochte ... dreiundzwanzig Jahre lang hatte Rom in Angst und Schrecken vor diesem Mann gelebt, der jetzt wie aus Wachs gegossen dalag und kaum noch atmete.

Charikles beugte sich über das Bett und legte eine Hand auf

Tiberius' Brust. Dann legte er ein Ohr auf die Stelle über dem Herzen und lauschte etwa eine Minute lang. Danach richtete er sich wieder auf und tastete nach der Halsschlagader des Imperators. Schließlich drehte sich Charikles um und sah Caligula ins Gesicht.

»Nun ...?« fragte der Prinz besorgt.

»Alle Körperfunktionen scheinen aufgehört zu haben...«, begann der Doktor in seinem üblichen professionellen Tonfall.

»Ist er tot?« unterbrach Caligula.

Charikles zuckte die Schultern. »Bei einem so plötzlichen Anfall...«

»*Ist er tot?*«

Charikles nickte. »Ja, Herr ... nach allem menschlichen Ermessen ...«

»*Der Ring!*«

Caligula streckte eine Hand aus, und einer der weinenden Sklaven zog langsam den schweren Siegelring von Tiberius' linker Hand und gab ihn Caligula. Während Caligula die Finger um den Ring schloß, kniff er die Augen zu wie eine Katze, als könne er so diesen Moment noch besser genießen. Betont langsam und wollüstig schob er den Zeigefinger durch den Ring.

Der Ring. Das Siegel des Imperiums. Caligula betrachtete es sehr aufmerksam und genau. Da einem römischen Patrizier nicht gestattet war, Ringe aus Gold oder Silber zu tragen, war dieser Siegelring aus Eisen angefertigt worden. Augustus hatte den Ring als erster getragen. Damals hatte das Siegel den Kopf von Alexander gezeigt; es war behauptet worden, daß dieser Ring dem jungen griechischen Welteroberer gehört hatte, aus dessen Grab er dann vor dreihundert Jahren gestohlen worden war. Augustus hatte ihn getragen, bis ihm Alexander im Traum erschienen war und ihn mit zornrotem Gesicht ansah.

Die Griechen glaubten, daß Träume durch eines von zwei Toren kamen: durch das Tor aus Horn oder durch das Tor aus Elfenbein. Durch das Elfenbeintor kamen falsche und irreführende Träume, durch das Horntor dagegen die Wahrträume.

Augustus war überzeugt gewesen, daß Alexanders Geist ihn durch das Tor aus Horn besucht hatte, deshalb hatte Augustus den Siegelring abgelegt und nie wieder getragen. Statt dessen beauftragte er den Künstler Dioscurides, ein Bildnis von Augustus in kostbaren Stein zu schneiden ..., als Siegel des Imperiums. Und so kam es, daß Caligula jetzt Augustus' Gesicht betrachtete. Es war ein Gesicht, an das sich Caligula kaum erinnern konnte; er war ja erst drei Jahre alt gewesen, als der erste Imperator der Römer gestorben war.

Augustus hatte an Träume geglaubt. Und jetzt sah Caligula diesen häufig wiederkehrenden Traum, der durch das Elfenbeintor zu ihm kam ... durch das falsche Tor.

Tiberius war tot und hatte jetzt keine Macht mehr über Caligula. Dieses geierhafte Gesicht würde ihn nie mehr anstarren und bei Nacht in Angst und Schrecken versetzen. All diese Nächte zitternder Angst ..., und es war ein falscher Traum gewesen! Caligula empfand in diesem Moment einen ungeheuren Strom der Erleichterung, der Macht, der Freiheit durch seine Adern rauschen. Er starrte auf das Bildnis von Augustus am Finger. Warte und sieh zu, Rom! Warte und sieh zu!

Macro beugte sich nach unten, um die Hand zu küssen, die nun diesen Ring trug.

»Heil, Caesar«, sagte Macro leise.

Charikles folgte Macros Beispiel und strich mit seinen trockenen Lippen flüchtig über Caligulas Handrücken. »Heil, Caesar«, murmelte der Arzt.

»Veranlasse sofort die Verkündung!« sagte Caligula zu Macro mit fester, glücklicher Stimme.

Der Offizier und der Arzt verbeugten sich, dann verließen sie den Raum.

Die Sklaven blieben auf dem Fußboden sitzen und ließen in stummer Trauer die Köpfe hängen. Tiberius Gemellus, noch immer in seinem Winkel versteckt, wagte kaum zu atmen. Entsetzt befürchtete er, von Caligula bemerkt zu werden, und benutzte schließlich eine günstige Gelegenheit, um aus dem Zimmer zu schlüpfen.

Caligula zog ruhig seine Kleidung straff, dann nahm er einen Bronzespiegel von der Truhe neben Tiberius' Bett. Eine knappe Minute lang hielt er den Spiegel dicht vor den Mund des alten

Mannes, dann überprüfte er die glatte Fläche auf Spuren von Feuchtigkeit. Der Spiegel war vollkommen trocken.

Tiberius war also wirklich tot!

In gehobener Stimmung machte Caligula ein paar Schritte aus seinem *Stiefelchen*-Tanz, als wollte er den Geist des toten Großvaters verhöhnen. Dann beugte er sich nochmals über das Bett und sah dem toten Mann ins Gesicht ... dem ehemaligen Herrscher der Welt.

»Ist der Tod *wirklich* nichts?« flüsterte Caligula. »Oder ist die Göttin Isis da, um dich in Empfang zu nehmen ... bereit, über dich zu urteilen?«

Lautes Geschrei von draußen lenkte seine Aufmerksamkeit ab: Er hörte das Wehklagen der Trauernden, aber auch die Rufe: »Heil, Caesar!« Die Verkündung war also bereits erfolgt.

Ekstatisch lauschte Caligula. Dies war der Moment, auf den er gewartet hatte ... viele lange Jahre! Die Zeit seiner Demütigung und Erniedrigung war vorbei. Jetzt würden seine Triumphe beginnen! Die Falten seiner Toga waren verrutscht; er zog sie wieder glatt. Dann strich er mit beiden Händen über sein spärliches Haar. Bei seinem ersten Auftritt als neuer Imperator durfte er in der Öffentlichkeit unter gar keinen Umständen einen unordentlichen Eindruck machen. Er starrte sein Bild in der Spiegelwand an, und es gefiel ihm.

Hinter Caligula machte Tiberius auf seinem Bett die Augen auf. Er richtete sich etwas vom Kissen auf und sah beinahe augenblicklich, daß der Ring an seinem Finger fehlte. Dann sah er das frohlockende Lächeln seines Enkelsohnes ..., und er entdeckte den Ring an Caligulas Finger. Da wußte er sofort, was geschehen war.

»Caligula ...«, rief Tiberius leise.

Caligula wirbelte herum wie ein Mann, der soeben ein Gespenst gehört hat. Sein Gesicht wurde aschgrau.

»Herr ...!« keuchte er.

Tiberius hatte sich inzwischen auf einen Ellbogen gestützt und funkelte Caligula an. »Gib mir sofort den Ring zurück!« befahl der Imperator. Er streckte die dürre Hand aus.

Caligula stand wie betäubt da und konnte den alten Mann auf

dem Bett nur anstarren. Dann sah er, wie die Sklaven offenen Mundes diese Szene beobachteten. Er winkte ihnen brüsk zu, sich zu entfernen, und schnell verschwanden sie hinter einem Vorhang.

»Nein«, sagte Caligula leise.

»Ja!« Tiberius' Stimme klang erstaunlich fest und entschieden. Er hielt die Hand weiter nach dem Ring ausgestreckt.

Caligula konnte den kostbaren Ring nicht mehr hergeben. Nichts, niemand würde ihm diesen Ring mehr abnehmen können! Halb von Sinnen hob er den schweren Bronzespiegel mit beiden Händen und näherte sich damit dem Bett.

Der alte Mann scheute nicht davor zurück. Er verzog verächtlich den Mund.

»Du wirst es nicht wagen ...«

Stöhnend hob Caligula den Spiegel hoch über den Kopf und war bereit, mit aller Wucht zuzuschlagen.

»Wachen!« rief Tiberius.

Augenblicklich betrat Macro den Raum. Mit einem einzigen Blick erfaßte er die Bedeutung dieser Szene. »Kein Blut!« schrie er Caligula an.

Caligula ließ den Spiegel fallen, der krachend auf dem Boden aufschlug. Die Augen des jungen Mannes waren jetzt vor Entsetzen weit aufgerissen.

»Er ... Macro ... er ist nicht ... er ist nicht ...« stammelte Caligula.

»Und *ER* ist immer noch der Imperator von Rom, Macro!« sagte Tiberius kalt.

»Ja, Herr ... *ER* ist es«, erwiderte Macro. Leise und geschmeidig wie ein Tiger näherte er sich dem Bett, riß ein Stück des schwarzseidenen Vorhangs ab und wickelte mit blitzschneller Bewegung Tiberius' Kopf darin ein.

Der Imperator, der nun um sein Leben kämpfte, wehrte sich verbissen und verriet dabei für einen Mann seines Alters noch erstaunliche Kraft, aber Macro war erbarmungslos. Fester und immer fester zog er das schleierartige Gewebe um den Hals des alten Mannes zusammen. Die Muskeln seiner starken Unterarme traten wie dicke Stricke hervor.

Caligula beobachtete alles; halb verängstigt, halb entzückt lauschte er auf das Todesrasseln in Tiberius' Kehle.

Endlich war es vorbei.

Macro entfernte das Tuch.

Jetzt bestand keinerlei Zweifel mehr an der Tatsache, daß Tiberius endgültig tot war. Die gebrochenen Augen starrten glanz- und blicklos ins Leere; der Nacken war verdreht; die Zunge ragte aus dem verzerrten Mund.

Caligula starrte entsetzt, denn jetzt hatte Tiberius das Gesicht, das er aus seinem ›Traum‹ kannte!

»Caligula ist jetzt Kaiser von Rom«, sagte Macro leise.

»Bist ... bist du ... ganz sicher, daß ... daß er ... er ...?« stammelte Caligula.

»Ja. Bereite dich vor. Alle warten bereits in der großen Halle.« Macro lächelte.

Caligula richtete sich langsam zu voller Größe auf, wie es einem Imperator geziemte. Dann legte er dem Hauptmann der Praetorianer-Garde eine Hand auf die Schulter. »Das werde ich dir nie vergessen, Macro!« sagte Caligula beinahe feierlich.

Macro salutierte nur stumm und ging hinaus.

Caligula trat noch einen Schritt näher an Tiberius heran und blickte in das tote Gesicht hinab. Jetzt hatte es nicht mehr die Macht, ihn zu erschrecken und ihm Angst zu machen.

Schließlich klatschte Caligula in die Hände, um die Sklaven herbeizurufen, die sofort wieder hinter dem Vorhang auftauchten.

»Schickt nach dem Einbalsamierer«, befahl Caligula ruhig. »Bereitet die Totenmaske vor.«

»Ja, Caesar«, antworteten die Sklaven im Chor und verbeugten sich sehr tief.

Caligula, dessen Zuversicht nun wiederhergestellt war, ging auf die Tür zu. Er hatte es eilig, sich der jubelnden Menge vorzustellen, doch dann blieb er noch einmal stehen und drehte sich um.

»Ihr habt gesehen, was geschehen ist, nicht wahr?«

Entsetzt schüttelten die Sklaven den Kopf.

»Lügt mich nicht an!«

»Herr, Caesar ... wir haben nichts gesehen ... gar nichts!«

Caligula nickte. »Dann hört mir jetzt gut zu.« Er kniff die Augen zusammen. »Ihr seid sicher ... *falls* ihr euch genau daran erinnert, was ihr gesehen habt!«

»Ja, Herr.«

»Also ...?« sagte Caligula aufmunternd. »Was habt ihr gesehen?«

Einer der Sklaven machte einen Schritt nach vorn. »Der Kommandant, Herr ... Macro ... er hat ein Stück Tuch genommen ... und er hat ...« Der Mann brach weinend zusammen.

Caligula war zufrieden. »Gut. Könnt ihr schreiben?«

Der Sklave nickte zustimmend.

»Gut. Dann werdet ihr einen Bericht über das schreiben, was ihr gesehen habt. Ihr werdet ihn beide unterschreiben. Zunächst aber sprecht ihr mit niemandem darüber. Verstanden?«

»Ja, Caesar«, erwiderten beide Sklaven sofort.

»Bis ich euch die Erlaubnis dazu gebe«, fügte Caligula hinzu. Dann verließ er den Raum. Wie nützlich doch Sklaven waren! Sie waren immer dann zur Stelle, wenn man sie brauchte ..., und so leicht zu beseitigen, wenn sie einem nichts mehr nutzen konnten.

In der großen Halle der Villa wimmelte es von Höflingen, Offizieren der Praetorianer-Garde, Sekretären, Bittstellern und sonstigen Besuchern. Die allgemeine Aufregung hatte einen Höhepunkt erreicht und grenzte jetzt fast an Hysterie. Die einzige Oase der Ruhe war die Empore des Imperators. Dort stand Macro ganz kühl und gelassen neben dem leeren Sessel des Kaisers, hob jetzt eine Hand und gebot der Menge Schweigen. Allmählich verstummten die vielen aufgeregten Stimmen. Alle Anwesenden konzentrierten ihre Aufmerksamkeit auf Macro.

»Unser geliebter Vater ist in Frieden gestorben«, verkündete der Hauptmann der Garde. »Die Götter waren gnädig ... so gnädig zu ihm, wie sie es jetzt zu Rom sind.« Er entdeckte Caligula, der soeben die Halle betrat und zwischen den Marmorpfeilern mit den korinthischen Kapitälen stehenblieb.

»Heil, Caesar!« rief Macro und streckte salutierend den rechten Arm aus.

Alle Anwesenden drehten sich erregt um. Beim Anblick von

Caligula brach die Menge in begeistertes Beifallsgeschrei aus. »Heil, Caesar! Heil, Caesar! Heil, Caesar!«

Das war Musik für Caligulas Ohren; es war die Melodie, auf die er eine Ewigkeit gewartet hatte, um sie nun endlich zu hören. Mit großer Schwierigkeit gelang es ihm, ein ernstes Gesicht zu machen, wie es einem jungen Imperator geziemte, der soeben seinen geliebten Großvater durch den Tod verloren hatte. Aber seine Augen glitzerten vor Entzücken. Er hatte überlebt. Er war jetzt der Imperator! Das konnte ihm niemand mehr nehmen!

Langsam und mit großer Würde bahnte sich Gaius Julius Caesar Germanicus seinen Weg durch die Menge, die vor Begeisterung außer sich war. Caligula schritt zum kaiserlichen Thron auf dem Podium. Vor ihm öffnete sich wie durch Zauberei ein Pfad. Jedermann kniete nieder, als der neue Imperator vorbeischritt. Einige griffen nach dem Saum seiner Toga, um sie zu küssen. Andere versuchten, seine Hände zu berühren, vor allem den Ring.

Caligula entdeckte unter den Knienden auch Ennia, die ihm verschwörerisch und triumphierend zulächelte. Armes Mädchen! Sie sieht gar nicht allzu wohl aus, dachte Caligula. Wahrscheinlich hat sie nicht mehr lange zu leben.

Langsam stieg er auf das Podium hinauf und behielt seine große Würde bei. All die vielen Jahre, die er Tiberius wie dessen Schatten gefolgt war, zahlten sich nun aus. Er hatte gelernt, sich zu beherrschen und seine wahren Gefühle zu verbergen. Wenn er insgeheim auch seinen Caligula-Tanz aufführte, und zwar voller Hingabe, so war sein Verhalten nach außenhin von Trauer gekennzeichnet und eines echten Staatsmannes würdig. Gefaßt stand er auf der Empore. Sein Blick wanderte forschend über die Menge, während Macro sich hinkniete und den Ring an Caligulas Finger küßte. Dann erst ließ sich Caligula langsam auf den kaiserlichen Thron sinken. Wie exzellent er in diesen Sessel paßte!

Caligulas blaue Augen fanden das Gesicht, das er gesucht hatte: Tiberius Gemellus stand im Hintergrund des großen Raumes. Die Augen waren vom Weinen gerötet und leicht geschwollen. Das Wasser lief ihm aus der Nase wie einem kleinen Baby.

Gnädig und huldvoll winkte Caligula ihm zu, und der Junge

kam mit zögernden Schritten nach vorn; offenbar war er sich seines Schicksals keineswegs sicher.

Caligula gab ihm mit einer Geste zu verstehen, auf das Podium zu kommen. Er umarmte ihn sehr herzlich.

»Oh, Gemellus ... wir müssen uns jetzt lieben!« sagte er laut genug, daß es bis in den hintersten Winkel der Halle zu hören sein mußte.

Die Menge begann auch sofort beifällig zu murmeln.

Nun, dachte Caligula, daß müßte genügen, bis man Tiberius' Testament verlesen hätte ..., und bis der Senat von Rom ihn als Imperator anerkennen und bestätigen würde. Aber auch dieser Junge hier machte einen recht kränklichen Eindruck. Also würde man ihn aufmerksam im Auge behalten und beobachten müssen. Immerhin ... waren sie denn nicht Brüder ... gewissermaßen?

Caligula wandte das Gesicht wieder seinem Volk zu und hob das Kinn etwas an, wie es Tiberius üblicherweise getan hatte.

»In tiefstem Leid nehme ich die schwere Bürde des Staates auf mich ...«, begann Caligula.

SECHSTES KAPITEL

Der Senat war ganz in Schwarz gehüllt; die Statuen auf dem Forum Augustus waren mit schwarzen Tüchern verhängt. Rom war in Trauer verfallen. Aber nur nach außenhin. Innerlich barst das Herz jedes Römers – ob Mann, Frau oder Kind – vor Glück.

Tiberius, der Tyrann, war endlich tot!

Jetzt gab es einen neuen Caesar – einen stattlichen jungen Prinzen, den jungen Caligula, den Liebling der Armee, Germanicus' Sohn.

Als Tiberius' Testament verlesen wurde, stellte sich heraus, daß er Caligula und Gemellus als gemeinsame Erben des Imperiums benannt hatte. Aber so schnell das Testament verlesen wurde, so schnell war es auch schon wieder vergessen. Gemellus war doch nur ein Kind; Caligula dagegen war ein erwachsener, schöner, guter junger Mann. Der Senat bestätigte also beinahe augenblicklich Caligula als Tiberius' Nachfolger. Gemellus wurde zur Schule zurückgeschickt, übrigens sehr zu seiner Erleichterung.

In Rom schwirrte es von Gerüchten um den Tod des alten Imperators. So erzählte man sich unter anderem auch folgendes: Tiberius hatte in der Bibliothek von Augustus eine Statue von Apollo einweihen wollen. In der Nacht zuvor war ihm diese Statue im Traum erschienen und hatte zu ihm gesagt: »Du wirst mich niemals einweihen!« Man tuschelte, daß drei Tage vor seinem Tod der Leuchtturm auf Capri von einem Blitzschlag getroffen wurde. Viele Dinge behauptete man, aber nirgendwo hörte Caligula seinen eigenen Namen oder den Namen von Macro in irgendeinem Zusammenhang mit dem Tod von Tiberius.

Konnte es denn etwas Natürlicheres geben als den Tod eines siebenundsiebzigjährigen, kranken Mannes? Außerdem war jedermann viel zu glücklich, daß der gefürchtete Tyrann Tiberius endlich tot war, als daß man irgendwelche Fragen gestellt hätte.

In späteren Jahren würde man sich in Rom allerhand Geschichten darüber erzählen, mit welcher Freude Caligula die Nachfolge des verstorbenen Imperators angetreten hatte. So wurde zum Beispiel berichtet, daß Caligula den Göttern ein Dankopfer in Form von sechzigtausend Gefangenen dargebracht hatte. In

Wahrheit waren es eher sechzehnhundert gewesen, und die meisten davon waren schon so alt und krank, daß sie sowieso bald gestorben wären. Allerdings entsprach es durchaus der Wahrheit, daß Tiberius ein prächtiges Begräbnis bekommen hatte, wie es einem Imperator gebührte. Caligula persönlich hatte die Grabrede gehalten, dabei viele Tränen vergossen und die Götter beschworen, Tiberius' Größe anzuerkennen.

Tiberius hatte oft gesagt, daß es nicht sein Wunsch sei, zu einem Gott erhoben zu werden; kein Mensch solle ihn wie einen Gott verehren. Seinem Wunsch wurde entsprochen: man erhob ihn nicht zu einer Gottheit. Ihm zu Ehren wurden keine Tempel errichtet.

Als eine seiner ersten Amtshandlungen führte Caligula die Verehrung der Göttin Isis wieder ein, die von Tiberius verboten worden war. Für den Bau eines prächtigen Tempels zu Ehren dieser Göttin spendete Caligula eine Riesensumme aus dem Schatz von Tiberius.

Tiberius hatte die Verehrung aller östlichen Gottheiten durch Dekret verboten und abgeschafft. Das betraf nicht nur die Göttin Isis, sondern auch die fremdländischen Praktiken der Juden, deren gottesdienstliche Bräuche auch auf Rom übergegriffen hatten. Vor ein paar Jahren war unter Herodes, als Pontius Pilatus Statthalter von Judäa gewesen war, sogar ein jüdischer Prophet gekreuzigt worden; der Mann hatte ewiges Leben und Wiederauferstehung gepredigt und war dafür mit dem Tode bestraft worden.

Caligula allerdings fühlte sich tief zum Versprechen des ewigen Lebens hingezogen, wie es von Isis, der Unsterblichen, angeboten wurde, von der Braut und Schwester des wiederauferstandenen Osiris. Aber Caligula hielt nicht viel von den Juden; also blieb ihr Glauben auch weiterhin in Rom verboten.

Am Tage nach der Verlesung von Tiberius' Testament erschien Caligula mit seinen Schwestern im Senat. Alle trugen Trauerkleidung. Die drei Mädchen waren tief verschleiert, aber Caligulas Robe wies breite Streifen aus Purpur und Gold auf; schwere, massive goldene Armbänder zierten seine schlanken Arme. An der linken Hand trug er das Siegel des Imperiums.

Caligula stand unter der Statue von Nike in der Apsis des Senats; es sah aus, als bekränzte die Siegesgöttin persönlich den neuen Imperator mit Gold. Caligula sprach ernst und feierlich zu einem vollversammelten Haus:

»Tiberius geliebten Angedenkens war für mich immer ein Führer, ein Vater und ein Herrscher, dessen leuchtendem Vorbild es nachzueifern gilt.« Er schaute sich mit geheimem Entzücken um. Die Senatoren schienen genauso ernst und feierlich zu sein wie er, aber es war doch bereits festzustellen, daß ihre Freude über den Tod von Tiberius alles andere übertraf und überschattete. Drusilla lächelte versteckt hinter dem Schleier. Macro, der in voller Rüstung neben Caligula stand, und Chaerea, der bei der Tür der Senatskammer Posten bezogen hatte, blickten sichtlich erfreut drein. Sogar Ennia, die mit anderen Damen der Patrizierfamilien im Hintergrund des von Marmorwänden umschlossenen Raumes stand, ließ deutlich genug erkennen, wie zufrieden sie mit der Wende der Ereignisse war. Welch glückliche Heuchelei! dachte Caligula. Was für eine Farce! Aber er genoß dies alles aus vollem Herzen.

»Dreiundzwanzig Jahre lang war Tiberius unser Vater«, fuhr Caligula fort. »Und wir alle, alle waren seine Kinder.« Jetzt kamen ihm sogar Tränen in die Augen; er brachte es fertig, von seinen eigenen Worten überzeugt zu sein. Was bin ich doch für ein Schauspieler! dachte er. Man sollte mir zu Ehren ein Theater weihen! Er fuhr fort: »Während er im Sterben lag, flehte er mich an, seine Arbeit fortzusetzen ...«

»In den Tiber mit Tiberius!« gellte von draußen eine Stimme. »Werft ihn in den Tiber!«

Der Pöbel war aufgeputscht; der so lange Jahre mühsam gebändigte Haß auf Tiberius brach sich Bahn.

Die Senatoren keuchten, und Caligula verbarg ein Lächeln. Das Volk stand auf seiner Seite!

»Ich werde mein Bestes tun, so wenig es auch sein mag«, setzte Caligula seine feierliche Ansprache fort. »Doch möchte ich nun die Machtbefugnisse ausüben, die ihr mir in so großer Güte anvertraut habt. Ich befehle deshalb die Freilassung aller Gefangenen, ganz gleich, was ihr Vergehen gewesen sein mag!«

Lauter Beifall aus den Reihen der Senatoren; Caligula hob eine Hand und gebot Schweigen.

»Ich rufe alle zurück, die aus Rom verbannt wurden! Ich gewähre ihnen Amnestie ...« Wieder wurde er von Beifall unterbrochen, der diesmal noch lauter und stürmischer war, so daß seine Stimme darin ertrank. Caligula blickte sich höchst zufrieden um. Es würde alles leichter gehen, als er gedacht hatte!

Er gab noch einige weitere Dekrete bekannt, die aber alle dazu angetan waren, den Senat und das Volk von Rom daran zu erinnern, wie niederträchtig und schurkisch Tiberius doch gewesen war. Caligula ordnete an, daß die Gebeine seiner Mutter Agrippina und seines Bruders Nero in allen Ehren nach Rom zurückgebracht werden sollten, damit jedermann gezwungen sein würde, sich daran zu erinnern, wie schimpflich Agrippina von Tiberius aus Rom verbannt worden war; wie brutal man sie mißhandelt hatte, so daß sie es schließlich vorzog, sich selbst das Leben zu nehmen, bevor Tiberius das hätte tun können. Und Caligula verlangte, daß der Senat nicht nur ihm bedingungslose Treue schwören solle, sondern auch seinen Schwestern Julia Livilla, Agrippinilla und besonders Drusilla.

Während der ersten Tage hatte Caligula eigentlich nur einen einzigen schlimmen Moment, und das war das Begräbnis von Tiberius. Es verlief alles beinahe genauso, wie er es im Traum erlebt hatte. Caligula war sich wieder wie der sechsjährige Junge vorgekommen; er hatte vor Angst gezittert, während die lange Prozession der Trauernden mit den Masken ihrer Vorfahren an ihm vorbeigezogen war ... durch die stumme Menschenmenge bis ins Mausoleum von Augustus. Der einzige Unterschied für Caligula bestand darin, daß er jetzt nicht von seiner geliebten Schwester Drusilla getrennt war; sie stand in seiner unmittelbaren Nähe und war für ihn ein Trost, sein einziger Trost.

Während die maskierten Gestalten langsam an Caligula vorbeidefilierten, begann er unbewußt ein wenig zu tanzen ... seinen kleinen Tanz, indem er von einem Bein aufs andere hüpfte.

»Tu's nicht!« zischelte ihm Drusilla zu. »Ist ja alles in Ordnung.« Drusilla hatte seinen Arm genommen und flüsterte beruhigend.

Caligula zwang sich energisch dazu, ganz still zu stehen, wie es sich für einen Imperator geziemte. Aber er flüsterte zurück: »Es ist genau wie in diesem Traum!«

In diesem Moment tauchte vor ihm die Gestalt auf, die Tiberius' Totenmaske trug. Das Gesicht war scheußlich, gräßlich verzerrt ... genau wie in dem Moment, als der alte Mann von Macro stranguliert worden war.

Caligula trat nun doch unwillkürlich einen Schritt zurück; seine Lippen begannen zu zittern. Er war vollkommen verwirrt. Was war er jetzt eigentlich ... ein Mann oder ein Kind? War dies nur eine Maske ... oder war es Tiberius selbst, der aus dem Grabe zurückgekehrt war, um seinen Enkelsohn des Mordes zu bezichtigen?

»Isis ... Göttin ... rette mich!« murmelte Caligula.

»Ist doch nur eine Maske!« wisperte Drusilla und hielt die Hand des Bruders fest umschlossen.

»Träume ich?« fragte Caligula seine Schwester in beinahe flehendem Tonfall.

»Nein. Es ist kein Traum. Tiberius ist tot ... und du lebst!« Drusillas Stimme klang so frohlockend, daß Caligula wieder warm ums Herz wurde. »Du bist Caesar!«

»Ich bin jetzt Caesar?« wiederholte Caligula, als wagte er es kaum zu glauben.

»Du bist der Herr der Welt!« versicherte ihm Drusilla.

»Herr der Welt ...«, wiederholte Caligula staunend. Er lächelte mühsam. »*Dieser* Traum gefällt mir! Auch wenn er nicht wahr sein sollte.«

»Aber er *ist* doch wahr!« stellte Drusilla resolut fest. »Du bist jetzt Imperator des römischen Reiches.«

Caligula blickte auf seinen Zeigefinger hinab. Dort war das kaiserliche Siegel. Und jetzt hörte er auch, wie die Menge begeistert seinen Namen schrie.

Ca-li-gu-la ... Ca-li-gu-la ... Jede Silbe wurde betont. Das Geschrei wurde lauter und immer lauter. CA-LI-GU-LA ... CA-LI-GU-LA ... CA-LI-GU-LA!!!

Er lächelte und war endlich überzeugt. Nein, das war kein Traum ..., oder besser gesagt, es war ein guter Traum, der endlich Wirklichkeit geworden war.

Caligula bezog mit seinen Schwestern den kaiserlichen Palast auf dem *mons palatinus*, dem Palatin-Hügel. Hier hatte Augustus während der letzten Zeit seiner Regierung gelebt; Tiberius hatte nur die Anfangsperiode seiner Herrscherzeit dort verbracht. Es war ein bunt zusammengewürfelter Gebäudekomplex, durch Pforten und Loggias, Atrien und Gärten miteinander verbunden. Caligula gab sofort Anweisungen, den Palast zu verändern und zu restaurieren. Er berief Architekten und Baumeister, Handwerker und Künstler jeder Art und befahl, eine Residenz zu errichten, die eines Imperators würdig war. Ferner gab er ein Aquädukt in Auftrag, der Rom mit Wasser versorgen sollte.

Wohin Caligula auch immer ging, stets wurde er von Menschenmengen stürmisch empfangen und gefeiert. Man liebte ihn, weil er Germanicus' Sohn war – und das Gegenteil von Tiberius zu sein schien.

Caligula war gesund und jung; er schien eine Zeit gerechter Herrschaft zu versprechen. Vor allem aber schien er das Volk zu lieben. Er warf Münzen unter die Menge. Er ließ Weizen verteilen. Er senkte den Preis für Brot. Er inszenierte prächtige Spiele zur allgemeinen Unterhaltung und Belustigung. Der Pöbel konnte gar nicht genug von ihm bekommen ..., und Caligula nicht genug von der Bewunderung.

Täglich hielt er Hof in der Palatin-Basilika. Senatoren waren anwesend; außerdem Offiziere der Armee, Mitglieder des kaiserlichen Haushalts und natürlich Bittsteller oder Leute, die nach irgendeinem Posten strebten. Der junge Imperator war stets prächtig gekleidet und trug einen Lorbeerkranz aus purem Gold auf dem Haupte. Er saß auf seinem Thron auf der kaiserlichen Empore, sprach Recht, unterzeichnete Dokumente und versah sie mit dem kaiserlichen Siegel.

Heute war ein ganz besonderer Tag. Heute sollte er zum Konsul ernannt werden, das höchste nichtkaiserliche Amt, das der Senat zu vergeben hatte. Es war der Beweis absoluten Vertrauens in Caligula, denn die Konsuln, von denen jeweils zwei in jedem Jahr gewählt wurden, waren die höchsten Beamten Roms, die Präsidenten des Senats und die wichtigsten Garanten für die Aufrechterhaltung des römischen Rechts.

Caligula lächelte breit, als er seinem Kämmerer das Signal gab, Schweigen zu gebieten.

Der Kämmerer klopfte mit seinem Stab auf den Marmorboden und rief: »Ruhe! Der große Caesar wünscht zu sprechen!«

Es wurde still in der dichtbevölkerten Basilika.

»Meine Herren ...«, begann Caligula gnädig. »Wir beginnen eine neue Ära. Alte Streitigkeiten wollen wir vergessen. Alte Ängste und Befürchtungen sollen fortan ruhen.«

Unter den Zuhörern machte sich beifälliges Murmeln bemerkbar. Die wichtigsten, einflußreichsten Bürger Roms waren anwesend, außerdem sämtliche Befehlshaber der Garde und der Legionen.

»Auf Drängen des Senats und des Volkes von Rom akzeptiere ich hiermit die Ehrenwürde eines Konsuls, das höchste Amt der Republik!«

Applaus brach aus, und Caligula verneigte sich ehrerbietig und geschmeichelt.

»Als zweiten Konsul, der mir zur Seite stehen soll, hat der Senat und das Volk von Rom meinen geliebten und klugen Onkel Claudius auserwählt ...«

Caligula machte bei dieser Ankündigung ein todernstes Gesicht und ließ sich auch nicht aus der Fassung bringen, als alle Anwesenden nach dieser Ankündigung einen keuchenden Laut der Überraschung hören ließen. Niemand aber war erstaunter als Onkel Claudius selbst; er stand da und starrte offenen Mundes in die Menge, wobei ihm Speichel aus den Mundwinkeln lief.

»Claudius ...«, gurrte Caligula zuckersüß. »Komm her! Nimm deinen Platz neben mir ein!«

Der verblüffte Claudius humpelte nach vorn und wäre beinahe hingefallen, als er das Podium besteigen wollte. Dann stand er neben Caligula, der dieses Spektakel, das der halbblöde Onkel bot, immens genoß. Er streckte Claudius gnädig die Hand zum Kuß entgegen und forderte ihn anschließend mit anmutiger Handbewegung auf, neben ihm Platz zu nehmen. Aber es gab gar keinen Platz. Claudius' Verwirrung wurde noch komischer, als er sich vergeblich nach einer Sitzgelegenheit umsah.

»In Übereinstimmung mit den Wünschen meines geliebten

Vorgängers adoptiere ich hiermit Tiberius Gemellus als meinen Sohn und Erben«, kündigte Caligula weiter an.

Gemellus, der sich unter der Menge befand, bemühte sich nervös um ein Lächeln.

Die Sklaven, die als Sekretäre fungierten, traten nun nach vorn und brachten einen Tisch, auf dem die Adoptionsurkunde lag.

Caligula unterzeichnete das Dokument und drückte sein Siegel darauf. Dann wurde der Tisch wieder entfernt, und Caligula erhob sich, ein breites Grinsen um den Mund.

»Komm nach vorn, mein Sohn!« forderte er Gemellus auf.

Gemellus näherte sich dem Podium. Der Junge schwitzte. Caligula umarmte ihn kurz zum Zeichen der öffentlichen Anerkennung, dann schob er ihn sofort beiseite und verkündete weitere Dekrete.

»Ich mache die Verehrung der Göttin Isis jetzt wieder legal«, sagte er mit großer Genugtuung. Das überraschte Murmeln der Versammlung ignorierte er geflissentlich. »Und ich akzeptiere auch noch die folgenden Titel, die mir vom Senat und vom Volk von Rom angeboten wurden. Ich werde hinfort als ›Pious‹, als ›Vater der Nation‹ und natürlich auch als ›Caesar‹ benannt werden. Alle amtlichen Eidesformeln sollen und werden den Satz enthalten: ›Ich werde mein Leben oder das meiner Kinder nicht höher einschätzen als die Sicherheit des Imperators *und seiner Schwestern* ...«

»Du hättest ihre Gesichter sehen sollen, als ich ihnen sagte, daß sie in Zukunft nicht nur auf mich vereidigt werden, sondern auch auf dich ... und auf unsere blöden Schwestern!« lachte Caligula, während er seinen Schwertgurt aufschnallte.

Drusilla lag vollkommen angezogen auf dem Bett und war amüsiert, als sie sich die schockierten Gesichter der Honoratioren vorstellte.

»Sie müssen doch geradezu entsetzt gewesen sein!« sagte sie und lachte leise.

»Das hoffe ich!« antwortete Caligula grinsend. Er war bei prächtiger Laune. Imperator zu sein ... das machte noch mehr Spaß, als er erwartet hatte!

Er liebte es, daß er nun alles haben konnte ..., und daß ihm praktisch alles in Rom gehörte. Zum Beispiel dieses Schlafgemach; es war ein gewaltiger Kontrast zu seinem alten Zimmer im Palast. Letzteres war klein gewesen, dagegen wirkte dieses hier geradezu riesig. Es war luxuriös eingerichtet. In einer Ecke war ein kleiner Schrein aufgestellt worden; ein Schrein für *Stiefelchen* selbst, für das Kind Caligula. Und dort an einem Gestell hing seine winzige Uniform aus jener Zeit, einschließlich der *caligae*. Die Wände des Zimmers waren prächtig bemalt mit Landschaftsszenen, so daß eine Art Gartenatmosphäre entstand. Die Lichthalter an den Wänden, der Tisch neben dem Bett, die kleinen Lampen ... das alles war aus massivem Silber.

»Aber ist es klug, das Volk so aufzuputschen?« fragte Drusilla. »Wird man denn nicht ...?«

Caligula warf sich aufs Bett und küßte Drusilla, um sie an weiteren Fragen zu hindern. Sie war so schön! Noch viel schöner, als er sie in Erinnerung hatte. Ihre Wiedervereinigung in der Nacht nach Tiberius' Begräbnis war alles gewesen, was er sich erhofft und wovon er geträumt hatte. Drusilla hatte sich ihm so glühend und leidenschaftlich hingegeben. Nirgendwo sonst konnte Caligula derartige Erfüllung und Befriedigung finden wie in ihren Armen.

»Liebste, ich kann ...« Wieder küßte er sie und zwängte ihre Lippen auseinander, »... alles tun ...« Noch ein Kuß. »... was mir Spaß macht ...« Seine Lippen huschten über Drusillas schlanken Hals, »... und mit jedermann!«

Als Drusilla die Wahrheit in diesen Worten erkannte, rieselte es ihr doch ein wenig kalt den Rücken hinab.

»Dann fang nicht bei *mir* damit an!« sagte sie geziert, schaute jedoch erwartend zu ihm.

Caligula zog sich sofort von ihr zurück. »Also, gut! Dann werde ich's nicht tun!«

»*Das* habe ich doch nicht gemeint! *Damit* kannst du anfangen!« Sie langte unter seine Tunika und stellte zufrieden fest, daß er hart und pulsierend war. In sinnlicher Vorfreude leckte sie sich die Lippen.

In diesem Moment wurde diskret an der Tür gekratzt.

»Was ist denn?« rief Caligula gereizt. Ausgerechnet jetzt eine Störung! Zu einem so ungünstigen Zeitpunkt!

Es war Longinus, sein Obersekretär. »Caesar ...?« erklang seine Stimme gedämpft durch die Tür. »Du hattest angeordnet, daß sich die Wachen im Palaststadion versammeln sollen!«

Widerstrebend entzog sich Caligula den Fingern seiner Schwester; diesen Fingern, die so entzückend quälen konnten.

»Begreifst du nun, daß ich mein Leben lang nie wieder auch nur eine einzige Minute allein sein werde?« fragte er und seufzte übertrieben.

»Du warst ja früher auch nie allein«, erinnerte ihn Drusilla lächelnd. »Nur bist du eben jetzt nicht mehr der Gefangene, sondern der Wärter. Na, geh schon! Steh auf! Sie erhob sich ebenfalls geschmeidig und strich ihr Gewand glatt.

Caligula langte nach seinem dicken, goldverbrämten, mit Purpur und Silber bestickten Umhang.

Drusilla war ihm behilflich, die große Löwenkopf-Fibel zu befestigen. Sie zog eine Braue hoch und sah ihn an. »Was gedenkst du denn wegen Ennia zu unternehmen? Sie hat doch bereits jedermann erzählt, daß du die Absicht hast, sie zu heiraten.«

Caligula gab keine Antwort, sondern legte die Stirn in tiefe Falten und zog die Brauen dicht zusammen. Dann kam ihm ein Gedanke. Er kritzelte eine kurze Nachricht, steckte sie unter verschmitztem Lächeln in seinen Gürtel, tippte Drusilla leicht auf die Nasenspitze und ging hinaus, um mit Longinus zu sprechen.

Auf dem Wege zur Wachparade im Stadion nahmen Caligula und Longinus eine kleine Abkürzung durch einen rückwärtigen Korridor des Palastes; in diesem Gebäudeteil hatte sich die alte Unterkunft von Tiberius befunden. Als Caligula aus einem der Räume leises Kichern hörte, stieß er die Tür auf. Ein fanatisches Spektakel bot sich seinen Blicken: Im Zimmer wimmelte es von nackten Knaben und Mädchen; an einige von ihnen erinnerte sich Caligula von Capri her. Die Kinder begannen sofort für Caligula zu posieren und präsentierten ihrem neuen Herrn auf provozierende Art die geschmeidigen Körper in verschiedenen Stellungen des Liebesspiels.

Longinus führte den erstaunten Caligula in einen der Nebenräume, wo Zwerge mit einer grotesken Parodie auf Liebesakte beschäftigt waren. Von diesem Raum aus konnte man ins angrenzende Zimmer gelangen. Dort waren nubische Sklaven und Sklavinnen eifrig dabei, sich gegenseitig zu peitschen, während sie gleichzeitig riesige elfenbeinerne Dildos benutzten.

»Warum sind all diese Leute hier, Longinus?« fragte Caligula.

»Wir haben nach ihnen geschickt, Caesar. Der Imperator Tiberius hatte sie stets um sich.«

»Sie sollen getötet werden!« befahl Caligula schroff. »Alle!« Er kehrte auf den Korridor zurück und ignorierte die flehentlich gestöhnten Bitten der zum Tode verurteilten Kinder. »Ertränken!« rief Caligula noch über die Schulter zurück, als Longinus ihm hastig nacheilte. Caligula hatte sich eben an Tiberius' *Schar von Fischlein* erinnert.

»Aber es sind wertvolle Sklaven, Caesar!« sagte Longinus. »Und ein Teil deines Erbes!« fügte er protestierend hinzu.

Caligula schlug die Tür zum Korridor zu, um das Geschrei der Kinder nicht mehr hören zu müssen. »Töte sie! Verkaufe sie! Es ist mir gleichgültig. Aber sieh zu, daß du sie irgendwie loswirst!« Seine Stimme klang hart, seine Worte hörten sich endgültig an. So leise, daß der Sekretär ihn nicht verstehen konnte, fügte Caligula für sich hinzu: »Schmutziger, lüsterner alter Bock!« Er wollte nichts mit irgendeinem Körper, und mochte er auch noch so schön sein, zu tun haben, den Tiberius' alte, verseuchte Finger berührt hatten.

»Heil, Caesar«, begrüßte ihn ein Chor von Stimmen aus der Arena, als Caligula die kaiserliche Loge des Palatine-Stadions betrat, wo Macro, Chaerea und zwei andere ältere Offiziere bereits auf ihn warteten. Unten hatte die Praetorianer-Garde für die Inspektion durch Caligula Aufstellung genommen. Lautes Klirren erfüllte die Luft, als die Schwerter zum Salut gegen die Schilde geschlagen wurden.

Caligula blickte lächelnd auf seine persönliche Garde hinab, die besten Soldaten aus den römischen Legionen. Mit kraftvoller, markiger Stimme rief er ihnen zu: »Für jeden von euch zehn

Goldstücke .... um unseren Aufstieg und den Beginn unserer Herrschaft zu feiern!«

Die Soldaten stimmten ein donnerndes Beifallsgeschrei an.

Caligula wandte sich ab und lächelte. »Das sollte sie für eine Weile bei der Stange halten«, meinte er.

»Höchst großzügig, Caesar«, sagte Macro grinsend. »Es ist schon viele Jahre her, seit Tiberius ihnen etwas gegeben hat.«

Caligulas Augen funkelten. »Willst du damit etwa meinen geliebten Großvater kritisieren?« fragte er und knirschte mit den Zähnen.

Macro hatte plötzlich das Gefühl drohender Gefahr und trat rasch einen vollen Schritt zurück. Er war verwirrt.

»Ich ... äh ... ja ... Nein! Nein, Caesar!«

Caligula verließ die Loge und machte sich auf den Weg nach unten, um seine Soldaten zu inspizieren. Macro ging sichtlich bedrückt neben ihm her. Chaerea ging voraus und nahm selbst am Ende der aufmarschierten Garde Aufstellung.

»Wie geht es Ennia?« fragte Caligula leise, während er sich den Anschein gab, die Uniformen der Soldaten aufmerksam anzuschauen.

Macros Gesicht hellte sich sofort wieder auf.

»Sie wartet auf dich, Caesar«, antwortete der Hauptmann der Garde.

»Und ich warte auf sie«, erwiderte Caligula freundlich.

Sie erreichten das Ende der ersten Soldatenreihe. Ein großer, junger Offizier salutierte zackig.

Caligula starrte ihn an. »Dich kenne ich doch ...?« begann er.

»Proculus, Caesar.« Es war der Offizier, der Caligula beim Schwerter-Zweikampf geschlagen hatte, damals in Misenum; dieser große, stattliche Bursche mit dem vollen, dichten, schwarzen Lockenhaar.

»Ich scheine mich daran zu erinnern, daß du ein großer Wettkämpfer bist«, sagte Caligula lächelnd.

»Was immer ich bin ... Ich bin es für Caesar!« entgegnete Proculus.

»Ja«, stimmte Caligula zu. Genauso sollte es wirklich sein!

»Caesar ...«, mischte sich Chaerea ein. »Proculus will noch in diesem Monat heiraten ... Livia Orestilla.« Damit hatte er soeben den Namen eines Mädchens von makelloser Herkunft genannt; eines Mädchens, das für seine Bescheidenheit und Tugend bekannt war.

Caligula dachte einen Moment darüber nach. »Meinen Glückwunsch«, sagte er schließlich und lächelte den stattlichen Offizier an. Caligula legte den Kopf ein wenig in den Nacken, um den großen jungen Mann besser anschauen zu können. »Vielleicht werde ich zur Hochzeit kommen.«

Proculus stieg das Blut ins Gesicht. »Diese Ehre wäre zu groß«, murmelte er verlegen.

»Überlasse das Urteil darüber uns«, sagte Caligula streng.

Macro ging zum Ausgang des Stadions voran, und so stand Caligula jetzt neben Chaerea. Wortlos zog Caligula die Nachricht heraus, die er vorhin gekritzelt hatte. Er drückte sie Chaerea in die Hand. Chaerea schloß sofort die Finger darum. Sein Gesichtsausdruck veränderte sich nicht im mindesten.

Caligula blickte sich rasch um.

Niemand hatte etwas bemerkt.

Die Türen von Caligulas Schlafgemach waren geschlossen. Der Lampenschein illuminierte die reiche Goldverzierung des komplizierten Schnitzwerkes, das in Paneele unterteilt war. In die rechte Tür hatte man Szenen aus der Ilias eingeschnitzt, unter anderem auch den Tod von Achilles und die Vergewaltigung der Briseis, während die linke Tür Szenen aus Virgils Äneis zeigte. Dazu gehörte eine Abbildung von Äneas, dem Vorfahren von Romulus und Remus: Äneas flüchtete mit Achnises auf dem Rücken nach Troja. Neben den Türen standen dicke Marmorsäulen. Auch sie wiesen reichhaltige Schnitzereien auf, die mythologische Fabelwesen darstellten: die Sphinx und die Chimäre, ein feuerschnaubendes Ungeheuer, vorn Löwe, am Rücken Ziege, hinten Schlange. Die Türschwelle bestand aus einem Mosaik ineinander verschlungener geometrischer Figuren.

Caligula lag auf seinem Bett und betrachtete den Eingang seines Schlafgemaches. Ennia ruhte neben ihm und betrachtete Caligula. Der Himmel am späten Nachmittag schimmerte rosa und golden.

Die Vorhänge waren vom Fenster zurückgezogen, das den Blick auf den Säulengang freigab; hinter den Säulen waren die Umrisse des Marmortempels von Capitolinus Jupiter zu sehen.

Mürrisch trank Caligula noch einen Schluck aus seinem Weinbecher. Er hatte schon reichlich getrunken. Bei Isis ..., wie sehr er sich wünschte, daß diese Farce mit Ennia endlich zu Ende sein möge! Bald ... bald ...

»Die Scheidung wird nur ein paar Tage in Anspruch nehmen«, sagte Ennia und strahlte vor bräutlichem Glück.

»Wie kann ich so lange ohne dich leben?« antwortete Caligula mit theatralischer Übertreibung.

Aber Ennia faßte es wörtlich auf.

»Wir müssen beide stark sein«, riet sie. »Und dann ... und dann ... Wir werden unser Leben gemeinsam verbringen! Danach und bis in alle Ewigkeit!«

»Oh, Freude ... Freude ...«, murmelte Caligula und sah Ennia dabei nicht an.

Er war nervös. Das konnte Ennia ihm anmerken. Sicher wartete auch er genauso ungeduldig wie sie auf die Scheidung, damit er sie – Ennia – endlich zu seiner Kaiserin machen konnte. Deshalb waren wohl auch seine Liebesbezeugungen heute nacht nur so flüchtig und oberflächlich gewesen, dachte sie. Caligula war bei weitem nicht ein so glühender Liebhaber gewesen wie sonst, aber zweifellos hatte er jetzt viele andere Dinge im Sinn ... Staatsaffären, ernste und für Rom sehr wichtige Angelegenheiten. Sie würde lernen müssen, Geduld zu haben. Heute nacht hatte sie ihre erste Lektion darin bekommen. Sie hatte zwischen seinen Beinen gekniet und dreißig Minuten lang an ihm gesaugt, bis er erigiert war. Hoffentlich würde das nicht etwa zu einem chronischen Problem werden. Aber selbst wenn ... nun, das machte auch nichts. Eine Kaiserin hatte ja so viele Gelegenheiten, unter denen sie nur zu wählen brauchte. Schließlich konnte eine Frau wie Ennia, deren Blut so leidenschaftlich durch die Adern strömte, niemals nur von einem einzigen Mann befriedigt werden, selbst wenn dieser eine Mann ein Imperator war!

»Ich habe mich als Priesterin von Isis eintragen lassen«, sagte Ennia.

»Mein Traum wird Wirklichkeit!« Caligula verdrehte die Augen himmelwärts.

»Wir werden doch hier leben, nicht wahr? In Rom?« fragte sie besorgt.

»Wo immer es dir gefällt, geliebte Ennia«, erwiderte Caligula geistesabwesend.

»Ich liebe Rom! Aber ich würde auch jede andere Gegend lieben, wo ich mit dir zusammensein könnte! Nur irgendwo auf dem Lande möchte ich mich nicht mit dir verstecken ..., oder auf einer Insel wie Capri! Ich hasse Capri!«

Jetzt wandte Caligula ihr sein Gesicht zu.

»Ennia ...«, begann er. »Ich schwöre bei ... bei mir, bei Caesar ..., daß du Capri nie, niemals wiedersehen wirst!« Er unterdrückte ein Lächeln bei der Doppelsinnigkeit seiner Worte.

Ennia warf die seidenen Decken zurück und entblößte ihren Körper, der vor Sinnenlust straff gespannt war. Ihre kleinen Brustwarzen ragten erigiert nach vorn.

»Ich liebe dich!« schnurrte sie und streckte die Arme nach ihm aus. »Ich verehre dich ...«

Caligula schob sie zurück. »Die Sonne ist beinahe untergegangen«, stellte er fest.

»Was ist los?« fragte Ennia.

»Nichts.« Caligula war plötzlich ungemein nervös und zog die Seidendecke über seinen Körper nach oben, als wolle er seine Genitalien vor Ennias Zugriff schützen. »Ich habe eine Nachricht erwartet ...« Dann wechselte er abrupt das Thema. »Wie wär's denn mit Alexandrien?« fragte er.

»Alexandrien?« wiederholte Ennia sichtlich verwirrt. »In Ägypten?«

Caligula nickte. »Ich habe daran gedacht, daß wir dorthin ziehen könnten.«

»Aber ... der Senat ... ich meine ... nun ... *dies hier* ... das ist Rom ...«

»Nein, Ennia«, sagte Caligula ernst. »*Ich* bin Rom! Und wo *ich* bin, *dort* ist auch der Senat ... dort ist das Volk von Rom!«

Ennia kicherte und amüsierte sich über sein pomphaftes Getue. »Du bringst mich zum Lachen!« sagte sie.

Jetzt wurde laut an die Tür geklopft; nur ein einziges Mal. Die Tür wurde auch sofort geöffnet. Longinus und Chaerea kamen herein.

»Verzeihung, Caesar«, sagte Longinus.

Aber Caligula sprang splitternackt, wie er war, eifrig auf die Beine.

Ennia verhüllte ihren Körper mit der Seidendecke und wandte bescheiden das Gesicht ab.

»Ist es erledigt?« fragte Caligula.

Chaerea warf einen Blick zu Ennia hinüber und nickte zustimmend. »Er wurde verhaftet und unter Mordanklage gestellt«, sagte der alte Obrist.

»Gut«, entgegnete der Imperator und nickte erfreut. »Longinus, die Beförderungsurkunde!« Er nahm das Dokument aus der Hand seines Sekretärs entgegen und präsentierte es Chaerea. »Du, Chaerea, wirst hiermit zum Befehlshaber der kaiserlichen Garde ernannt und befördert!«

»Was ...?!« keuchte Ennia. »Wo ist Macro? Wo ist mein Mann?« Ihre Stimme klang schrill vor Hysterie.

»Er wurde wegen Hochverrats verhaftet«, übernahm Chaerea die Antwort.

Jetzt vergaß Ennia offenbar, daß sie nackt war; sie sprang aus dem Bett und packte Caligula am Arm. »Das ist nicht möglich! Macro ist dir doch wirklich absolut treu ergeben! Er verehrt dich, Caligula!«

Caligulas Gesicht war sehr ernst. »Ich weiß«, sagte er sanft. »Und glaube mir ... Ich bin noch tiefer getroffen und unglücklicher als du.«

Ennia konnte das alles nicht begreifen. »Aber wenn er dir treu ergeben ist .... und wenn du das weißt ..., was hat er denn dann getan?«

Caligula rezitierte mit tiefer Stimme die offiziellen Anschuldigungen:

»Dein Mann Macro hat am 16. März in der Stadt Misenum meinen geliebten Großvater Tiberius Caesar, Imperator von Rom ... ermordet!«

Da begann Ennia laut zu schreien.

Die Gerichtsverhandlung war so kurz, wie es die römische Rechtssprechung nur irgend zuließ. Als Konsul war Caligula in amtlicher Eigenschaft zugegen, aber er fungierte auch gleichzeitig als Zeuge. Als Konsul sah er Macro in Ketten, der gefolterte Körper eine blutige Masse; als Konsul hörte Caligula zu, wie Tiberius' Sklaven als Zeugen aussagten und die verhängnisvolle Geschichte mit dem schwarzen Tuch berichteten.

Und als Zeuge machte Caligula seine eigene Aussage.

»Der Mord wurde von zwei Dienern beobachtet. Jeder von ihnen hat einen schriftlichen Bericht darüber vorgelegt. Ich selbst erfuhr von dieser Tragödie erst nach der Tat.«

Als Imperator hörte Caligula, wie der Richter des Tribunals das Urteil verkündete.

»Wir befinden dich, Macro, des Mordes an unserem großen Herrscher Tiberius Caesar für schuldig ..., und für dieses verabscheuungswürdige Verbrechen verurteilen wir dich hiermit zum Tode!«

Von den Zuschauerbänken her zerriß ein gellender Aufschrei die Stille.

Ennia war bewußtlos geworden.

Caligula lehnte sich auf der silbernen Liege in seiner Loggia zurück und las das Dokument sehr sorgfältig durch, bevor er es Longinus zurückreichte.

»Wir sind nicht zu Gnade geneigt«, sagte er und verwarf damit Macros Gesuch. »Der Mann soll hingerichtet werden!«

»Und seine Ehefrau?« fragte der Sekretär.

»Ennia?« Caligula wechselte einen raschen Blick mit Drusilla, die neben ihrem Bruder saß. »Ins Exil, denke ich. Aber wir müssen großzügig sein. Schließlich ist sie ja nur eine Frau. Sie soll auf die Insel ...« Er dachte einen Moment nach »... Stromboli gebracht werden.« Er lächelte Drusilla an, während er an dieses Felseiland dachte. »Ennia hat eine leidenschaftliche Vorliebe für Inseln«, murmelte er vor sich hin.

Longinus verbeugte sich und ging hinaus.

»Nun, Befehlshaber der Garde, habe ich alles richtig gemacht?« fragte Caligula nun Chaerea geziert. Er hob einen Bronzespiegel mit wundervoll verzierter Goldrückseite auf, blickte hinein, verzog das Gesicht zu einer scheußlichen Grimasse und benahm sich wie ein Kind. Heute war er sehr mit sich zufrieden. Er liebte es nun einmal, Probleme zu lösen.

»Man hat Macro gehaßt, Caesar«, sagte Chaerea und nickte zustimmend.

»Gut. Ich möchte nämlich immer das Richtige tun«, meinte der Imperator fromm. Dann winkte er Chaerea gnädig zu und entließ ihn. »Es ist eine schreckliche Sache, wenn man gehaßt wird.«

Kaum war Chaerea außer Sichtweite, da begannen Caligula und Drusilla wie zwei übermütige Kinder zu kichern. Caligula räkelte sich wie eine Katze und schwelgte in wohliger Stimmung. »Jetzt sind wir sicher!«

»Kaiser sind niemals sicher«, warnte ihn seine Schwester.

»Komm her!«

Drusilla streckte sich neben ihm auf der gepolsterten Liege aus.

Caligula langte unter Drusillas dünnes Gewand und begann mit ihren Brüsten zu spielen. Er reizte ihre Warzen und fühlte, wie sie sich unter seinen geschickten Fingern verhärteten und aufrichteten. Dann raffte er Drusillas Gewand über die Oberschenkel hoch und beugte sich hinab, um sie zwischen den Schenkeln zu küssen. Drusilla zog ihn noch dichter zu sich heran. Ihre Oberschenkel umschlossen nun seinen Kopf. Minutenlang lagen beide da und vertieften sich vollkommen in die Aufgabe, sich gegenseitig mit der Zunge zu befriedigen. Schließlich legten sie sich erschöpft und keuchend, aber entspannt zurück.

»Ich möchte dich heiraten«, sagte Caligula plötzlich.

Drusilla zog den Saum ihres Gewandes nach unten.

»Das kannst du doch nicht. Wir sind keine Ägypter.«

Caligula hob wieder den Handspiegel auf und schnitt eine Grimasse. »Ich gebe zu, daß wir beide viel zu schön sind.«

»Und Rom ist nicht Ägypten. Und hör endlich auf, dich selbst dauernd so anzuschauen!« schalt seine Schwester.

Caligula legte den Spiegel hin.

»Dann laß uns doch nach Ägypten gehen«, schlug er vor. Er hatte schon einige Zeit darüber nachgedacht. Leidenschaftlich fügte er hinzu: »Dort lebt ja immerhin Isis! Sie *lebt* dort!«

»Du bist ein Dummkopf!« lachte Drusilla.

Caligula verzog das Gesicht. »Caesar kann doch gar kein Dummkopf sein!«

»Caesar tut sein Bestes«, erwiderte Drusilla. »*Stiefelchen*, man wird dich in den Tiber werfen, wenn du versuchst, den Regierungssitz zu verlegen!« Sie hatte begriffen, daß Caligula ernsthaft mit dem Gedanken spielte, nach Ägypten zu gehen.

»Aber ich kann alles tun, was mir gefällt!« sagte Caligula, und damit hatte er nicht so ganz unrecht.

Drusilla lachte und erhob sich von der Polsterliege. »Ich werde eine Frau für dich suchen«, sagte sie und wechselte das Thema.

»*Du* wirst meine ...«

»Du wirst deine Schwester nicht heiraten!« unterbrach sie ihn resolut, und das hörte sich endgültig an. »Du wirst eine ehrbare Römerin aus einer Senatorenfamilie heiraten! Dann wirst du einen Erben bekommen ...«

»... der mich töten wird, wenn er erwachsen ist!« fiel Caligula jetzt seiner Schwester düster ins Wort. »Da fällt mir übrigens ein ... ich muß irgend etwas mit dem jungen Tiberius Gemellus tun.«

»Ach, laß doch den Jungen in Ruhe! Er stellt doch keine Bedrohung dar.«

Caligula langte abermals nach dem Spiegel, hielt ihn vors Gesicht, streckte die Zunge weit heraus und inspizierte sie sehr eingehend. Dann betrachtete er nicht minder aufmerksam seine Zähne. »Er ist mein Erbe ..., und das ist eine Bedrohung!«

Dann kam ihm ein neuer Gedanke.

»Oh ... du hättest Onkel Claudius im Senat sehen sollen!« sagte er kichernd. »Als er an die Reihe kam, als Konsul seine Rede zu halten, hat er gefurzt! Zweimal!« Caligula furzte durch die Lippen, imitierte das Geräusch und hielt sich die Nase zu.

Aber Drusilla hörte gar nicht mehr auf seine Kindereien. Sie verfolgte immer noch ihre eigenen Gedanken.

»Hör zu«, sagte sie schließlich ernsthaft. »Die Priesterinnen der großen Göttin Isis treffen sich heute abend im neuen Tempel. Die meisten von ihnen sind unverheiratet ...«

Jetzt blickte Caligula interessiert auf. »Jungfrauen von *makellosem* Ruf?« fragte er.

»Ja ... und aus guter Familie.«

»Und du möchtest mich mit einer von ihnen verheiraten.«

»Ja.«

»Nein.«

Aber Drusilla wußte schon, wie sie sein Interesse wecken und wachhalten konnte. »Du wirst ebenfalls hinkommen ..., als Frau verkleidet!« schlug sie mit leiser Stimme vor.

Caligulas Gesicht hellte sich augenblicklich auf. Er liebte Verkleidungen über alle Maßen. Er hatte eine feminine Ader, und deshalb schwärmte er für Frauenkleidung und Schminke ... Edelsteine im Haar der Perücke, Rouge, Henna und Schwarz an den Augenwimpern.

»Hmmm ...«, überlegte er. »Veranstalten diese Priesterinnen *tatsächlich* Orgien miteinander?«

Drusilla sah ihn an, und ihr Gesicht zeigte dabei einen keuschen, züchtigen Ausdruck. »Das tun wir natürlich nicht!« widersprach sie. »Wir sind ernst ... und sehr religiös.«

»Wie dumm!« knurrte Caligula. »Na, schön. Ich denke, ich werde hinkommen. Willst du mir etwas zum Anziehen leihen?«

Der Imperator tanzt

Caligula und Caesonia bei ihren Vergnügungen

SIEBENTES KAPITEL

»Wann legen sie denn nun endlich ihre Kleidung ab?« fragte Caligula übermütig, während er sich im Tempel umsah.

Etwa fünfzig Frauen verschiedenen Alters bewegten sich langsam und stumm im Rundbau herum; alle trugen das lange Gewand einer Priesterin. Am hinteren Ende der großen Halle stand eine Isis-Statue mit der großen Sonnenkrone auf dem Haupt. Sie trug ein Füllhorn und einen Dreschflegel in den Händen. Die Brüste waren nackt. Zwischen ihren Beinen sah man die angedeutete Ankündigung der Unsterblichkeit, die Enthüllung des Lebens selbst... die Mutterschaft. Vor dem uralten Bildnis stand ein Dreibein aus Bronze. Jede Frau warf im Vorübergehen etwas Weihrauch in das Feuer, das dort brannte. So verlangte es offenbar das Ritual. Die Luft war vom geweihten Opferrauch geschwängert und parfümiert.

Caligula, der sich als Frau verkleidet hatte, wurde von den Priesterinnen nicht beachtet, während sie gemessenen Schrittes ihren zeremoniellen Pflichten nachgingen.

»Sei nicht so widerwärtig!« zischelte ihm Drusilla stirnrunzelnd zu. Doch dann schaute sie ihren Bruder spitzbübisch an. »Du gibst eine sehr schöne Frau ab, Gaius Caesar!«

»Ja, nicht wahr?« plusterte sich Caligula selbstgefällig auf. »Ich wünschte nur, ich könnte auch mit mir selbst Liebe machen!«

Caligula war in der Tat schön. An seinem kleinen, zierlichen Körper saß die Robe wie angegossen. Er trug eine Perücke aus rotgoldenem Haar, das man germanischen Sklavinnen abgeschnitten hatte. An den Ohren baumelten goldene Gehänge in Form von Amphoren. Um den Hals hing eine goldene Kette mit Granatsteinen. Lippen und Wangen waren leicht mit Rouge betont worden. Brauen und Wimpern seiner großen, blauen Augen hatte man mit schwarzer Kohle gefärbt und nachgezogen.

Es erregte ihn stets, wenn er sich wie eine Frau anziehen konnte. Jetzt hielt er sein Gewand vorn etwas vom Körper ab, um seine Erektion zu verbergen. Er rieb die Oberschenkel aneinander; das sollten Frauen angeblich tun, um sich in Erregung zu versetzen. War Teiresias, der griechische Seher der alten Legende, nicht von einer zornigen Göttin mehrere Jahre lang in eine Frau verwandelt worden? Ja, und war er nicht mit Blindheit geschlagen worden, weil er die Mysterien der Religion mit seinem schamlosen männlichen Voyeurismus profaniert hatte?

Caligula schauerte unwillkürlich zusammen. Aber hier schien es ja gar keine Mysterien zu geben. Alles spielte sich relativ ruhig und gesetzt ab. Wo aber blieben die Orgien, von denen man in Rom gerüchteweise tuschelte?

»Ich möchte, daß alle ihre Kleidung ablegen!« beharrte Caligula starrsinnig. »Ich bin nun mal praktisch veranlagt. Wie kann ich denn eine Frau heiraten, wenn ich sie zuvor noch niemals so richtig gesehen habe und...«

Er brach ab, weil er auf ein besonders reizendes Gesicht und eine sehr attraktive Gestalt aufmerksam wurde. Dieses Mädchen war noch sehr jung und wirkte ungemein jungfräulich. Es schritt langsam dahin, hielt den Blick keusch niedergeschlagen und schien zu meditieren.

»Die da gefällt mir!« sagte Caligula und zeigte dabei auf das Mädchen.

»Das ist Livia«, sagte ihm Drusilla. »Aber sie ist bereits vergeben. Sie wird einen deiner Offiziere heiraten... Proculus.«

Jetzt erinnerte sich Caligula. »Das ist doch derjenige, den man Cherub nennt... den schönen Cherub! Nun, ich werde ihn einfach nach Gallien oder Spanien schicken.«

Aber Drusilla schüttelte streng den Kopf. »Sie ist eine Jungfrau und sehr langweilig... überhaupt nicht dein Stil.«

Eine Weile schritten sie schweigend im großen Rundbau herum.

»Hier passiert ja überhaupt nichts«, flüsterte Caligula seiner Schwester zu. »Warum geschieht denn nichts? So habe ich mir die Verehrung der Göttin nicht vorgestellt! Die Sache hier langweilt mich, und deshalb werde ich jetzt wieder gehen.«

»Warte, Gaius!« sagte Drusilla. Sie legte zögernd eine Hand auf seinen Arm, und ihr reizendes Gesicht zeigte nun einen bekümmerten Ausdruck. »Da... da gibt es schon noch etwas! Aber es ist versteckt. Es ist sehr, sehr heilig..., und sehr geheim! Ein großes, tiefes Geheimnis! Kein Mann hat jemals diese Riten gesehen.« Sie biß sich auf die Lippe und schien wütend zu sein, weil sie sich zu dieser Erklärung hatte hinreißen lassen.

Caligula dachte noch einmal ganz kurz und flüchtig an den blinden Teiresias. Dann schob er diesen Gedanken resolut beiseite. Eifrig ergriff er Drusillas Hand. »Zeig's mir!« verlangte er, und sein Gesicht war vor Erregung bereits lebhaft gerötet. »Zeig's mir! Ich muß diese Mysterien unbedingt sehen!« Er wiederholte: »Ich muß!«

»Ich... ich... wir wagen das nicht.«

»Ich wage *alles*!« Caligulas Augen funkelten vor Erwartung. Seine Finger verkrampften sich um das Handgelenk seiner Schwester. »Bringe mich hin! Ich, Caesar, befehle es!«

Drusilla gab nach. »In Ordnung. Aber du mußt dich absolut stumm verhalten! Sage nichts! Nicht heute abend. Niemals! Wer das Mysterium enthüllt, wird von der Göttin bestraft! Schweige also, Caligula, und folge mir!«

Am fernen Ende des Rundbaues, hinter dem Altar der Göttin, gab es eine kleine Steintür. Von Zeit zu Zeit war dort eine Frau hineingegangen und verschwunden.

Jetzt führte Drusilla ihren Bruder zu dieser Tür und berührte eine geheime Feder. Die Tür öffnete sich. Drusilla und Caligula huschten in die Dunkelheit. Eine Steintreppe mit sehr niedrigen Stufen führte in Windungen zu einem tiefen Gewölbe im Fundament des Tempels. Schwester und Bruder schritten langsam die Stufen hinab und gelangten in einen dunklen Korridor. Am hinteren Ende schimmerte Licht, wie Caligula sehen konnte. Er hörte auch leise Musik. Caligula spürte, wie sein Herz schneller zu schlagen begann, während er dicht hinter Drusilla weiterging.

Als sie ins Helle kamen, hörte Drusilla, wie Caligula zu keuchen begann.

Sie sahen vor sich das Schwimmbecken der Isis, ein großes Badebecken, dessen Wände aus herrlichen Mosaiken bestanden; es war mit warmem, parfümiertem Wasser gefüllt. Umgeben war es von einer kreisförmigen Kolonnade. Musizierende Mädchen in heiratsfähigem Alter spielten Lyra und Flöte oder sangen Hymnen für die Göttin Isis. Im Zentrum des Beckens schwamm ein riesiges Bildnis von Isis. Die Göttin war nackt, Arme und Beine weit auseinandergespreizt, so daß Fingerspitzen und Zehen die Kacheln berührten. So bildete sie eine Art Plattform, einen Altar für die geheimsten der Riten.

Caligula konnte kaum seinen Augen trauen. Etwa zwei Dutzend oder mehr Frauen, alle sehr schön, tummelten sich nackt im Badebecken und liebten einander. Das lange Haar strömte im Wasser hinter ihnen her, die Gliedmaßen schimmerten; sie stützten sich auf den Körper der Göttin, während die Priesterinnen gegenseitig die reizenden Gesichter zwischen den Oberschenkeln vergruben oder wechselseitig und gierig an den Brustwarzen saugten.

Rund um den Rand des Beckens standen mindestens noch zwanzig junge Frauen und Mädchen. Alle trugen so durchsichtige Gewänder, daß die Nacktheit eher noch betont als verschleiert wurde. Diese Mädchen beobachteten gespannt, wie ihre Mitschwestern sich liebten und warteten offensichtlich ungeduldig darauf, auch endlich an die Reihe zu kommen. Der köstliche Anblick, der sich ihren Augen bot, erregte alle mehr und mehr. Eine ganze Anzahl von ihnen streichelte den eigenen Venushügel, um sich in noch größere Erregung zu versetzen. Ab und zu winkte ein schlanker Arm aus dem Wasser. Dann warf eines der Mädchen sofort die Robe ab und tauchte ins warme Wasser, um sich in die Arme irgendeiner Liebhaberin zu schmiegen.

Caligula war noch nie in seinem Leben derartig erregt gewesen. Sein Glied unter dem Priesterinnengewand war so hart und steif geworden, daß es zu bersten drohte. Er spürte deutlich, wie seine Halsschlagader heftig pulsierte. Wohin sollte er zuerst schauen? Da...! Ein Mädchen, kaum älter als vierzehn Jahre, wurde von sapphischer Ekstase erfaßt, als die Zunge einer älteren Frau tiefer und immer tiefer eindrang. Nein... dort! Ein blondes Mädchen lag zitternd mit dem Kopf zwischen den Oberschenkeln einer Geliebten, während eine andere raffiniert mit der Zunge an der Gespielin beschäftigt war.

Nein... *dort*!!

Caligulas Herz tat einen mächtigen Sprung in der Brust.

Eine Frau, etwa Mitte dreißig, lag in totaler Hingabe auf dem Rücken; der Körper war lang und sinnlich, mit schlanken Beinen und großen, strammen Brüsten. Die Knie waren angezogen, um einer Geliebten ungehinderten Zugang zum Tempel der Liebe zu gewähren, während zwei andere Mädchen an den stolz erigierten Warzen saugten. Gleichzeitig beschäftigte sich je eine Hand dieser Frau mit einem jeweils anderen Mädchen.

Fünf Frauen bei lustvollem Treiben mit einer einzigen Partnerin!

Caligula begehrte diese Frau plötzlich mehr, als er jemals etwas in seinem Leben begehrt hatte... mit Ausnahme des kaiserlichen Thrones.

»Das wird meine Frau werden!« wisperte er Drusilla zu und zeigte auf die exquisite Frauengestalt.

Alarmiert zog ihn seine Schwester vom Badebecken zurück und hinaus in den dunklen Korridor.

»Oh, nein! Das kannst du nicht! Das ist Caesonia!«

Zornig platzte er heraus: »Du bist einfach unmöglich! Du hast mich doch aufgefordert, hierherzukommen und mir eine Frau auszusuchen! Die erste, die mir gefallen hat, hast du als zu langweilig bezeichnet. Und die zweite ist..., na, was ist sie denn noch, außer daß sie jetzt in die Riten der Isis eingeweiht wird?«

»Die leichtfertigste Frau von ganz Rom!« stellte Drusilla lakonisch fest.

Caligula lachte. »Na, nur zu! Erzähle mir allen Klatsch! Ich war ja lange Zeit fort... auf Capri.«

»Caesonia ist bereits geschieden. Sie hat drei Töchter. Sie verschwendet Geld, als gehörte ihr die Münzprägerei. Sie steckt ständig bis an den Hals in Schulden. Und sie schläft mit jedermann! *Mit jedermann!*« Drusilla zählte all diese Fehler und Schwächen an den Fingern ab.

»Ich will sie haben!« beharrte Caligula.

»Als... Ehefrau?« fragte Drusilla und starrte ihn ungläubig an.

»Schicke sie zu mir! Jetzt! Sofort! In den Palast!«

Drusilla schüttelte immer noch den Kopf und geriet allmählich in Panik. »Nicht jetzt... später.«

»*Jetzt!!*«

»Aber...«

»Das ist der Wille des Senats und des Volkes von Rom, Schwester!« sagte er.

Da gab sich Drusilla geschlagen und deutete eine gehorsame Verbeugung vor dem Imperator an.

Caligula lag auf dem Bett und wartete auf Caesonia. Er trug immer noch sein Kleid, seine Perücke und die Ohrringe, sogar die Schminke hatte er nicht entfernen lassen. Es erregte ihn, eine Frau zu sein und auf eine Frau zu warten, die mit anderen Frauen Liebe machte. Er konnte sich nicht erinnern, jemals so erregt gewesen zu sein; jedenfalls nicht mehr seit jener ersten Liebesnacht mit Drusilla... vor vielen, vielen Jahren.

»Du wirkst sehr überzeugend als Priesterin, Caesar«, sagte Caesonia, als sie mit der Geschmeidigkeit eines Panthers ins Schlafgemach glitt.

»Genau wie du.« Er streckte ihr eine Hand entgegen.

Caesonia trat schnell ans Bett heran und ergriff die ausgestreckte Hand. Ihre Hand war kühl und trocken. Die Finger waren lang und fühlten sich merkwürdig unpersönlich an.

Caligula zog die schöne Frau zu sich aufs Bett herunter.

»Ich finde dich als Frau ungemein aufregend, Caesar«, wisperte Caesonia.

»Und als Mann nicht?«

»Das müssen wir erst abwarten.« Sie preßte ihren Mund zu einem langen, innigen Kuß auf seine Lippen, die sich mehr als bereitwillig öffneten.

Als Caligula sich bewegte, um seine Lanze zu entblößen, stoppte ihn Caesonia und hielt rasch seine Hand fest. Dann teilte sie die Falten seines Gewandes über seiner Brust und begann wild an seinen Warzen zu saugen, als wäre er tatsächlich eine Frau. Das hatte noch nie zuvor jemand bei ihm getan, und Caligula spürte, wie ihm das Blut heiß wie Feuer durch die Adern strömte. Er langte nach Caesonia.

»Warte!«

Caesonia erhob sich und zündete eine Lampe an. Sie drehte den Docht sehr hoch, um den ganzen Raum gut zu erhellen. Dann zog sie einen großen Spiegel dicht ans Bett heran und stellte ihn so auf, daß beide Personen auf dem Bett sich selbst bei der Liebe beobachten konnten.

Caligulas Erregung wuchs noch mehr; die Adern in seinen Schläfen pochten.

»Jetzt!« sagte Caesonia und kehrte zum Bett zurück. Sie entblößte ihre herrlichen Brüste und rieb ihre Warzen an Caligulas Brust.

Caligula starrte in das glänzende Silber des Spiegels und lächelte, als er darin erkannte, daß seine Brustwarzen jetzt genauso hart erigiert waren wie die rosigen Knospen an Caesonias Brustspitzen.

»Langsam!« warnte sie ihn und preßte ihren Leib an seinen Bauch.

Caligula spürte ihre frauliche Weichheit durch die Stofflagen hindurch, die beide Körper noch trennten. Er stöhnte vor beinahe qualvoller Wollust laut auf.

Und dann kam Caesonia in seine Arme, und Caligula spürte, wie ihre Finger tastend, suchend, forschend in Bewegung waren, bis sie gefunden hatten, worauf es ankam. Fasziniert beobachtete er Caesonia im Spiegel. Ihre Bewegungen – ob nun mit der Hand, mit der Zunge oder mit dem ganzen Körper – verrieten sehr große Erfahrung. Caesonia war in der Tat eine Expertin im Liebesspiel.

Bald wurde Caligula von ihrem Rhythmus gepackt und mitgerissen. Keine Frau hatte ihm je zuvor das Kommando aus der Hand nehmen können, doch jetzt überließ er sich vollkommen diesem neuen Entzücken, genommen zu werden statt selbst zu nehmen.

Der Spiegel enthüllte Caligula alles, was Caesonia machte.

Die Frau riß erst sich, dann Caligula die Kleidung vom Leibe..., und dann verschlang sie ihn mit dem Mund, als wolle sie ihn ganz und gar verspeisen...

»Das kümmert mich nicht!« sagte Caligula einige Tage später schmollend. »Ich will sie haben!«

»Du hast sie ja bereits«, antwortete Drusilla kalt. Sie wandte ihre Aufmerksamkeit den Spielen zu.

Caligula und seine Schwester saßen in der kaiserlichen Loge im Circus Maximus. Unten in der Arena verspritzten Gladiatoren ihr Blut in den Sand. Sowohl Caligula als auch Drusilla waren in golddurchwirkte Gewänder gehüllt und sahen aus wie Zwillingsgötter... Apollo und Diana. Hinter ihnen standen Sklaven mit großen Fächern aus Straußenfedern, um die Sonne abzuhalten und die Fliegen zu verscheuchen. Sterbende Männer zogen nun einmal ganze Fliegenschwärme an. Neben den beiden Thronsesseln standen wie üblich Chaerea und Longinus.

Es war der zweite Tag der Spiele und der erste Tag der Gladiatoren-Wettkämpfe. Gestern hatten die Tierkämpfe stattgefunden, die das Volk von Rom so ungemein liebte. Ein zorniges Rhinozeros war auf einen Tiger losgelassen worden und hatte ihn aufgespießt und zu einer blutigen Masse zusammengetrampelt. Ein zum Wahnwitz getriebener Löwe, durch Hunger fast zum Skelett abgemagert, war von einem riesigen Bullen auf die Hörner genommen und aufgeschlitzt worden, so daß die Eingeweide herausquollen. Ein abgerichteter Bär hatte mit einem wütenden Büffel gerungen und dabei das Leben eingebüßt. Die Menge war in begeisterte Jubelstürme ausgebrochen und hatte vor Dankbarkeit wieder und immer wieder Caligulas Namen geschrien. Der neue Imperator gab dem Volk stets, was es haben wollte.

Und heute gab er ihm bestens ausgebildete Männer, die sich bis zum Tode bekämpften... Gladiatoren.

»Ich habe ihr gesagt, daß ich sie heiraten werde«, erklärte Caligula.

»Tu's nicht!« rief Drusilla.

»Aber erst muß sie mir ein Kind schenken«, sagte der Imperator und freute sich über seine eigene Gerissenheit.

»Und wie, um aller Welt willen, kannst du denn jemals wissen, ob es tatsächlich dein Kind ist?« fragte Drusilla mit geheuchelter Naivität.

»Ich werde sie ständig gut bewachen lassen.« Caligula grinste seine Schwester wie ein spitzbübischer Knabe an.

»Dann wird wahrscheinlich einer deiner Wachmänner der Vater ihres Kindes sein«, stellte Drusilla trocken und gereizt fest.

»Sei nicht abscheulich!« sagte Caligula.

Ein lauter Aufschrei der Menge lenkte die Aufmerksamkeit des Imperators wieder auf das Geschehen dort unten in der Arena.

Ein großer nubischer Sklave, mit Spieß und Streitkolben bewaffnet, hatte soeben den Kampf mit einem Mann beendet, der mit Netz und Dreizack ausgerüstet war. Der Neger hatte seinem Gegner den Schädel eingeschlagen, der wie eine Wassermelone aufplatzte. Gehirn und Blut mischten sich mit dem Sand der Arena.

Caligula rümpfte in gespieltem Abscheu die Nase. »Wie ich diese blutigen Spiele hasse!« seufzte er heuchlerisch.

Aber die Menge konnte davon einfach nicht genug bekommen und schrie nach immer mehr Blut. Der Pöbel kaute auf stinkenden Knoblauchwürsten herum und beobachtete gleichzeitig, wie Männer sich in Stücke hackten. Sogar die Senatoren und Patrizier, die auf den Marmorbänken in der vordersten Reihe saßen, schrien sich die Kehlen heiser.

»Nächste Woche werde ich trojanische Tänze vorstellen«, sagte Caligula.

Jetzt war es Drusilla, die die Nase rümpfte.

»Trojanische Tänze! Wie langweilig! Wie unendlich langweilig! Du willst dein Volk wirklich leiden lassen, was?« Sie lachte.

»Tiere!« spie Caligula verächtlich. »Das sind sie! Alle! Tiere und weiter nichts!«

Sein Blick wanderte lässig über die Menge. Dann setzte er sich plötzlich etwas gerader hin, denn er hatte soeben ein bekanntes Gesicht in einer Gruppe von Soldaten dort unten entdeckt. Es handelte sich um den stattlichen Offizier Proculus. Der Mann hatte heute offenbar dienstfrei, denn er trug nicht wie üblich seine Uniform, sondern eine Toga. In Caligulas Augen blitzte es kurz auf. Er winkte Longinus heran, und als sich der Sekretär eilfertig herabbeugte, flüsterte Caligula ihm etwas ins Ohr und zeigte dabei nach unten auf Proculus. Der Sekretär nickte und verließ die Loge.

Caligula beugte sich grinsend über die Brüstung und beobachtete gespannt die Arena. Er sah, wie sich zwei kaiserliche Wachen Proculus näherten und den erstaunten jungen Mann von seinem Platz aufhoben. Dann schwenkten sie ihn über die Barriere und schleuderten ihn in die Arena, wo er mit den Füßen im Sand landete und sich verwundert umschaute. Einer der Wachmänner warf ihm ein Schwert zu, das Proculus ganz automatisch in der

Luft auffing, obgleich er noch immer nicht wußte, was da eigentlich mit ihm geschah.

Aber die Menge wußte es und stimmte sofort ein donnerndes Beifallsgeschrei an. Jetzt sollte ihnen etwas ganz Besonderes geboten werden! Ein unerfahrener Gladiator... und dem Aussehen nach sogar ein Patrizier! Frisches Fleisch! Guter, lieber Caligula! Er wußte eben immer, was das Volk liebte! Drei Hurras für den Imperator!

Aber inzwischen hatte Proculus begriffen, was jetzt von ihm erwartet wurde.

Vier Gladiatoren hatten sich aus der Gruppe gelöst und gingen nun auf Proculus zu. Die erfahrenen Kämpfer spürten, daß es der Wunsch des Imperators war, diesen jungen, stattlichen Mann zu töten. Jeder der vier Gladiatoren konnte mit einer ansehnlichen Belohnung rechnen, wenn es ihm gelang, den Wunsch des Herrschers zu erfüllen.

Proculus nahm Aufstellung und wünschte sich bei allen Göttern, jetzt wenigstens noch seinen Schild zum Schutz zu haben. War dies der Tag, an dem er sterben sollte? Und... warum?

Ein riesiger Gallier mit einem spitzen, scharfen Speer; ein Mann mit napfartigem Helm, in einer Hand ein Netz, in der anderen einen Dreizack; ein Mann, der genau wie Proculus mit einem *gladius* oder Kurzschwert bewaffnet war; ein extrem muskulöser Brite, der einen kurzen Dolch in einer Hand schwang... vier gegen einen. Eine denkbar schlechte Chance, wie immer man das auch sehen wollte.

Aber Proculus dachte wie ein Soldat und ging im Geiste bereits mehrere Verteidigungspositionen durch. Vor allem mußte er daran denken, dem Netz und dem spitzen Speer zu entgehen, da beides weitreichende Waffen waren. Danach konnte er sich mit dem Kurzschwert und dem Dolch bei einem Nahkampf befassen. Aber wie sollte er sich alle vier Gegner auf einmal vom Leibe halten? Mißmutig sah er, wie die vier Gladiatoren versuchten, ihn zu umzingeln und ihm jede Ausweichmöglichkeit abzuschneiden. Er brauchte unbedingt Rückendeckung, deshalb rannte er schleunigst zur Barriere und stellte sich mit dem Rücken dagegen. Die Zuschauer dahinter brachten sich augenblicklich in Sicherheit. Dann konzentrierte Proculus seine Aufmerksamkeit zunächst auf den Mann mit dem Speer. Der Gladiator hob bereits die Waffe und balancierte sie zum Wurf aus. Es handelte sich um einen *pilum*, einen kurzen, aber schweren Speer, eine tödliche Waffe, wenn sie akkurat geworfen wurde..., und wenn dieser Mann bisher in der Arena überlebt hatte, mußte er sehr genau werfen können.

Und dann zischte der kurze Speer auch schon durch die Luft auf Proculus zu, der dieses Geräusch nur allzu deutlich hören konnte. Blitzschnell und geschickt sprang er zur Seite. Der Speer streifte noch Proculus Schulter, bevor die scharfe Spitze klirrend gegen die marmorne Brüstung prallte und kleine Gesteinssplitter herausfetzte. Der Schaft zerbrach in zwei Teile. Proculus bückte sich hastig und hob die Hälfte auf, die ihm am nächsten lag. Jetzt hatte er außer seinem Kurzschwert auch noch so etwas wie eine Keule.

Doch nun schwang der Gladiator, der mit dem Dreizack bewaffnet war, sein Netz in weitem Bogen. Sollte es ihm gelingen, Proculus damit einzufangen, würde das für den jungen Offizier das Ende seines kurzen Lebens bedeuten. Dann würden die Gladiatoren ihn ganz nach Belieben und in aller Ruhe in Stücke hauen können.

Greif an, Proculus, greif an!

Er ging kurz in die Hocke, dann sprintete er nach vorn, erwischte den Mann mit dem Netz um die Knie und riß ihn unter dumpfem Aufprall zu Boden. Mit der Keule schlug er dem Mann den Helm vom Kopf und traf ihn dabei gleichzeitig mit aller Wucht an der Schläfe. Ein Gegner ausgeschaltet!

Plötzlicher Schmerz in der Schulter kündigte Proculus an, daß er bereits von neuem angegriffen wurde. Er wälzte sich gerade noch rechtzeitig genug aus dem Wege, um zu sehen, wie der Dolch blitzte und erneut durch die Luft zuckte, jetzt bereits von rotem Blut gefärbt. Kümmere dich nicht darum, Mann! Einfach zustoßen! Nach oben zustoßen... mit deinem eigenen Schwert! Dem Mann mit dem Dolch mitten in den Bauch! Gegner Nummer zwei ausgeschaltet!

Jetzt sah er sich einem wütenden Speerwerfer gegenüber, der allerdings keinen Speer mehr hatte. Aber der Mann hatte dem auf dem Boden liegenden Gladiator den Dolch aus der Hand gerissen.

Die Menge johlte vor Begeisterung über den Mut und über die Unerschrockenheit dieses jungen Patriziers. Die Zuschauermassen im Circus Maximus wußten fast immer alles, und so hatte man inzwischen auch den Namen des jungen Mannes in der Arena erfahren. Laute Anfeuerungsrufe ertönten in rhythmischem Chor: »PRO-CU-LUS! PRO-CU-LUS!! PRO-CU-LUS!!!« Wetten wurden abgeschlossen, aber fast alle gegen Proculus.

Caligula runzelte die Stirn. Dieser Kampf dort in der Arena verlief vollkommen gegen die Erwartungen des Imperators.

Proculus beschloß, sich den Mann mit dem Kurzschwert bis zuletzt aufzuheben, falls das möglich war. Jetzt würde er es erst einmal mit dem Gallier aufnehmen, der den Dolch in der Hand hielt. Vielleicht würde der Gladiator mit dieser Waffe nicht so tüchtig sein, weil er daran nicht gewöhnt war.

Aber auch Proculus wurde langsamer. Schmerz und Müdigkeit machten ihn schwerfällig und unbeholfen. Er stolperte und stürzte. Sofort war der Gallier bei ihm und zückte den Dolch, doch Proculus bekam seinen Gegner zu fassen und riß ihn zu Boden. Die beiden Männer wälzten sich engumschlungen wie ein Liebespaar über den Sand der Arena. Jeder von ihnen versuchte, sich vom anderen zu lösen, um zustechen zu können. Der Gallier war stark wie ein Bulle. Proculus spürte, wie seine Rippen knackten. Verzweifelt riß er ein Knie hoch und verspürte den harten Anprall. Der Gallier stöhnte erstickt, krümmte sich zusammen und preßte eine Hand auf den schmerzenden Unterleib. Da bohrte Proculus das Schwert in den ungeschützten Nacken des Mannes. Gegner Nummer drei ausgeschaltet!

Caligula beobachtete intensiv diesen tödlichen Wettstreit dort unten in der Arena und ließ den jungen Offizier keinen Moment aus den Augen. Der Imperator wurde sich bewußt, wie sich etwas in ihm rührte... Haß, Eifersucht..., und noch etwas anderes. Er war zunächst nicht imstande, diese Empfindung näher zu definieren.

Proculus kam nun langsam auf die Beine und drehte sich nach dem Mann mit dem Kurzschwert um. Der große Brite grinste.

Nun, er konnte wohl grinsen! Immerhin war er ja noch frisch und ausgeruht und zum Kampf bereit, während Proculus schon stark gezeichnet war, verwundet und erschöpft. Er humpelte nach dem schweren Sturz, den er getan hatte. Blut und Schweiß hatten seine blütenweiße Toga befleckt. Und Proculus hatte nur sein Schwert, während der große Brite mit Schwert, Schild und Brustpanzer ausgerüstet war.

Selbstbewußt und zuversichtlich ging der Brite auf den jungen römischen Offizier los und streckte dabei das Schwert auf Armeslänge vor sich.

Sehr zu seinem Unwillen mußte Proculus zur Kenntnis nehmen, daß die Reichweite des großen Gladiators ein paar Zoll mehr betrug als die eigene. In einem Nahkampf würde er diesen Gegner niemals bezwingen können. Schwert, Schild, Brustpanzer... die Chancen, all diese Deckungen des Briten durchstoßen zu können, waren gleich null.

Proculus spürte außerdem, daß ihn seine letzten Kräfte zu verlassen drohten. Heute war also doch der Tag, an dem er sterben mußte. »Mars!« flehte er den Kriegsgott an. »Mars! Gott der Schlachten... komm mir zu Hilfe!«

Dann kam ihm plötzlich eine Idee. Eine Antwort auf sein Gebet? Es war nur eine ganz winzige Chance, nicht viel mehr als ein schwacher Hoffnungsschimmer, aber wenn er jetzt – trotz Erschöpfung, Schwäche, Verwundung und Lahmheit – noch einmal schnell sein konnte, dann... ja, dann könnte es vielleicht doch noch klappen! Immerhin war es besser, als auf dem blutigen Sand zu liegen und ohne Gegenwehr zu sterben.

Proculus schritt vorwärts und hielt sein Schwert ebenfalls auf Armeslänge von sich ab. Er verbiß die rasenden Schmerzen, um das Humpeln zu verbergen. Jetzt war der junge römische Offizier schon so nahe an seinen Gegner herangekommen, daß er dessen meergrüne Augen erkennen konnte. *Jetzt!* Die einzige und allerletzte Chance!

Proculus duckte sich blitzschnell unter dem mit dem Kurzschwert erhobenen Arm des Briten hinweg, gelangte mit einem Riesensprung hinter seinen Gegner und stieß sofort nach oben zu. Ein gellender Schmerzensschrei verriet Proculus, daß sein Trick

Erfolg gehabt hatte. Der schnelle, kurze Stoß hatte genügt, um den Körper des Briten unter dessen Tunika zu durchbohren. Das Schwert war tief in den Rücken und in die Eingeweide eingedrungen! Der Brite heulte vor Qual laut auf, kippte nach vorn und wand sich in Todesschmerzen auf dem sandigen Boden.

»Töte ihn!« brüllte die aufgeputschte Menge. Sie dürstete nach mehr Blut.

Proculus wollte aber nur den Schmerz der armen Kreatur beenden. Er richtete den Blick zum Imperator hinauf, der die Faust ausstreckte... mit dem Daumen nach unten! Das Todessignal!

Proculus kniete sich hastig hin und schnallte den Brustschild des Briten ab. Die grünen Augen des Gladiators blickten flehentlich zu Proculus empor. Mit einem einzigen, treffsicheren Schwertstoß nach unten durchbohrte Proculus das Herz des Briten und verhalf damit dem Mann zu einem kurzen, schmerzlosen Tod.

Die Menge geriet außer sich und brüllte wieder und immer wieder Proculus Namen. Der Pöbel war in Ekstase geraten. Soweit man sich erinnern konnte, hatte noch nie zuvor ein derartiger Kampf in der Arena stattgefunden. Alle Blicke waren auf Proculus gerichtet, der nun über den Sand zur kaiserlichen Loge humpelte. Er blieb darunter stehen, von Schweiß und Dreck überzogen, vom eigenen Blut, aber auch durch das Blut von drei anderen Männern befleckt.

Proculus salutierte vor dem Imperator... vor seinem Kaiser. Und schaute ihn verwundert an. Der junge Offizier war sich noch immer nicht ganz sicher, was eigentlich geschehen war... oder warum.

Caligula runzelte einen Moment finster die Stirn, doch dann huschte ein strahlendes Lächeln über sein Gesicht, das er nun der johlenden Zuschauermenge zuwandte, damit alle es gut sehen konnten. Der Imperator erhob sich von seinem Thronsessel und rief den begeisterten Zuschauern zu: »Für Proculus... die Krone des Sieges!«

Mit eigener Hand übergab Caligula Sklaven seinen Lorbeerkranz, die ihn in die Arena trugen und auf Proculus' vom Kampf gezeichneten Kopf legten. Dann wurde der junge Mann in eine schöne Robe eingehüllt und durch den Siegesbogen am hinteren Ende der Arena hinausgeführt. Das tosende Beifallsgeschrei der Römer hallte in den Ohren des jungen Offiziers nach.

Caligula ließ sich verdrossen in seinen Thronsessel zurücksinken. »Und ich hatte so fest damit gerechnet, daß er getötet werden würde!« sagte er zu Drusilla.

»Aber warum denn? Wo er doch so schön ist?«

»Weil ich dann, meine geliebte Schwester, die jungfräuliche Livia hätte haben können... seine zukünftige Frau!«

»Um sie zu heiraten?«

»Nein, du dummes Gänschen! Ich heirate doch Caesonia! Oder hast du das schon wieder vergessen? Nein, mit Livia wollte ich nur ein bißchen spielen... um festzustellen, ob sie mich wirklich so schnell langweilt!«

ACHTES KAPITEL

Die Angestellten und Sekretäre blickten unter ehrfürchtigem Murmeln von ihrer Arbeit auf, als Caligula, gefolgt von Caesonia, das Schreibzimmer betrat. Ein langer Tisch nahm den größten Teil des Raumes in Anspruch. Darauf lagen haufenweise Schriftbündel, deren Erledigung die Schreiber und Angestellten den ganzen Tag lang beschäftigt hielt. Man mußte kopieren und registrieren, aufzeichnen und aufbewahren.

Longinus, der als Obersekretär die Aufsicht über all diese fleißigen Arbeiter hatte, erhob sich von seinem Schreibtisch und küßte Caligula ehrerbietig die Hand. Sofort kletterten auch die übrigen Schreiberlinge von ihren hohen Hockern herunter, aber Caligula winkte ihnen zu, auf ihren Plätzen zu bleiben.

»Zurück zu deiner Kritzelei, Longinus.«

»Ja, Caesar!«

»Caesonia hat mir gesagt, daß ich meine Arbeit vernachlässigt habe, deshalb melde ich mich zum Dienst«, sagte Caligula lachend und warf dabei seiner Verlobten einen Blick zu.

Longinus deutete auf einen hohen Stapel Dokumente. »Diese da warten auf deine Unterschrift, Caesar, und auf dein Siegel«, meldete der Sekretär dienstbeflissen.

Caligula bewegte entspannend die Finger der rechten Hand; wie ein Musiker, der sich anschickt, die Lyra zu schlagen. Heiter streifte er den Ring vom Finger, um den Stein zu erwärmen, setzte sich dann an Longinus' Schreibtisch und zog die Papiere heran, eins nach dem anderen; er murmelte monoton und gleichgültig die vorgeschriebene Formel, während er die Urkunden unterzeichnete und mit dem kaiserlichen Siegel versah. Bevor er Imperator geworden war, hatte er geglaubt, daß er es niemals leid werden könne, diese Formel auszusprechen: »Ich, Caligula, befehle im Namen des Senats und des Volkes von Rom...« Wie sehr er sich doch geirrt hatte! Jetzt war er es schon so über, daß er angefangen hatte, die Formel lautstark zu singen, nur um etwas Abwechslung zu haben, während er wie eine Maschine unterschrieb und siegelte, ohne auch nur eine einzige Zeile der vielen Schriftstücke gelesen zu haben.

Plötzlich fiel ihm aber doch ein Name auf einem der Dokumente auf. Er legte die Feder beiseite und las die Petition sehr aufmerksam durch.

»Der Senat möchte Tiberius gern zum Gott erheben...«

»Ja, Caesar.«

Caligula schob die Petition beiseite. »Nein!« sagte er sehr entschieden. »Das ist nicht möglich. Nein. *Ihm* würde das bestimmt nicht gefallen!« Das stimmte; Tiberius hatte es zu Lebzeiten oft genug gesagt, daß er nicht daran interessiert sei, zur Gottheit erhoben zu werden..., daß er nur ein Mensch und kein Gott sei. Und doch... jetzt war er tot. War er da nicht irgendwo im Hades? Sehnte er sich da vielleicht nicht doch danach, aus der Unterwelt herauszukommen und sich Augustus und Julius Caesar auf dem Olymp anzuschließen? Hatte das Erlebnis des Todes nicht vielleicht doch seinen Sinn geändert? Caligula lächelte bösartig. Ihm gefiel der Gedanke, daß Tiberius jetzt vielleicht doch flehte, zum Gott ernannt zu werden..., und daß er – Caligula – ihm das verwehren konnte!

Caligula lehnte sich in seinem Sessel zurück, spielte mit der Feder und trommelte mit den Fingern der anderen Hand ungeduldig auf der Schreibtischplatte herum.

Alle Schreiber, sogar Longinus, trugen handgewebte Kleidung aus ungebleichter Wolle. In seiner grellen, goldverzierten Aufmachung sah Caligula aus wie ein seltener, exotischer bunter Schmetterling, der versehentlich unter graue Motten geraten war.

»Alles entwickelt sich zu gut und glatt«, sagte er verärgert.

»In welcher Hinsicht, Caesar?« fragte Longinus pflichtgemäß.

Caligula schlug klatschend mit seiner juwelengeschmückten Hand auf den Papierstapel. Daß er sich kostbare Ringe an die Finger steckte, war zwar ein eklatanter Bruch der römischen Gesetze, aber wen kümmerte das schon? Ein Imperator sollte auch wie ein Imperator aussehen und nicht wie irgendein unbedeutender Bürger.

»Keine Kriege, keine Katastrophen!« beklagte sich Caligula gereizt. »Es ist ja schon eine halbe Ewigkeit her, seit wir das letzte Erdbeben hatten! Begreifst du denn nicht, Longinus, daß die Nachwelt mich vollkommen vergessen wird, weil während meiner Regierungszeit als Imperator absolut nichts passiert ist? Tiberius hatte wenigstens diesen Stadion-Zusammenbruch, wobei fünfzigtausend Leute getötet wurden! Das ist immerhin erinnerungswürdig!«

»Zwanzigtausend, Herr«, korrigierte Longinus. »Die Zahl wird immer maßlos übertrieben. Aber, Caesar... ein so glorreicher und beim Volk so beliebter Imperator wird niemals vergessen werden! *Niemals!*«

Caligula blies gelangweilt und verärgert die Backen auf.

»Da bin ich mir gar nicht so sicher, Longinus.« Er wandte sich an seine Geliebte. »Möchtest du, Caesonia, daß ich irgend etwas für dich erobere?«

»Das hast du ja bereits... nämlich mein Herz«, antwortete sie, lächelte provozierend und warf ihm eine Kußhand zu.

»Aber vielleicht noch irgend etwas anderes außer diesem köstlichen... äh... Organ?« erwiderte Caligula trocken und doppelsinnig. Er legte die Fingerspitzen aneinander und stützte das Kinn darauf. »Vielleicht sollte ich wie Alexander der Große Persien erobern... Warum eigentlich nicht? Alexander wird doch überall in der Welt als Gott verehrt... und bin ich – Caligula – nicht auch ein...«

»Tu's lieber nicht«, bat ihn Caesonia. »Das würde doch viel zu lange dauern... mindestens Monate.«

»Oder Britannien?« schlug Caligula weiter vor.

»Zu kalt!« Caesonia schauerte zusammen.

Gelangweilt starrte Caligula auf den Stapel Papiere unter seiner Hand. Er begann laut zu lesen: »Unter denen, die morgen heiraten werden, befinden sich... Proculus und Livia! Hm... wollen wir zu der Hochzeit gehen, Caesonia? Du erinnerst dich doch noch an ihn? An diesen stattlichen, jungen Offizier meiner Garde?«

Caesonia erinnerte sich nur allzu gut. »Das wäre eine sehr große Ehre für die beiden.«

»Natürlich sind wir nicht eingeladen, aber ich nehme an, daß man trotzdem glücklich sein wird, uns zu sehen.« Ein Lächeln huschte über sein Gesicht. Seit jenem Nachmittag im Circus Maximus hatte er den jungen Offizier nicht mehr getroffen. Er überlegte, ob Proculus' Wunden wohl schon restlos verheilt waren. Hoffentlich würde der junge Offizier keine häßlichen, entstellenden Narben zurückbehalten. Er war viel zu schön.

Der Hochzeitstag dämmerte herauf; er war wegen seiner guten Omen sorgfältig ausgewählt worden.

Die Sterne standen noch am Himmel, als Livia Orestillas Mutter die Tochter für die Zeremonie ankleidete. Am Tag zuvor hatte das Mädchen seine Spielsachen den Hausgöttern als Ritualopfer dargebracht und auch noch seine jungfräulichen Kleider sowie eine Haarlocke hinzugefügt.

Jetzt stand Livia stumm und ziemlich verängstigt da, während ihr die lange *recta*, eine glatte, in einem Stück gewebte Tunika ohne Saum, über den Kopf gestreift wurde.

Ihre Mutter lächelte glücklich und kniete sich auf den Boden, um das Gewand straff und faltenlos nach unten zu ziehen. Dann schlang sie um die Taille der Tochter einen langen, gewebten Wollgürtel, der mit einem ›Herkules-Knoten‹ befestigt wurde... einem so komplizierten Knoten, daß nur der Bräutigam imstande sein würde, ihn wieder zu lösen. Herkules galt als Wächter des Ehelebens.

Livia saß auch weiterhin ganz ruhig da, während ihr Haar hergerichtet wurde; das war ein langer, mühsamer und mitunter auch schmerzhafter Vorgang. Das Haar wurde mit der Klinge eines Speeres in sechs Strähnen geteilt; eine Erinnerung an die Zeit, als Bräute nicht umworben, sondern erobert worden waren. Dann wurden diese Strähnen zu sechs Zöpfen geflochten, die in einer kunstvollen Frisur auf dem Kopf des Mädchens arrangiert wurden. Schließlich fügte man noch einen Kranz aus frisch geschnittenen Blumen hinzu.

Während die Mutter sich mit dem Haar der Tochter beschäftigte, murmelte sie ihr die traditionellen Hochzeitsratschläge ins Ohr. Außerdem gab sie einige Hinweise für die bevorstehende Hochzeitsnacht. Diese Worte lösten bei Livia fast so etwas wie ein Schwindelgefühl aus und trieben ihr die Röte in die Wangen. Männer, sogar Proculus, flößten ihr Entsetzen ein. Sie betete zu Juno, daß er heute nacht möglichst sanft und rücksichtsvoll mit ihr umgehen würde.

Jetzt stand Livia auf, bereit für den Brautschleier, dem allerwichtigsten Bestandteil der rituellen Hochzeitskleidung. Ein safrangelber Umhang wurde über die *recta* gelegt, dann ein Schleier von flammendroter Farbe, der *nubes*, behutsam über Kopf und Umhang gezogen.

Livia Orestilla war fertig.

Der Bräutigam war inzwischen angekommen, den Kopf mit den gleichen Blumen bekränzt wie das Haupt seiner Braut. Proculus war von allen seinen Freunden und Verwandten, von Musikanten und Sängern begleitet worden. Die Zeremonie sollte im Haus der Braut stattfinden. Der Ehevollzug – die jungfräuliche Hingabe – würde dagegen nach dem Hochzeitsfest im Bett des Bräutigams erfolgen. Die gesamte Festgesellschaft wollte das jungvermählte Paar durch die Straßen zum Haus des Bräutigams eskortieren. Man würde Hochzeitslieder singen und zusehen, wie der Bräutigam seine Braut auf die Arme hob und über die Schwelle trug. Es galt als höchst unglückliches Omen, wenn die Braut beim ersten Betreten des Hauses ihres Bräutigams stolperte, deshalb betrat sie das Haus beim ersten Male auch nie auf eigenen Füßen. In seinem Haus würde Proculus dann Livia eine brennende Fackel und ein zeremonielles, mit Wasser gefülltes Gefäß präsentieren, gewissermaßen als Symbole ihres zukünftigen, gemeinsamen häuslichen Lebens. Anschließend würde Livia das erste Feuer im Herd ihres neuen Heimes anzünden, die Fackel den Dienern zuwerfen, von denen jeder versuchen würde, sie zu erhaschen, weil sie ihm angeblich Glück bringen würde..., und dann konnte das junge Paar endlich die Türen schließen und allein sein... als Mann und Frau.

Obwohl dies bereits das moderne Rom war, hatten sich beide Familien für die ältere, traditionelle Form der Patrizier-Ehe entschieden, also für die *confarreatio*, bei der Livias Person und Besitz bedingungslos an ihren Ehemann übergeben wurden. Für sie war die etwas liberalere *coemptio* nicht in Betracht gekommen, wo der Bräutigam die Braut ›kaufte‹, und auch nicht der *usus*, der nicht viel mehr war als eine ganz gewöhnliche Heirat ohne jegliche Zeremonie.

Das alte Heim der jungen Braut war so prächtig hergerichtet

worden, wie harte Sklavenarbeit und guter Geschmack es nur irgendwie vermocht hatten. Die Sklaven waren viele Tage lang beschäftigt gewesen, um das Haus mit den traditionellen Blumengirlanden zu schmücken; man hatte mit Wolle umwickelte Baumzweige und sehr schöne Tapeten angebracht. Alle Silbergefäße waren auf Hochglanz poliert worden; der Marmor glänzte und schimmerte.

Während der üblichen Prophezeiungen und Weissagungen blieb Livia in ihrem Zimmer. Das Herz schlug ihr bis zum Hals hinauf, obwohl ihre Mutter ihr wieder und immer wieder versichert hatte, daß die Eingeweide der Opfertiere noch nie etwas Ungünstiges für einen Hochzeitstag mit gutem Omen vorausgesagt hatten. Und die Eingeweide dieses Schafes sahen in der Tat gesund und sauber aus; die Leber wies keinerlei Flecken auf. Jetzt konnte die Eheschließung offiziell vorgenommen werden.

Braut und Bräutigam standen sich von Angesicht zu Angesicht im Atrium gegenüber und gaben sich vor allen Zeugen die Hand.

Livia blickte scheu zu ihrem stattlichen Verlobten auf und gab mit leiser, aber klarer Stimme ihr Ehegelöbnis ab: »*Quando tu Gaius, ego Gaia.*« Diese Worte würden beide für immer aneinanderbinden.

»Komme ich zu spät? Ist bereits alles vorbei? Was habe ich denn schon versäumt?« rief eine heitere Stimme.

Caligula stand im Eingang und hielt Caesonia an der Hand. Er war gekleidet, als wolle er sogar die Sonne ausstechen; der Stoff schien aus purem Gold gewebt zu sein. Um den Hals hingen mehrere Perlenketten. Auf dem Kopf saß eine hohe Tiara aus Gold und Edelsteinen, umgeben vom goldenen Kranz des Imperators.

Als die versammelten Gäste den Kaiser erkannten, der in Begleitung seiner Geliebten erschienen war, erhob sich lautes Raunen.

Livia zitterte, schwankte und wäre wohl ohnmächtig geworden, wenn Proculus sie nicht so fest an sich gedrückt hätte. Dem Bräutigam schoß das Blut dunkel ins Gesicht; sein Stolz war mit Verlegenheit gepaart.

»Willkommen, Caesar!« Der Vater der Braut besaß die Geistesgegenwart, sich zu verbeugen und den Ring des Imperators zu küssen. Hastig beeilten sich nun auch alle anderen, diesem Beispiel zu folgen.

Eine lange Bank, mit weichen Kissen überhäuft, wurde für Caligula und Caesonia herangeschleppt. Die beiden nahmen bequem darauf Platz. Dann wurde die Zeremonie wieder aufgenommen, aber jetzt waren alle – einschließlich der Priester – so nervös, daß das Ritual vollkommen durcheinandergebracht wurde. Um Unheil abzuwenden, mußte man aufhören und noch einmal ganz von vorn anfangen.

Caligula amüsierte sich prächtig. Er lächelte jeden an, der es wagte, ihm einen verstohlenen Blick zuzuwerfen.

Proculus und Livia saßen Seite an Seite auf dem Fell des Schafes, das man heute früh zum Zweck der Weissagung geopfert hatte. Das junge Paar hörte zu, wie der Priester die Gebete an Jupiter und Juno anstimmte.

Caligula verschlang das Brautpaar mit den Augen. Was für ein prächtiges Paar die beiden doch abgaben! Allmählich begann sich ein teuflischer Gedanke in seinem Gehirn zu formen.

Jetzt war die Zeremonie vorbei. Braut und Bräutigam hatten die Glückwünsche der Hochzeitsgäste entgegengenommen. Hand in Hand standen sie mitten im Raum und strahlten vor Glück, aber auch vor Verlegenheit. Livias Wangen unter dem Brautschleier waren lebhaft gerötet, und ihre Augen leuchteten. Sie bot alles in allem einen atemberaubend schönen Anblick.

Das Hochzeitsfest, ein recht einfaches, begann. Während der letzten fünfzig Jahre waren Hochzeitsfeste so teuer geworden, so üppig und so vulgär, daß Augustus, der ansonsten alte Traditionen gerne aufrechterhielt, doch gezwungen gewesen war, einige Gesetze und Vorschriften zu erlassen, um die Auswüchse bei Hochzeitsfeiern zu beschneiden und damit die ungeheuren Kosten zu senken.

Gersten- und Hirsekuchen wurden herangebracht; es gab Obst und Wein, Fleisch, Fisch und Geflügel. Alles war von bester Qualität, exquisit zubereitet, und dementsprechend wurde es auch serviert. Es gab den traditionellen Hochzeitskuchen, der aus Gerstenmehl bestand, das in Wein eingeweicht und auf einem Bett von Lorbeerblättern gebacken worden war. Er stand mitten auf der großen Festtafel und würde am Schluß der Feier unter allen Gästen als Glücksbringer aufgeteilt werden.

Caligula und Caesonia nahmen während der Festlichkeit natürlich die Ehrenplätze ein, aber niemand wagte sich ihnen zu nähern oder sie gar anzureden.

Caligula spürte zwar, daß seine Anwesenheit allen anderen Gästen Unbehagen bereitete, aber das amüsierte ihn bloß. Er hatte noch nicht die Absicht, schon wieder zu gehen. Sein Blick war fast ständig auf die junge Braut fixiert und folgte der schlanken Gestalt überallhin.

»Sie ist perfekt, nicht wahr?« sagte er aus dem Mundwinkel heraus.

»Du möchtest sie wohl haben, wie?« fragte Caesonia und zog eine ihrer kunstvoll ausgezupften und nachgezogenen Augenbrauen hoch.

Caligula beobachtete jetzt Proculus.

Der junge Bräutigam konnte den Blick nicht von seiner reizenden Braut losreißen. Der stolze Gesichtsausdruck des Offiziers ärgerte Caligula. Aber in diesen Ärger mischte sich noch etwas anderes... ein anderes Gefühl...

»Hmmm...«, murmelte er nachdenklich als Antwort auf Caesonias Frage. Er kniff die Augen zusammen.

»Ich dachte, du magst keine Jungfrauen«, sagte Caesonia erstaunlich.

»Ich glaube nicht, daß ich überhaupt welche kennengelernt habe.« Er drehte sich nach Caesonia um, und seine Augen funkelten. »Hm... sollte ich?«

Caesonias Augen funkelten genauso. Der Gedanke erregte sie fast ebenso wie Caligula. »Warum nicht? Du bist ja der Caesar!«

Caligula nickte und erhob sich von seiner Polsterbank. Er ging zum Brautpaar hinüber und ergriff Livias Hand.

»Und nun kommt die Prozession zum Brautgemach..., und ins geheiligte Ehebett!« verkündete er.

Unter den Hochzeitsgästen entstand schockiertes Flüstern. So sollten die Dinge eigentlich nicht verlaufen! Die Tradition verlangte, daß die Feierlichkeiten bis zum Anbruch der Dunkelheit dauern sollten; anschließend würde die gesamte Hochzeitsgesellschaft das junge Paar mit Musik und einem wahren Blütenregen durch die Straßen zu Proculus Haus begleiten.

Aber eben hatte der Imperator gesprochen, und deshalb standen sofort alle Gäste auf, um zu gehorchen.

Caligula hielt eine Hand hoch.

»Wir brauchen keine weitere Eskorte!« sagte er. »Ich selbst – Caesar – werde die Prozession sein! Ich selbst werde das *epithalamium* singen, die Hochzeitshymne..., und wer weiß, vielleicht werde ich sogar einige *Fescennini* komponieren.« Das waren recht lästerliche Lieder, die jede Braut-Prozession begleiteten. Sie sollten dem jungen Paar Glück bringen und Fruchtbarkeit bescheren.

Die Familien von Braut und Bräutigam hielten gemeinsam die Luft an. Das... das war unerhört! Aber..., wenn der Caesar es so wollte...

Caligula stand breit lächelnd da und hielt Livia und Proculus an je einer Hand fest. Behutsam begann er sie nach hinten ins Haus zu führen. Langsam und widerstrebend folgte das Brautpaar seinem Imperator.

Caligula hatte eigentlich die Absicht gehabt, die Neuvermählten für die Hochzeitsnacht zu Proculus' Haus zu gleiten, wie es die Tradition verlangte, aber er befand sich jetzt in einem Zustand solcher Erregung, daß er einfach nicht mehr länger warten konnte. Er zerrte das Paar hinter sich her durch das Haus der Braut und stieß eine Tür auf. Sie gelangten in eine sehr große Küche. Hier hatten die Sklaven tagelang hart gearbeitet, um alles für das Fest vorzubereiten. Jetzt saßen sie herum und erholten sich von den großen Anstrengungen. Alle waren sichtlich froh, eine kleine Atempause zu haben. Doch als sie Caligula sahen, sprangen sie sofort auf die Beine; alle waren erstaunt und entsetzt.

»Raus!« befahl Caligula barsch. »Und macht die Tür zu!«

Im nächsten Moment war der Raum auch schon leer, nur Caligula und das Brautpaar waren noch anwesend. Livia stand erstaunt da. Proculus war so verlegen, daß er nicht wußte, wo er hinschauen sollte. Aber Caligula lächelte freundlich und heiter.

»Ein so stattliches Paar habe ich noch nie gesehen«, sagte er zu den beiden.

Livia schlug den Blick nieder; sie war bisher nicht imstande gewesen, dem Imperator auch nur einmal direkt ins Gesicht zu sehen.

Caligula fand solche Bescheidenheit charmant und höchst einzigartig.

Weder Braut noch Bräutigam fiel auch nur ein einziges Wort ein, das sie jetzt hätten sagen können.

»Und nun zu meinem Hochzeitsgeschenk«, sagte Caligula strahlend. »Zieh deine Kleider aus, liebes Mädchen.«

Livia war überzeugt, eben nicht richtig verstanden zu haben, aber ein erschrockenes Keuchen aus Proculus Mund verriet ihr, daß sie doch richtig gehört hatte. Entsetzt blickte sie ihren Ehemann an. »Aber... nein...«

»Nein?« fragte Caligula, und jetzt ließ er das heuchlerische Lächeln fallen. Sein Gesicht zeigte nun einen sehr harten Ausdruck, und er fletschte beinahe die Zähne.

Proculus war sein ganzes Leben lang als Soldat ausgebildet worden; dazu abgerichtet, bedingungslos zu gehorchen, ganz gleich, von welchem seiner Vorgesetzten er Befehle bekam. An oberster Stelle seiner Befehlshaber stand natürlich der Imperator, der oberste Feldherr aller römischen Soldaten. Jeder Muskel im Gesicht des jungen Mannes war vor Wut verzerrt und verkrampft, aber als er Livias Blick fragend und flehentlich auf sich gerichtet sah, konnte er nur stumm und bestätigend nicken.

Zitternd und schwitzend begann sich das Mädchen auszuziehen. Livia nahm Schleier und Umhang ab. Der Blumenkranz auf den so kunstvoll frisierten Zöpfen wurde verschoben und saß schief.

Doch der Anblick des hilflosen Mädchens steigerte Caligulas Erregung nur noch mehr.

Jetzt fummelten Livias Finger unbeholfen am Herkulesknoten herum, der den Gürtel zusammenhielt; es gelang ihr jedoch nicht, den Knoten zu lösen. Das war ja an sich auch Aufgabe des Ehemannes, aber Proculus konnte nur dastehen und die Fäuste ballen.

Lächelnd zog Caligula seinen Dolch heraus und zerschnitt den Knoten... mit einem einzigen Schnitt, wie es damals Alexander der Große mit dem Gordischen Knoten getan hatte. Der Imperator lachte dabei leise. Dieses Mädchen war für ihn eine neue Welt, die es zu erobern galt.

Das Mädchen streifte die *recta* über den Kopf und ließ sie fallen. Vollkommen nackt stand sie nun da und verschränkte keusch die Hände über dem Venushügel. Vor Scham senkte sie den Kopf.

Caligula konnte den Blick nicht von dieser reizenden Mädchengestalt losreißen. Ihre Brüste waren klein und perfekt geformt. Sie war ja noch sehr jung; sicher würden sich ihre Brüste noch voller und größer entwickeln. Er stolzierte um das Mädchen herum und bewunderte es aus jedem Blickwinkel. Livia stand still wie eine Statue da und wagte nicht einmal, den Kopf zu heben.

»Sehr nett«, sagte Caligula schließlich. »Meinen Glückwunsch, Proculus. Vielleicht ein *wenig* zu breit in den Hüften, aber...« Er packte mit einer Hand zu und grub die Finger derb in den Hintern des Mädchens.

Livia stieß einen kleinen, spitzen Schrei aus und zuckte unwillkürlich zurück.

»Nicht bewegen!« schnappte Caligula. »Bis ich es dir erlauben werde!« Er drehte sich um und lächelte Proculus an, dessen Augen vor mühsam unterdrückter Wut funkelten. »Siehst du jetzt zum ersten Mal deine schöne Frau, wie sie wirklich ist?« fragte er.

»Ja, Caesar«, knirschte Proculus mit zusammengebissenen Zähnen.

»Und du bist tatsächlich noch Jungfrau?« fragte der Imperator das Mädchen.

»Ja, Caesar...« Es war nicht viel mehr als ein kaum hörbares Flüstern.

»Erstaunlich... falls es wahr ist. Leg dich hin!«

Livia schaute sich entsetzt um. In der Küche! Aber Caligula zeigte auf einen großen Holztisch, der frisch geschrubbt war. Livia biß sich auf die Lippen und streckte sich auf der Tischplatte aus. Als sie das rauhe Holz unter dem nackten Rücken spürte, schloß sie die Augen.

Caligula warf sein aus Goldstoff gefertigtes Gewand ab, als wäre es nichts weiter als wertloser Plunder. Dann raffte er seine Tunika hoch.

Livia hielt die Augen fest geschlossen, aber Proculus sah die immense Erektion, die von Caligulas Bauch aufragte. Der junge Offizier stieß unwillkürlich einen leisen, erschrockenen Schrei aus und trat einen Schritt nach vorn.

»Ja, Proculus?« fragte Caligula sanft.

Proculus, qualvoll zwischen Gehorsam und Wut hin und her gerissen, konnte nur stöhnen: »Nichts, Caesar... Aber was...?« Er konnte den Satz nicht beenden.

»Was ich tun werde?« Caligula nahm eine kaiserliche Pose an, eine Hand auf seine enorme Erektion gelegt, und gab in bestem Rednerstil eine Proklamation ab: »Ich, Caligula, erkläre hiermit im Namen des Senats und des Volkes von Rom, daß hinfort alle Jungfrauen des Imperiums mit einer Steuer belegt werden, die auf Verlangen des Imperators an ihn direkt zu entrichten ist..., und zwar in Form eines Hymens pro Jungfrau! – Sehr vernünftig, meinst du nicht auch, Proculus? Aber mehr als ein Hymen wäre ja praktisch sowieso nicht möglich..., und außerdem sehr ermüdend für den Imperator!«

Er packte Livias Fußknöchel und zerrte das Mädchen über den Tisch, bis es mit dem Hintern auf der Kante lag. Dann ließ er die Beine des Mädchens nach unten baumeln, stellte sich vor Livia und begann deren nackten Körper zu streicheln. Er tat es lässig, als inspizierte er irgendein Stück Fleisch.

Das Mädchen lag mit fest geschlossenen Augen da. Der nackte Rücken war vom rauhen Holz wundgescheuert. Mehrere Splitter hatten die Haut geritzt. Aber Livia verspürte keinerlei Schmerz an diesen Stellen. Sie spürte nur Caligulas Hände, die jetzt in ihre Brustwarzen kniffen. Dann spürte sie, wie seine Finger versuchten, in den engen, trockenen Hügel einzudringen. Livia wimmerte leise vor Angst.

»Öffne deine Augen!« befahl Caligula.

Als das Mädchen nicht sofort gehorchte, streckte Caligula beide Hände nach dem Gesicht des unglücklichen Geschöpfes aus und drückte die Lider gewaltsam nach oben.

Livia starrte entsetzt zu ihm empor. Einen so wahnwitzigen Ausdruck hatte sie noch nie zuvor in einem menschlichen Gesicht gesehen. Sie schauderte zusammen und wollte sich seinen Händen entziehen, aber Caligula drückte beide Hände nur noch fester auf Livias Bauch. Jetzt zwängte er die Knie des Mädchens gewaltsam auseinander.

Proculus keuchte, als er sah, wie Caligulas Finger zwischen Livias Oberschenkeln verschwanden.

»Was hast du doch für ein Glück!« sagte Caligula zu dem wie versteinert daliegenden Mädchen. »Deine Jungfräulichkeit auf diese Weise zu verlieren! Immerhin bin ich ja ein direkter Nachfahre der Göttin Venus. Wie sehr ich dich beneide!«

Er packte ihre Fußknöchel, legte ihre Beine auf seine Schultern und öffnete sie so gewaltsam für seine Zwecke. Hinter ihm stöhnte Proculus laut.

»Öffne deine Augen, Proculus!« rief Caligula über die Schulter. »Falls du Wert darauf legst, Augen zu behalten, die du überhaupt noch öffnen können wirst!« Dann gab er einen ächzenden, knurrenden Laut von sich und beugte sich rasch noch tiefer über Livia.

Jetzt stieß das Mädchen einen lauten Schmerzensschrei aus.

Im Atrium plauderte Ceasonia mit den Eltern der Braut. Livias Aufschrei von der Rückseite des Hauses her unterbrach die höfliche Unterhaltung. Alle Gäste hatten es deutlich gehört.

Caesonia hob einen Finger und sagte: »Lauscht! Caesar gibt den jungen Leuten seinen *speziellen* Segen! Eure Tochter muß jetzt außer sich vor Glück sein!«

»Ja... ja... natürlich, edle Caesonia«, stammelte der Vater der Braut.

Wieder erklang von der Küche her ein schriller, qualvoller Schrei.

»Caesar hat sich schon immer sehr für den jungen Proculus interessiert«, schnurrte Caesonia. »So ein stattlicher, junger Mann!« Sie streckte ihren Kelch nach mehr Wein aus.

»Ja, ein schöner, guter junger Mann«, sagte der Vater der Braut, aber er lauschte intensiv nach weiteren Geräuschen aus der Küche.

Caesonia fuhr lächelnd fort: »Caesar hatte aus einer Eingebung des Augenblicks heraus beschlossen, zur Hochzeit zu kommen.«

»Wir sind zutiefst geehrt.«

Caesonia fuhr zu Livias Mutter gewendet fort: »Ich hoffe sehr, daß du eine Priesterin der Göttin Isis werden wirst.«

»Nun... ja... ich... natürlich... gewiß«, stammelte die Frau. Es war ihr deutlich genug anzusehen, wie sehr sie litt. Sie war blaß und atmete gepreßt, während sie damit rechnete, jeden Augenblick einen weiteren qualvollen Schrei ihrer Tochter zu hören.

»Wir brauchen römische Matronen wie dich«, sagte Caesonia. »Ehrbare, tugendhafte Damen...«

Ein weiterer halberstickter Schrei von der Küche her ließ beide Eltern heftig zusammenzucken.

»Wir haben Isis schon immer verehrt«, sagte der Vater nervös. Hastig fügte er hinzu: »Natürlich mit Ausnahme der Zeit, während der es verboten war.«

»Caesar möchte die Verehrung der Göttin Isis zur Staatsreligion machen«, fuhr Caesonia streng fort. »Gottvater Jupiter wird durch Gottmutter Isis ersetzt werden – der Mann durch die Frau, das Zeitalter des Eisens durch das Zeitalter des Goldes.« Ihre dunklen Augen glänzten, und sie nahm einen großen Schluck aus ihrem Weinkelch.

In der Küche waren Livias qualvolle Schreie in leises Schluchzen übergegangen. Sie lag beinahe bewußtlos da, während Caligula sich über ihr hin und her schob. Hinein. Heraus... Es würde niemals enden. Livia hatte kaum eine Ahnung, was mit ihr geschah. War es dies, was Männer und Frauen miteinander taten? Sie wollte sterben. Bitte, Juno... laß mich sterben!

Aber Caligula wollte nicht aufhören.

Für Livia war der Schmerz schier unerträglich. Sie hatte das Gefühl, auseinandergerissen zu werden. Sie konnte hören, wie Caligula über ihr keuchte. Sie spürte, wie Schweißtropfen auf ihre Brüste und auf ihren Hals fielen, Übelkeit stieg in ihr auf.

Und dann war plötzlich alles vorbei. Sie spürte, wie er sie verließ. Instinktiv zog sie die Beine bis zu den Brüsten an und verschränkte die Hände vor dem Gesicht. Die Blütenblätter des zerstörten Blumenkranzes hingen wirr in den schweißfeuchten Zöpfen.

Caligula starrte befriedigt auf das Blut, das an Livias Oberschenkeln herabrieselte.

»So hart habe ich noch nie zuvor in meinem Leben gearbeitet«, meinte er heiter. »Ich wußte gar nicht, daß Jungfrauen so... so zäh sind!«

Er drehte sich um und lächelte Proculus herzlich an.

»Jedenfalls hattest du recht. Das Mädchen war wirklich noch Jungfrau. Bist du's auch?«

»Ich... Caesar?« keuchte der junge Offizier.

»Ja. Bist du auch noch eine Jungfrau?«

Proculus Wangen färbten sich dunkelrot. »Ich... nun... Caesar... nein...«

Caligula redete jetzt in scheltendem, tadelndem Tonfall:

»Das wird Isis aber gar nicht gefallen. Ein strenges Gesetz, an das sich eine Frau unbedingt halten muß, das ein Mann aber nicht beachtet? Das ist nicht fair.« Er schüttelte den Kopf. »Da werden wir etwas unternehmen müssen. Also, los... jetzt du!«

»Ich...?« wiederholte Proculus hilflos.

»Herunter mit deiner Kleidung! Ich werde jetzt vom Geist der Göttin Isis und auch der Göttin Venus beherrscht! Du kannst von Glück sagen!«

Der junge Offizier der Preatorianer-Garde starrte seinen Kaiser wie vom Donner gerührt an.

Sogar Livia drehte sich auf dem Tisch um und blickte entsetzt ihren jungen Mann an.

Proculus Gesicht lief vor Demütigung scharlachrot an, aber er legte langsam seine Hochzeitstoga ab und beiseite. Seine Wangenmuskeln zuckten vor unterdrücktem Zorn.

Caligula machte nun lässig einen Rundgang um Proculus, genau wie vorhin um Livia. Anerkennend musterte der Imperator den muskulösen Körper des jungen Offiziers.

Proculus war gebaut wie eine von Praxiteles gemeißelte Statue... bis auf die Genitalien. Der griechische Sinn für Bescheidenheit in allen Dingen erstreckte sich bei der Bildhauerei auch auf den Intimbereich, der bei männlichen Statuen stets sehr klein gehalten wurde. Das aber traf auf Proculus nicht zu. Seine Hoden waren rund und voll, sein Penis war lang und dick.

Caligula lachte, während er Proculus streichelte. Dieser junge Mann war ein regelrechter Priapus!

Proculus keuchte, blieb aber in strammer Haltung vor seinem Kaiser stehen..., wie es von einem gehorsamen Soldaten erwartet wurde.

Caligula spürte, wie sein eigener Penis zu reagieren begann, sich aufrichtete und steif wurde, während der Imperator den muskulösen Körper des jungen Offiziers musterte und die zusammengekniffenen Hinterbacken wie die Flanke eines Pferdes tätschelte.

»Ist gut, Livia!« sagte Caligula. »Du kannst jetzt aufstehen!«

Die Braut erhob sich steif vom Küchentisch; ihr Rücken war zerkratzt und mit Holzsplittern übersät.

»Geh dorthin!« befahl Caligula und deutete dabei auf einen niedrigen Hocker. »Setz dich hin!«

Livia preßte ihre Robe an den nackten Körper und gehorchte.

»Glückliches Mädchen!« sagte Caligula. »Ich wünschte, ich wäre an deiner Stelle gewesen... mit mir!« Dann wandte er sich an den jungen Bräutigam. »In Ordnung, Proculus! Auf den Tisch!«

»Auf den Tisch...?!« wiederholte der junge Mann und riß die Augen weit auf.

»Du sollst nicht meine Worte wiederholen, sondern gehorchen!« herrschte ihn Caligula gereizt und ungeduldig an.

Der entsetzte Proculus wollte sich zaghaft auf die Tischkante setzen, aber Caligula forderte ihn auf, sich auf den Rücken zu legen. Dann zwängte er grob die Beine des jungen Offiziers auseinander, raffte erneut seine eigene Tunika hoch und entblößte seine schon wieder pulsierende Erektion. Er hörte, wie Livia von ihrem Schemel her keuchende Laute ausstieß. Caligula drehte sich nach ihr um und sah, wie ihn das Mädchen ängstlich, angewidert und fasziniert zugleich beobachtete. Der Imperator war entschlossen, ihr eine gute Schau zu bieten.

»Caesar... nein... bitte...«, bettelte Proculus. Er war totenblaß und schwitzte.

»Liebst du mich denn nicht, Proculus?« fragte Caligula grinsend.

»Ja, Caesar, aber...«

»Ich tue mein Bestes, um eure Hochzeit denkwürdig zu machen... zu heiligen! Stelle dir in mir einfach die Göttin Venus vor... wiedergeboren. Natürlich mit gewissen Unterschieden.«

Unwillig runzelte er die Stirn und hob Proculus Beine an, um sie über die Schultern zu legen.

»Er ist beinahe so reizend wie du!« rief er der entsetzten Livia zu und reckte die Hüften nach vorn. Der junge Mann stieß einen schrillen Schrei aus.

»Du bist sehr eng«, stellte er dann fest und grinste dabei teuflisch. »Und du hast mich angelogen! Du bist auch noch eine Jungfrau!«

»Das bin ich, Caesar... dort!« keuchte Proculus. Er zuckte heftig zusammen und biß sich auf die Lippen. »Nein... nicht!« heulte er plötzlich voller Qual auf.

»Was...?!« tobte Caligula und stieß erneut wuchtig zu. »Was hast du da eben zu deinem Kaiser gesagt?«

»Ich... ich... meine... ja... tu's... bitte!« schluchzte der junge Offizier hoffnungslos.

»Also, gut... dann will ich's tun!« schnurrte Caligula. »Nur um dir einen Gefallen zu tun«. Lächelnd blickte er dem jungen Mann ins Gesicht.

Und dann begann etwas Merkwürdiges zu geschehen. Langsam richtete sich der Penis des Offiziers auf und wurde steif! Proculus Körper begann zu reagieren! Er erwiderte die heftigen Stöße des Imperators mit zuckenden Hüftbewegungen!

Es macht dem Kerl Spaß! dachte Caligula. Dabei will ich ihm ja keine Lust, sondern nur Schmerz bereiten... Schmerzen und immer mehr Schmerzen! Ganz plötzlich, blitzartig begriff Caligula, warum er diesen jungen Mann derartig haßte. Das hatte nicht nur etwas mit Eifersucht zu tun, sondern ging viel tiefer. Caligula war nicht eifersüchtig auf Proculus, sondern er wollte Proculus *sein*! Er wollte ein Mann sein wie er... groß, dichtbehaart, muskulös, männlich, mutig und geschickt im Kampf. Er wollte ein richtiger Mann sein, statt nur halb Mann und halb Frau! Caligula grollte dumpf vor Wut, verbannte diesen Gedanken aus seinem Kopf und zog sich von Proculus zurück.

»Sag, daß du mich liebst, Proculus!« befahl er.

»Ich... liebe... dich... Caesar.«

»Caligula«, korrigierte der Imperator. »Laß uns ab jetzt intime Freunde sein!«

»Caligula«, echote Proculus.

»Nun... ich liebe dich aber nicht, du Bastard!« knurrte Caligula. »Du hast mich zu stark strapaziert!« Er warf Proculus verächtlich dessen Tunika zu.

Der junge Offizier benutzte sie sofort, um seine Nacktheit zu verbergen.

Livia fühlte sich noch immer halbbenommen von dieser Alptraumszene, deren Zeugin sie soeben gewesen war. Ihr Körper zitterte vor trockenem Schluchzen, während sie zu ihrem Mann hinübertaumelte. Sie spürte jedoch sofort, wie Proculus vor ihr zurückzuckte. Livia teilte seine Scham über die Entweihung seiner Männlichkeit. Frauen waren ja schon oft genug traditionell zu Opfern der Lust geworden, aber ein Mann...? Ein römischer Soldat! Wie konnte dieser Makel jemals getilgt werden? Und wie könnte sie jemals wieder sein Bett teilen..., oder das Bett irgendeines anderen Mannes?

Sie wünschte sich, jetzt lieber tot zu sein. Wäre sie doch bloß Caligulas Dolch zum Opfer gefallen, als er ihn dazu benutzt hatte, den Herkulesknoten zu durchtrennen!

Caligula lächelte die beiden an und breitete die Arme aus, als wolle er das junge Paar umarmen.

»Ich habe wirklich mein Bestes getan, meine lieben Kinder, um euren Hochzeitstag zu einem denkwürdigen Erlebnis zu machen!« Und salbungsvoll fügte er hinzu: »Tausend Segenswünsche für euch beide!«

Er drehte sich um und verließ die Küche.

Braut und Bräutigam, brutal und gemein vergewaltigt, schauderten heftig zusammen, als sich die Tür hinter dem Imperator schloß. Unter anderen Umständen hätten sich Proculus und Livia jetzt zweifellos aneinandergekuschelt, um sich zu wärmen und zu trösten, aber keiner von ihnen konnte im Moment die Vorstellung ertragen, den mißhandelten Körper des anderen auch nur zu berühren.

»Ein superbes junges Paar!« verkündete Caligula voller Freude, als er sich der Hochzeitsgesellschaft wieder anschloß. »Ich war Zeuge ihrer Vereinigung und...« er grinste, »...ich möchte voraussagen, daß es in neun Monaten einen Sohn geben wird!«

Caligula akzeptierte gnädig den aufbrausenden Beifall, während er durch die Menge zu Caesonia hinüberging. Er beugte sich zu ihr hinab, küßte sie und blinzelte ihr dabei verstohlen und lüstern zu.

Am Tag darauf warf man Proculus ins Gefängnis. Wegen eines Offiziers unwürdiger sittlicher Verfehlungen.

Livia nahm sich das Leben.

NEUNTES KAPITEL

»Gaius... oh, Gaius... ich... mir... ah, ja...!!«

Drusilla keuchte heftig nach ihrem Orgasmus. Sie saßen auf einem breiten Sessel, der eine Rückenlehne hatte und mit dicken Kissen gepolstert war. Drusilla hockte breitbeinig auf Caligulas Oberschenkeln, beide hielten sich das Gesicht zugewandt, aber ihre Blicke hafteten wie gebannt auf dem Spiegel neben dem Bett. Jede ihrer Bewegungen, jede ihrer Zärtlichkeiten konnten sie darin beobachten.

»Gefällt dir das? Ja? War es gut?«

»Oh, es war wundervoll! Besser denn je zuvor, Gaius!«

Drusilla schmiegte sich wie ein Kätzchen an ihn, während er ihre Brüste streichelte.

»Das ist ein Lieblingstrick von Caesonia«, sagte Caligula. »Dieser große Spiegel ist ein Geschenk von ihr. Die Position, die wir eben eingenommen haben, wird von ihr bevorzugt. Mir gefällt's übrigens auch!«

Drusilla erhob sich ziemlich abrupt von seinem Schoß und verzog zornig das Gesicht, während sie ihr Gewand anzog. »Heirate sie nicht!« sagte sie kurz und schroff.

Caligula spielte geistesabwesend an sich herum. »Aber ich liebe sie. Ich glaube es wenigstens. Jedenfalls interessiert sie mich noch immer«.

»Mehr als ich?« fragte Drusilla und spazierte im Schlafgemach hin und her.

»Du bist doch meine Schwester, erinnerst du dich nicht?« Caligulas Kälte war wohlberechnet; er liebte es, Drusillas Eifersucht anzuheizen. »Außerdem macht Caesonia ja gewissermaßen erst eine Probezeit. Ich habe ihr gesagt, daß ich sie erst heiraten würde, wenn sie mein Kind auf die Welt bringt. Nur dann werde ich sie heiraten!«

»Und woher willst du wissen, ob es tatsächlich dein Kind ist?« schnurrte Drusilla.

»Sie wird vierundzwanzig Stunden am Tag bewacht... von Eunuchen!« antwortete Caligula. Er lachte gehässig. »Sie ist wütend darüber!«

»Das Volk wird schockiert sein, wenn du sie heiratest«, warnte ihn seine Schwester.

Caligula stand zornig von dem Liebessessel auf und warf sich einen durchsichtigen Umhang über. »Zur Hölle mit dem Volk! Mit allen Leuten!« Er legte einen Arm um seine Schwester und drückte sie zärtlich an sich. »Wäre es nicht nett, wenn es auf der ganzen Welt niemanden gäbe außer uns beiden?« murmelte er.

»Aber dann könntest du keine Spiele spielen!« neckte ihn Drusilla. »Wie du es zum Beispiel mit diesem jungen Paar an seinem Hochzeitstag getan hast...«

Caligula kicherte bei der Erinnerung. »Ich konnte mir einfach nicht helfen. Ich bin eben genauso wie meine Vorfahren.«

»Welche?«

»Venus! Wer denn sonst? Nur war ich ein bißchen mehr Jupiter. Ich hatte nämlich sowohl das Mädchen als auch den Jungen – und bin immer noch ein bißchen wund davon.« Sichtlich selbstzufrieden streichelte er seine Genitalien.

Drusilla wählte ihre nächsten Worte sehr sorgfältig.

»Das Volk wird sagen, daß du nicht den Göttern ähnelst und daß Tiberius...«

»Bringe mich nicht in Zorn!« unterbrach er sie ungestüm und runzelte heftig die Stirn. »Das Leben, das ich jetzt führe, ist auch so schon schlimm genug. Eingesperrt in diesem Palast. Umgeben von...« Er kniff die Augen argwöhnisch zusammen. »Weißt du, daß Tiberius Gemellus gegen mich intrigiert?«

»Das glaube ich nicht!« erwiderte Drusilla hitzig.

»Longinus hat Beweise.«

»Was für Beweise?«

»Erstens glaubt der Junge, daß ich versuchen will, ihn zu vergiften.«

»Und...? Willst du?«

»Ganz bestimmt nicht!« Er kicherte. »Für was hältst du mich eigentlich?«

»Frage mich das lieber nicht.« Drusilla lächelte ihn dabei zärtlich an.

»Ich wünschte, du würdest endlich damit aufhören, mich ständig zu kritisieren. Komm zurück zum Spiegel! Ich habe dir noch etwas Neues zu zeigen. Wenn du dich hinkniest..., und wenn ich so stehenbleibe...«

»Sollte ich mich zum König von Rom ernennen?« fragte Caligula müßig und stocherte an der pikant zubereiteten Ente herum.

Claudius, der auf der Bankett-Polsterbank neben Caligulas Ruhesofa lag, schluckte sehr hart. ›König‹ galt in Rom als schmutziges Wort. »König...?« wiederholte er und schluckte abermals. »Oh, je... nun, das ist... ich meine... wir haben doch eine Republik, nicht wahr? Das heißt...«

Hier mischte sich Longinus taktvoll ein. »Du bist doch bereits viel größer als irgendein König, Caesar!«

Caligula schob verdrossen die Platte mit der gebratenen Ente zurück und sah sich danach um, was als nächstes serviert werden würde.

Der private Bankettsaal faßte nicht mehr als zwanzig Leute, die Sklaven nicht mitgezählt. Heute abend war jeder Platz besetzt.

»Ich weiß«, beantwortete Caligula seufzend die Worte seines Obersekretärs. »Aber ich komme mir so... wenig vornehm vor.«

»Für uns alle bist du ein Gott!« schmeichelte Longinus.

Caligula lächelte gnädig. »Ich bin ja auch wirklich ein Gott, nehme ich an. Jedenfalls werde ich ein Gott sein, wenn ich tot bin.« Dieser zweite Gedanke war allerdings nicht so erfreulich. Zwei Polsterbänke entfernt lag Tiberius Gemellus und aß sehr spärlich. »Probiere doch mal diese Neunaugen«, sagte Caligula zu dem Jungen. »Sie sind von meinem eigenen Teller.«

Gemellus blickte nervös auf, als der Sklave mit dem Tablett zu ihm kam.

Caligula beobachtete, wie Gemellus sich nur einen winzigen Bissen nahm. Er erhob sich, schlenderte zu Gemellus hinüber und setzte sich auf die Kante der Polsterliege.

»Als wir auf Capri waren, hast du doch Neunaugen mit Vorliebe gegessen«, sagte er. Dann spießte er mit seinem Messer mehrere Stücke auf und begann, Gemellus wie ein Baby zu füttern. Doch plötzlich zog Caligula das Messer zurück, beugte sich nach vorn und schnupperte mißtrauisch.

»Was ist das für ein Geruch?« fragte er.

»Was für ein Geruch, Caesar?« piepste Gemellus.

Caligula beugte sich noch dichter zu dem Jungen und schnupperte noch intensiver. »Dein Atem! Was hast du eingenommen?«

Gemellus schlug eine Hand vor den Mund. »Irgendeine Medizin... gegen meine Halsschmerzen... gegen das Fieber... es ist in der Stadt ausgebrochen und...«, stammelte er.

Caligula unterbrach ihn schroff. »Nein, Tiberius Gemellus!« sagte er grimmig. »Du bist an Caesars Tisch gekommen, *nachdem* du ein Mittel gegen Gift geschluckt hattest!«

Gemellus keuchte und wurde blaß; alle anderen Anwesenden erstarrten. »Nein, Caesar!« protestierte der entsetzte Junge. »Dort ist mein Arzt... Charikles! Er wird dir sagen, daß es nur...«

Caligula wirbelte sofort zu Charikles herum. »Hast du ihm eine Medizin gegen seine Halsschmerzen gegeben?«

Der Doktor wurde vor Angst bleich. »Nun... Caesar... Herr... ich...«

»*Hast du?*« donnerte Caligula und machte ein unheildrohendes Gesicht.

Charikles schloß die Augen und ging auf das Spiel ein.

»Äh... hm... nein... nein...«, log er, weil er wußte, daß Caligula genau das von ihm hören wollte. In der Stadt Rom grassierte tatsächlich ein sehr ansteckendes und tödlich gefährliches Fieber.

Triumphierend drehte sich Caligula wieder nach dem Jungen um. »Tiberius Gemellus...«, sagte er gefährlich leise. »Du verdächtigst also deinen Herrscher, ein Giftmischer zu sein? Das ist ein hochverräterisches Verbrechen, das mit dem Tode bestraft werden kann!«

Eisige Finger schienen Gemellus Herz zu umkrallen. Er war gekommen, dieser Moment, vor dem ihm so gegraut hatte... seit Jahren schon. »Aber... Caesar... das habe ich niemals getan!« bat er, und jetzt strömten ihm die Tränen über die Wangen. »Ich...«

»Caligula!« protestierte Drusilla scharf.

Der Imperator ignorierte sie. »Ich bin gezwungen, die alten, so notwendigen Gesetze zu befolgen. Wachen!« Zwei Posten traten nach vorn. »Verhaftet Tiberius Gemellus! Wegen Hochverrats!«

Die Wachen zerrten Gemellus von der Polsterliege und schleppten ihn fort. Sein hysterisches Geschrei hallte noch eine ganze Weile vom Korridor her.

»Als ob es jemals ein wirksames Gegenmittel gegen Caesar geben könnte!« sagte Caligula lächelnd.

Drusilla lief quer durch den Raum zu Caligulas Ruhesofa herüber. Ihre Fäuste waren geballt und die Augenbrauen wütend zusammengezogen. Mit so leiser Stimme, daß nur Caligula es hören konnte, zischte sie ihm ins Ohr: »Du verdammter, blöder Narr!«

Caligula sprang augenblicklich auf und schlug seiner Schwester so hart ins Gesicht, daß sie zu Boden stürzte. Im Raum war es totenstill, als Drusilla sich langsam wieder erhob und wortlos hinausging. Nur Caesonia lächelte.

Caligula holte tief Luft und setzte sich wieder hin. Er stopfte sich ein Neunauge in den Mund, kaute genußvoll darauf herum und rief schließlich: »Dabei waren sie ja nicht einmal vergiftet!«

Jedermann lachte erleichtert, weil der Imperator offenbar schon wieder bei guter Laune war. Caligula winkte Caesonia zu, den Platz von Tiberius Gemellus einzunehmen. So kam sie näher ans Ruhesofa des Imperators heran... ein Zeichen besonderer Gunst.

»Gut gemacht«, sagte sie zu ihm.

»Danke.« Er dachte, daß sie eben Tiberius Gemellus gemeint hatte.

»Und was wirst du nun mit ihr machen?«

»Mit... ihr?«

»Mit deiner Schwester Drusilla. Was sie zu dir gesagt hatte, war doch sicher auch Hochverrat!«

Caligula sah sie eisig an. »*Ich* entscheide, was Hochverrat ist... nicht du! Und jetzt führe uns deinen Tanz vor, Caesonia!«

»Welchen Tanz?«

»Den asiatischen.«

Sie stand sofort auf, und Caligula klatschte in die Hände, um Schweigen zu gebieten. »Caesonia wird jetzt für uns alle tanzen!« kündigte er an.

Caligula ging es nicht gut. Seine Kopfschmerzen hatten sich verschlimmert. Er hatte stark abgenommen, und sein Haar hatte sich derartig alarmierend gelichtet, daß er schließlich widerstrebend zugestimmt hatte, nur noch mit einer Perücke in der Öffentlichkeit zu erscheinen. Er war hohlwangig geworden, und das ließ seine ohnehin schon großen Augen noch größer erscheinen. Er und Drusilla sprachen kaum noch ein Wort miteinander. Caesonia, die endlich schwanger geworden war, sah bereits ihren Stern aufgehen.

Caligula betete viel zu Isis, die für ihn das Symbol der Unsterblichkeit war, das Versprechen auf ewiges Leben. An dieses Versprechen klammerte er sich, als wäre es ausschließlich für ihn gegeben worden.

Es wurde immer schlimmer mit den Kopfschmerzen, und in der Nacht bekam Caligula hohes Fieber. Er warf sich auf seinem Bett herum und schien innerlich zu verbrennen. Tiberius erschien ihm im Fieberwahn und grinste ihn wölfisch an. Caligula schrie seine Angst gellend hinaus.

Nur Drusilla konnte ihm jetzt noch helfen. Nur sie konnte ihn retten.

»Drusilla!« rief er. »Hilf mir! Halte ihn mir vom Leibe!«

Charikles hatte Angst, daß der Imperator sterben könnte, doch nur sehr widerstrebend schickte Caesonia schließlich nach Drusilla.

Caligula wollte niemanden außer ihr bei sich haben.

»Ich bin ja hier, *Stiefelchen*!« sagte Drusilla leise, nachdem sie sich auf die Bettkante gesetzt hatte.

Caligula langte mit seinen trockenen, fieberheißen Händen gierig nach der Hand der Schwester. »Ich sterbe!« flüsterte er, und seine Augen waren vor Entsetzen weit aufgerissen.

»Du wirst nicht sterben«, beruhigte ihn Drusilla. »Es ist doch nur das Fieber.«

»Ich muß mein Testament machen!« beharrte er.

»Rede jetzt nicht, sondern schlafe.« Sie streichelte seine glühende Stirn.

»Longinus... wo ist er?«

»Ich bin hier, Caesar.«

Caligula stemmte sich auf einen Ellbogen hoch. »Ich muß mein Testament machen!« wiederholte er.

Longinus winkte einem Sklaven zu, der sofort Schreibzeug herbeischaffte.

»Hierbei hinterlasse ich meiner geliebten Schwester Drusilla meinen gesamten Besitz«, fantasierte Caligula. »Und ich vermache ihr auch das römische Imperium... mit dem Titel Augusta... und...« er verlor den Faden, »...und... ich überlasse ihr... auch die Uniform... die ich in Germanien getragen habe... als Kind... und die kleinen Stiefel...« Er sank erschöpft in die Kissen zurück und machte die Augen zu.

Drusilla streichelte erneut seine heiße Stirn, die jetzt von Fieberschweiß überzogen war.

Longinus kritzelte die letzten Worte des Testaments auf die Papyrusrolle.

Caesonia stand im Hintergrund des Raumes und kochte innerlich vor Eifersucht und Wut. Dieser blutschänderischen Hure alles zu vermachen! Das Imperium... alles! Während sie – Caesonia – sein Kind im Bauch trug! Unerträglich! Nein, Caligula mußte unbedingt am Leben bleiben! Und falls er es tat, würde Caesonia schon Mittel und Wege finden, um mit Drusilla abzurechnen!

»Er schläft«, murmelte Drusilla.

»Nein, das tut er nicht!« sagte Caligula und machte die Augen wieder auf. Mit großer Anstrengung nahm er das von Longinus aufgesetzte Dokument, kritzelte seinen Namen darauf und drückte den Siegelring ins heiße Wachs. Dann fiel er abermals erschöpft aufs Bett zurück. »Laß mich nicht sterben!« flüsterte er Drusilla zu.

Sie drückte den schwächlichen Körper des Bruders an den Busen und wiegte ihn wie ein Baby hin und her. »Schlaf, Kindchen, schlaf...«, wisperte sie. »Drusilla ist ja hier. Du bist sicher.«

Und Caligula schlief tatsächlich ein.

Am nächsten Tag war die Gewalt des Fiebers gebrochen. Die Menschenmengen auf den Straßen schickten Dankgebete zu den Göttern, Statuen von Caligula wurden mit Blumen bekränzt. Der Imperator lebte! Lang lebe der Imperator!

Caligula hatte versprochen, Caesonia zu heiraten, falls sie ihm einen Erben schenken würde. Als die Geburtswehen bei ihr einsetzten, wurde sie in einer Sänfte in die Haupthalle vom Palatin getragen. Die große Menge der Höflinge konnte die lauten Schreie hinter den Vorhängen der Sänfte hören. Caligula putzte sich wie ein Bräutigam heraus und wartete auf die Geburt, um danach sein Versprechen in aller Öffentlichkeit zu erfüllen.

Obwohl außer Charikles noch eine Hebamme zugegen war, wurde es eine sehr lange und ungemein schmerzhafte Geburt. Wieder und immer wieder waren Caesonias gellende Schreie zu hören. Aber das war Musik für Caligulas Ohren; bedeuteten sie doch, daß er endlich Vater werden würde. Die Hebamme versicherte, daß alles in Ordnung wäre.

»Bist du auch absolut sicher, daß es tatsächlich dein Kind ist?« fragte Drusilla wohl zum hundertsten Male.

»Ich wünschte, du könntest Caesonia leiden«, seufzte Caligula.

»Und ich wünschte, daß sie... dich leiden kann!« Drusilla hatte beinahe Angst, das auszusprechen.

»Es kommt doch nur darauf an, was ich für sie empfinde«, sagte Caligula. »Und nicht darauf, was sie für mich empfindet.«

»Die Stimme von Caesar!« entgegnete Drusilla lächelnd.

»Genau.« Aber Caligula lächelte nicht zurück. »Jedenfalls wurde sie während der letzten neun Monate Tag und Nacht ständig scharf bewacht.«

»Aber nur einmal angenommen, daß ihr im Traum Gott Jupiter erschienen ist und sie mit einem Kind zurückgelassen hat?« neckte Drusilla.

»Ich glaube, das war eben sehr geschmacklos von dir!« sagte Caligula. »Blasphemie! In der Tat...«

Plötzlich tauchte Charikles hinter dem Vorhang auf.

Caesonias Schreie waren nun in ein langanhaltendes Geheul übergegangen.

»Der Kopf des Kindes ist soeben aufgetaucht«, meldete der Doktor.

Caligula stürzte zum Vorhang hinüber und riß ihn beiseite, so daß er den Kopf des Babys zwischen den zuckenden Beinen Caesonias sehen konnte.

»Lebt es?« fragte er ungeduldig.

»Ja, Caesar.«

Caligula drehte sich nach der Menge der versammelten Zeugen um. »Hört zu!« rief er laut. »Ich werde nun Caesonia heiraten! Die Mutter meines Sohnes und Erben!« Es war offiziell; die Ankündigung der Heirat machte die Ehe bereits jetzt legal. Das Kind wurde legitim geboren.

Die Geburt war vorbei. Das Neugeborene krähte tüchtig.

Erfreut und stolz ging Caligula hinüber, um sich seinen Sohn anzuschauen.

»Hm... hm...«, war aber alles, was er herausbrachte. Er machte ein ziemlich langes und enttäuschtes Gesicht. Der erwartete Sohn war eine Tochter! Jetzt begann Caligula bereits die überhastete Heiratsankündigung zu bereuen.

»Jedenfalls sieht sie mir ähnlich«, scherzte er und machte damit das Beste aus der für ihn peinlichen Sache. »Sie ist vorn genauso kahl wie ich!«

»Dann ist sie schön.« Caesonia lächelte zu ihm empor, während die Hebamme sie von Blut und Schweiß reinigte. Triumphierend blickte sie um sich. Endlich war sie Kaiserin!

»Aber das nächstemal... ein Sohn, verstanden?« befahl Caligula.

»Ja, Herr.«

Caligula drehte sich nach den anderen um. »Laßt uns auf meine Tochter trinken! Auf Julia Drusilla!« Er hob seinen Becher.

»Auf Julia Drusilla!« brüllte die Menge.

»Auf Julia Drusilla!« johlte der Mob draußen.

Um seine Heirat und die Geburt seiner Tochter zu feiern, schenkte Caligula jedem römischen Bürger eine Goldmünze und veranstaltete Monat auf Monat prächtige Spiele.

Aber nach zehn Monaten war die kaiserliche Kasse fast leer. Das von Tiberius ererbte Vermögen hatte Caligula mit Spielen und Luxus verschwendet, und jetzt schien überhaupt kein Geld mehr in die Kassen zu fließen.

Longinus und seine Schreiber arbeiteten fieberhaft an einer Abrechnung, aber dem Obersekretär schlug das Herz bis zum Hals hinauf, als er eines Tages das lange Dokument auf Caligulas Schreibtisch legte.

»Das neue Budget«, flüsterte Longinus. »Zur Vorlage beim Senat.«

Caligula langte nach dem Pergament und prüfte sehr sorgfältig die Zahlen. Dann starrte er seinen Kämmerer düster an.

»Wir haben ein Defizit! Warum?«

Longinus zögerte; es war immer gefährlich, dem Imperator eine schlechte Nachricht zu übermitteln. Der Obersekretär holte sehr tief Luft. »Deine... äh... die verschiedenen Spiele und Spektakel, für die du bezahlt hast, waren sehr teuer... und...«

»Und wir sind knapp bei Kasse«, schloß Caligula stirnrunzelnd. »Was machen wir also jetzt?«

Longinus legte eilfertig ein Bündel Papiere vor Caligula auf den Schreibtisch. »Wir erhöhen die Auktionssteuer um die Hälfte. Dann die Weinsteuer...«

»Nein! Keine Steuern!« Caligula schüttelte energisch den Kopf. »Das Volk liebt mich... im Moment. Aber man wird mich nicht mehr lieben, wenn ich den Wein besteuere!«

»Aber wie können wir sonst das Geld auftreiben?« fragte Longinus und warf die Arme in die Luft. »Wie können wir das Defizit ausgleichen, Caesar?«

Caligula klopfte mit dem Griff seines Dolches gegen die Zähne und dachte angestrengt nach. »Ein Krieg!« rief er plötzlich. »Das ist die Antwort! Neue Provinzen, neue Tribute!« Er schlug mit der geballten Faust auf die Schreibtischplatte. Sein Gesicht hellte sich auf, und seine Augen begannen zu funkeln. »Ich werde Britannien erobern!« verkündete er stolz. Longinus gequälten Gesichtsausdruck ignorierte er. »Sofort zu Beginn des neuen Jahres! Wo Julius Caesar versagt hat, werde ich Erfolg haben! Außerdem... wenn ich nicht bald etwas tue, wird man mich vergessen!« Er stieß die Spitze seines Dolches in die Tischplatte. »Caligula der Langweilige! So kann ich es schon jetzt in den Geschichtsbüchern sehen!«

In diesem Moment kam ein grauhaariger Sklave atemlos hereingerannt. »Caesar! Deine Schwester Drusilla ist erkrankt!« rief er und verbeugte sich hastig.

»Wie?« fragte Caligula und fuhr alarmiert hoch. »Woran?«

»Am Fieber, Herr.«

Das Fieber! Aber es hatte doch schon vor Wochen Rom heimgesucht und war längst wieder abgeklungen. Viele Menschen waren gestorben, aber die meisten Patrizier waren verschont geblieben. Der Palast war nicht vom Fieber betroffen worden; mit Ausnahme einiger Sklaven, deren Leichen schleunigst verbrannt worden waren. Wie konnte sich also Drusilla angesteckt haben?

Caligula rannte sofort ins Schlafgemach seiner geliebten Schwester.

Drusilla lag auf ihrem Bett, so still und bleich, daß sie kaum noch zu atmen schien.

Charikles beugte sich besorgt über sie; zwei Sklavinnen waren ihm behilflich. Aber es war offensichtlich, daß Drusilla bereits im Sterben lag.

»So tu doch etwas, verdammt!« schrie Caligula den Arzt an.

»Ich tue alles, was ich kann, Caesar, das schwöre ich«, antwortete Charikles protestierend.

Caligula beugte sich über das Bett und dachte im Moment überhaupt nicht daran, daß auch er sich jetzt anstecken könnte. Er brachte sein Gesicht so dicht an Drusillas Antlitz heran, daß sich die beiden Lippenpaare beinahe berührten.

»Ich bin's... *Kleine Stiefel!* Kannst du mich hören?« flüsterte er drängend.

Aber Drusilla konnte nichts mehr hören oder sehen. Sie hatte bereits das Reich betreten, in das jeder allein gehen mußte. Verzweifelt nahm Caligula die Schwester in die Arme und wiegte sie, wie sie ihn so oft gewiegt hatte. »Verlaß mich nicht... bitte!« flehte er. »Nicht jetzt...«

Tränen strömten ihm aus den Augen. Behutsam legte er Drusilla aufs Bett zurück und richtete sich auf. Auf der gegenüberliegenden Seite des Raumes befand sich Drusillas persönlicher Gebetsschrein für die Göttin Isis. Eine kleine Lampe brannte vor der goldenen Statue der Göttin, die auf einer Sonnenscheibe stand.

Weinend flehte Caligula das Bildnis der verehrten Göttin an: »Heilige Isis! Rette sie! Caesar bittet dich, allmächtige Mutter!« Er warf das rituelle Weihrauchbüschel auf die glühende Kohlenpfanne. »Verschone Sie... und ich werde dir einen Tempel bauen... größer noch als den Jupiters!« Er sank auf die Knie und flüsterte die heiligen Gebete.

»Caesar...?« Charikles Stimme zitterte vor Angst.

Caligula drehte sich um und sah zu dem Bett hinüber, auf dem Drusilla lag. Ihr Gesicht war jetzt eine strenge Maske. Die beiden Sklavinnen weinten leise vor sich hin. Caligula, der immer noch auf dem Boden kniete, schüttelte den Kopf hin und her.
»Nein... nein... nein... nein... nein!«

»Sie ist tot«, sagte Charikles sanft.

Caligula verharrte noch einen Augenblick stumm und regungslos in seiner Stellung, dann aber heulte er wild auf wie ein Tier in Todesqual. Er heulte und heulte, als wolle er sich selbst die Seele aus dem Leibe reißen.

Caesonia kam sehr leise herein und zuckte beim Klang der unheimlichen, unmenschlichen Laute zusammen. Dann ging sie zu ihm hinüber und streckte beide Arme nach ihm aus.

Aber Caligula sprang blindlings auf, stieß seine Frau grob aus dem Weg, rannte zum Bett hinüber und hob die Leiche seiner Schwester auf die Arme.

»Ich bin allein... du hast mich verlassen...«, weinte er. »Du hast mich verlassen... einfach so... einfach so... allein... an diesem Ort... umgeben von Feinden... von Dolchen...« Er begann immer zusammenhangloseres Zeug zu plappern. »...Dolchen... Gift... überall um mich herum... warum hast du... warum hast du...?«

Plötzlich schleuderte er Drusillas toten Körper ungestüm aufs Bett zurück. Nutzlos! Sie war jetzt nutzlos! Halbverrückt vor Kummer und Gram rannte er an seiner Frau und dem Arzt vorbei zurück zum Altar. Er hob die goldene Statue der Göttin Isis hoch über den Kopf und schmetterte sie auf den Fußboden, wo sie in unkenntliche Stücke zerbrach.

»Ich habe zu dir gebetet!« tobte er. »Ich habe dich angefleht!« Wieder und immer wieder schrie er diese Worte und verfluchte die Göttin.

Caesonia und Charikles standen wie gelähmt vor Entsetzen da und schauten hilflos zu.

ZEHNTES KAPITEL

Nach Drusillas Tod veränderte sich der Imperator noch mehr. Er war jetzt von drei Dingen besessen: Tod, Göttlichkeit und Geld. Überall witterte er Hochverrat. Niemand wurde von seinem Mißtrauen verschont, nicht einmal die vertrauenswürdigsten Leute in seiner nächsten Umgebung. Im Hinblick auf Göttlichkeit hatte sich seine Einstellung grundlegend verändert; jetzt war er nur noch an seiner eigenen Gottähnlichkeit interessiert. Er war es leid, andere Götter zu verehren.

Am Tage nach Drusillas Tod erschien Caligula im Tempel der Göttin Isis. Seine Kleidung war zerrissen, sein Haar ungekämmt, das Gesicht verzerrt. Die entsetzten Priesterinnen wandten sich hastig von ihm ab. Da ließ er seinen Zorn an der Statue der Göttin aus.

»Ich hätte dich zur größten aller Göttinnen gemacht! Ich hätte deinen Tempel neben dem von Jupiter errichtet! Größer und schöner als den Jupiters! Die ganze Welt hätte dir zu Füßen gelegen! Aber du hast mir Trotz geboten! Jetzt vertreibe ich dich und nehme deinen Platz ein! Hörst du mich?« Er schrie noch lauter und fuhr schluchzend fort: »Ich ersetze dich auf Erden! Ich ersetze dich im Himmel! Ich ersetze dich in der Ewigkeit! Ich bin Caesar! Mein Wort ist *Gesetz!* Mein Wille ist Schicksal! Ich bin Caligula! Caligula, der Gott!«

Am folgenden Tag ließ er sich in schwarzer, mit Purpur verzierter Robe in einer Sänfte zum Senat tragen. Alles im Haus deutete auf tiefste Trauer hin. Die Statuen waren in schwarze Schleier und Tücher gehüllt. Alle Senatoren waren zum Zeichen ihrer Trauer in die *toga pulla* gehüllt. Caligula nahm seinen Platz unterhalb der Statue von Nike ein, der Siegesgöttin. Auch sie war an diesem Tag schwarz gewandet. Zur Rechten von Caligula mußte Claudius Aufstellung nehmen; links vom Imperator stand Caesonia mit ihrer Tochter Julia Drusilla.

»Senatoren...«, begann Caligula mit hohler Stimme. »Dies ist der schrecklichste Moment in der langen Geschichte Roms.« Er sah entsetzlich aus. Sein Gesicht wirkte im Kontrast zu der schwarzen Kleidung kalkweiß. Die Augen starrten stumpf. Mehrmals preßte er die Hände gegen die Schläfen, als wären seine Kopfschmerzen unerträglich. »Ich verhänge hiermit einen Monat Staatstrauer für meine geliebte Schwester Drusilla. Wer während dieser Zeit mit Eltern oder Kindern speist, wer badet, wer lacht... der wird zum Tode verurteilt werden!«

Die Senatoren wechselten entsetzte Blicke miteinander, aber niemand wagte zu sprechen.

»Außerdem sehe ich mich gezwungen, die Steuern zu erhöhen«, fuhr Caligula fort. »Denn außer der Regierungslast muß ich nun auch noch die Last der Vaterschaft auf meinen Schultern tragen.« Er händigte Claudius eine Schriftrolle aus. »Zu eurer Information, Senatoren, wird mein Mitkonsul euch nun die neuen Steuern bekanntgeben.« Er schaute sich um, ob irgend jemand protestieren würde, aber niemand rührte sich. »Mein Onkel, der Konsul Claudius, hat mich um die Erlaubnis gebeten, ihn zu euch sprechen zu lassen.« Caligula winkte den Stotterer nach vorn.

Dies war kaum Claudius' beste Stunde. Zwar hatte er die Ansprache mehrmals mit Caligula geprobt, aber sein Entsetzen vor dem Imperator und seine Angst vor einer Rede in der Öffentlichkeit waren so groß, daß er sich kaum bewegen konnte. Zuerst ließ er die Liste mit den neuen Steuern fallen. Als er versuchte, sie aufzuheben, fielen ihm ein paar Blätter seiner Rede aus der Hand. Nachdem er endlich alles wieder aufgesammelt hatte, schwitzte er fürchterlich. Er stotterte so stark, daß die Worte fast zusammenhanglos aus seinem Munde kamen.

»Großer... äh... g-g-göttlicher... Cae-Caesar... Im-Imperator... K-K-Konsul Ca-Ca-Caligula... es... äh... wir... Tatsache ist... äh... daß... ah, g-g-ganz Rom ist eine einzige... ein-einzige...« Er hielt an, weil er total durcheinander war und überhaupt nicht mehr wußte, was er noch sagen sollte.

»...ist eins im leidenschaftlichen Verlangen...«, zischte Caligula seinem Onkel zu, um ihm weiterzuhelfen.

»Ja... d--darauf w-w-wollte ich g-g-gerade zu sprechen k-k-kommen... leidenschaftliches Ver-Verlangen... w-w-wie dein G-G-Großvater Augustus... wie dein Urg-g-großvater Julius Caesar...«, jetzt hatte sich Claudius endlich einigermaßen gefangen, und sein Gedächtnis kehrte zurück. Sogar das Stottern hörte auf.

Die Spielzeuge des Imperators

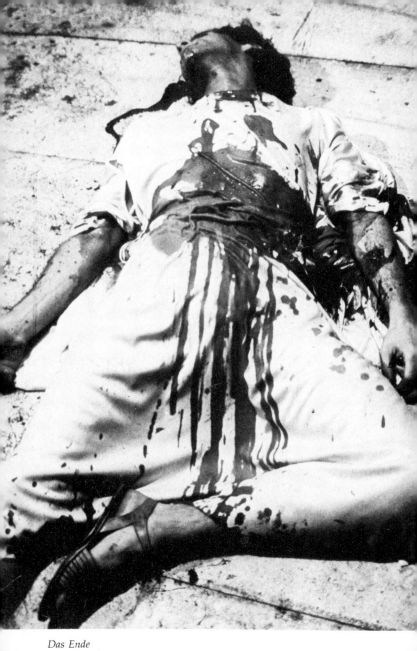

Das Ende

»...sollst du ein Gott werden..., aber schon jetzt... während du noch lebst... äh... ich meine, schon zu deinen Lebzeiten!«

Die Senatoren waren wie betäubt. Dann erhob sich leises Murmeln in ihren Reihen. Caligula... ein Gott? *Jetzt?* Was für verrücktes Zeug sprudelte denn Claudius da heraus?

Mit einer schroffen Handbewegung schnitt Caligula nun seinem Onkel das Wort ab. Der Trottel hatte natürlich alles verpatzt! Aber es war immerhin schon genug gesagt worden, um dem Senat gegenüber klipp und klar zur Sache zu kommen. Innerlich kochte er vor Wut. Konnten diese Idioten denn nicht mit eigenen Augen seine Göttlichkeit sehen? Mußte ihnen das erst noch lang und breit gesagt und erklärt werden? Mit einem frostigen Lächeln auf dem Gesicht sprach er nun selbst zum Senat:

»Obwohl keine Versammlung von Sterblichen, mögen sie auch noch so würdig sein, einen Gott schaffen kann, bin ich jetzt bereit, die *Maske* der Sterblichkeit abzuwerfen, damit ihr endlich zu mir aufschauen und mich anbeten könnt! Ihr sollt wissen, daß sich einer, der göttlich ist, unter euch befindet und imstande ist, eure Gebete mit unendlicher Gerechtigkeit und liebevoller Gnade und Barmherzigkeit zu erhören!«

Caligula erhob sich und wartete darauf, daß die Verehrung als Gott beginnen sollte. Aber Claudius, dieser Dummkopf, hatte schon wieder einmal sein Stichwort vergessen. Caligula schleuderte dolchspitze, haßerfüllte Blicke auf den Tölpel.

Claudius zuckte heftig zusammen und erinnerte sich. »Oh...! Äh... Senatoren... ihr alle... *Heil, Caligula dem Gott!*«

»*Heil, Caligula dem Gott!*« wurde gerufen, zuerst nur von einigen wenigen, dann aber doch von allen. »*Heil, Caligula dem Gott!*« hallte es von den Marmorwänden wider. Das Geschrei war ohrenbetäubend, aber Caligula stand ungerührt da. Es wurde aber auch allerhöchste Zeit!

Der Wahnwitz des Imperators nahm ungezügelt seinen Fortgang. Er verlangte von jedem römischen Bürger einen Tribut in Gold. Die reicheren Römer wurden gezwungen, sich von kostbaren Schätzen zu trennen, um die Truhen des Kaisers zu füllen. Das Leben in Rom wurde immer teurer. Wer überhaupt noch leben wollte, mußte große Summen in Gold in die Schatzkammer des Imperators zahlen. Dort saß Caligula wie ein Kind in seinem Spielzimmer und wühlte unaufhörlich in den angesammelten Reichtümern. Sogar die Einrichtung des kaiserlichen Palastes war vor ihm nicht sicher. Alles, was er irgendwie für entbehrlich hielt, ließ er öffentlich versteigern. Und jeder Senator, der den nächsten Sonnenaufgang noch erleben wollte, mußte sich an diesen Auktionen beteiligen und die irrsinnig hohen Gebote, die Caligula selbst abgab, noch übertreffen.

Eines Tages versteigerte Caligula sogar dreizehn Gladiatoren für neunzigtausend Goldstücke an den Senator Aponius, der alles verkaufen mußte, was er besaß, um diesen Preis zahlen zu können. Aber er bezahlte ihn.

Und Caligula suchte nach immer neuen Wegen, um an Geld und Kostbarkeiten heranzukommen.

Und was machte Caligula mit all dem vielen Geld? Er gab es mit vollen Händen aus, um sich die tollsten und verrücktesten Launen zu erfüllen... um sich als wahrer Gott zu erweisen. Er ließ für zehntausend Talente in Gold eine Decke für seinen Hengst kaufen und aus Griechenland herbeibringen. Seiner Meinung nach ein bescheidener Preis für eine Sache, die dem Hintern eines Gottes zur Bequemlichkeit dienen sollte.

Dann verlangte er aus Griechenland eine Statue des olympischen Zeus, und man wagte nicht, sie ihm zu verweigern. Da forderte er noch weitere Götterstatuen... und bekam sie. Alle wurden in seiner Loggia aufgestellt. Aber er wollte sich keineswegs nur an ihrem Anblick erfreuen. Ihn interessierten nur die prächtig gemeißelten Körper, nicht aber die Köpfe. Er nahm einen schweren Schmiedehammer in seine eigenen göttlichen Hände und zerschmetterte die Köpfe zu kleinen Splittern. Dann mußten die großartigsten Marmorbildhauer Caligulas Kopf modellieren und jede Statue mit seinem Ebenbild versehen. Jetzt gab es einen Pantheon, der wirklich verehrungswürdig war!

Und der Wahnwitz ging immer noch weiter... der göttliche Wahnwitz. Nachdem viel Mobiliar aus dem kaiserlichen Palast versteigert worden war, stand eine Reihe von Räumen leer. Da hatte Caligula, der göttliche Caesar, wieder eine seiner brillanten Ideen. Er würde alle Räume mit Betten anfüllen. Gab es denn etwas Gewinnbringenderes als ein Bordell? Und der Palatin war so herrlich zentral gelegen, es wäre doch jammerschade gewesen, ihn nur als Palast zu benutzen!

Caligula dachte voller Verachtung an den alten Tiberius. Das war ein Mann gewesen, der das Geld mit vollen Händen zum Fenster hinausgeworfen hatte! Hätte er ein Bordell eröffnet – und das hatte er doch auf Capri getan, nicht wahr? –, dann hätte er auf der ganzen Welt nach den abartigsten Geschöpfen gesucht, um es zu bevölkern. Der alte Tiberius hätte Tausende, Zehntausende dafür ausgegeben! Was für eine Verschwendung! Warum Geld ausgeben, wenn es in Rom doch nur so wimmelte von geeigneten weiblichen Personen für ein Bordell?

Da waren zum Beispiel die Ehefrauen der Patrizier. Wann bekam ein Schuhmacher oder Tischler schon einmal Gelegenheit, mit einer hochgeborenen Dame ins Bett zu gehen? Die gewöhnlichen Bürger würden für dieses Privileg bestimmt sehr viel bezahlen! Und was war mit den Patriziertöchtern von Rom? Hier war für alle eine gute Chance, einem Gott gefällig zu sein, indem sie einfach ihre Beine spreizten! Das galt auch für Knaben. Davon gab es Hunderte und aber Hunderte in Rom! Und Männer, behaarte Männer mit langen Beinen und kräftigen Muskeln. Auch sie waren stets gefragt. Es war also im Grunde genommen alles so einfach... und so sparsam!

Alle Senatoren und vornehmen Familien von Rom erhielten Bescheid, daß der göttliche Caesar, Caligula der Gott, fortan erwartete, daß jeder gesunde Bürger der Stadt – ob Mann, Frau oder Kind – seine Pflicht tun und mindestens eine Woche im kaiserlichen Bordell verbringen würde. Das galt für Matronen, Bräute, Jungfrauen und sogar für alte Schachteln. Caligula hatte irgendwo einmal gehört, daß es abartige Typen geben sollte, denen es ganz besonderen Spaß bereitete, mit sehr alten Damen Liebe zu machen. Und es würde keinem Patrizier gut bekommen, sich etwa mit seiner ganzen Familie aufs Land zu verdrücken! Nein, in der Tat nicht! Der Gott Caligula würde dann sehr zornig werden, und die Strafe für solches Verhalten würde in langsamem, qualvollem Tod bestehen, natürlich begleitet von der Beschlagnahme des gesamten Familienbesitzes, auch des Eigentums der entferntesten Verwandten! Nein, nein! Caligulas Bordell wurde für eröffnet erklärt..., und jedermann mußte sich pflichtgemäß zum Dienst melden!

Die Römer vornehmen Standes waren zunächst ungläubig. Dann versuchten mehrere Familien, sich diesem kaiserlichen Erlaß zu entziehen. Aber Caligula hielt sein angedrohtes Versprechen. Er stellte die verstümmelten Leichen von Männern, Frauen und Kindern öffentlich zur Schau..., als abschreckendes Beispiel. Danach gehorchten alle anderen Familien schleunigst. Weinende Ehefrauen und verängstigte Töchter wurden in verschleierten Sänften in den Palast getragen und mußten auf der Stelle mit der Arbeit beginnen. Sogar einige der besser aussehenden Senatoren wurden zum sexuellen Dienst gepreßt. Die einzigen Familien, die dieser Demütigung entgehen konnten, waren diejenigen, die sich die Pulsadern öffneten und mit römischer Würde starben. Aber davon gab es nicht allzu viele. Doch Caligula war auch darüber glücklich, weil er dann den Familienbesitz konfiszieren konnte.

*Der Pöbel liebte das kaiserliche Bordell und konnte gar nicht genug davon bekommen. Das gemeine Volk von Rom, üblicherweise behandelt, als wäre es nicht vorhanden, fand ein geradezu rachsüchtiges Vergnügen daran, sich an den weichen, üppigen Körpern der Patrizierinnen zu ergötzen. Man strömte zu Hunderten ins kaiserliche Bordell; die Leute stanken nach Zwiebeln, Knoblauch und Wurst; ihre Hände waren schmutzig, ihr Atem roch faulig nach schlechten Zähnen. Nichts gefiel ihnen besser, als lässig dazuliegen und die großen Damen von Rom zu beobachten, wie sie schwitzend die Beine spreizten.

Caligula erwies sich bei der Führung seines Bordells als Experte. Er tat noch etwas mehr, als nur fünf Goldstücke im voraus von jedem Kunden zu kassieren – er spekulierte auch auf den Voyeurismus. Deshalb ließ er Löcher in die Wände einiger Zimmer bohren, so daß von einem Raum aus das Treiben im angrenzenden Zimmer beobachtet werden konnte. Dafür verlangte er den doppelten Preis. Aber er ließ auch noch besondere Räume für spezielle Zwecke herrichten. Hier gab es Löcher in den Wänden, groß genug, um den Penis eines Mannes durchzuschieben. Auf der anderen Seite der Wand gab es ... ein anderes Loch; es bestand mitunter aus einem Mund, manchmal aber auch aus einer Vagina. Ein Mann hatte keine Ahnung, welches Gefäß ihn auf der anderen Seite erwartete; er wußte nur, daß es weich und feucht sein würde. Das war eine der Hauptattraktionen des kaiserlichen Bordells, und sehr zu Caligulas Überraschung erwies sich gerade diese Sache auf *beiden* Seiten als höchst profitabel.

Das Bordell florierte also. Aber außer dem Geld, das es Caligula einbrachte, genoß er vor allem die Demütigung des Senats.

Inzwischen ging aber auch die Arbeit für das römische Imperium weiter. Auf Longinus Schreibtisch häuften sich die Papiere, die von Caligula unterzeichnet und abgesiegelt werden mußten. Der Imperator plante einen Feldzug gegen Britannien und ließ Truppen ausheben. Kein Sohn von Germanicus, kein Enkel von Tiberius, kein Imperator von Rom, nicht einmal ein Gott konnte viele Jahre verbringen, ohne in den Krieg zu ziehen. Was war Rom denn ohne weitere Eroberungen? Und was war der größte Befehlshaber von Rom ohne Triumphe?

Die Pläne für die Invasion von Britannien waren schließlich fertiggestellt, und der Feldzug wurde in die Wege geleitet.

Als Caligula eines Tages in Begleitung von Chaerea das Büro des Obersekretärs Longinus betrat, um die übliche Routinearbeit zu verrichten, schob er die heute vorgelegten Papiere für den bevorstehenden Feldzug beiseite und fragte ungeduldig: »Wo sind die Hinrichtungslisten? Ich muß meine Kassen auffüllen!«

Eifrig nahm Caligula die Papiere entgegen. Jeder Römer, der wegen Hochverrats hingerichtet wurde, verlor seinen gesamten Besitz an den Imperator. Die Namensliste war sehr lang.

»Nichts als Senatoren auf dieser Liste«, stellte Caligula fest. »Ist schon ein übler Haufen, nicht wahr?«

»Ja, göttlicher Caesar«, erwiderte Longinus unbehaglich.

»Aber zugleich ein reicher Haufen.« sagte Caligula zufrieden. Er intonierte die neue Formel: »Ich, Caligula der Gott, befehle im Namen des Senats und des Volkes von Rom ...« Dann begann er die Papiere zu unterzeichnen und zu siegeln.

Chaerea machte nervös einen Schritt nach vorn und räusperte sich. »Göttlicher Caesar, eine Bitte ...«

Caligula sah von der Liste mit den Namen der Gefangenen auf. »Was ist denn?«

»Ich bitte dich, den jungen Proculus freizulassen. Er ist ein sehr guter Offizier, und wir werden ihn im kommenden Krieg brauchen. Und ...«

»Und du liebst ihn«, unterbrach ihn Caligula gehässig. »Wie süß! Wie romantisch! Und noch dazu in deinem Alter!« Er zog die Brauen hoch und sah den Befehlshaber seiner Garde an.

»Nein! Nein, göttlicher Caesar! Es ist doch nur, daß ...«

»Du möchtest ihn wieder in deine Arme nehmen«, fiel ihm Caligula erneut ins Wort. »Er soll das kräftige Emblem seiner Männlichkeit in deine alten, welken Flanken stoßen!«

»Nein! Nein! Nein!« rief Chaerea. Er war entsetzt.

»Ja! Ja! Ja!« höhnte Caligula. »Nun ... er stirbt! Ich bin unnachgiebig. Das weißt du.«

Proculus! Was für ein prächtiger Gedanke! Caligula hatte die Existenz des jungen Mannes vollkommen vergessen. Nun, jetzt würde er ein Versäumnis nachholen müssen, nicht wahr?

Und in dieser Nacht ermordete Caligula eigenhändig den in schweren Ketten im Verlies schmachtenden jungen Offizier Proculus. Er gab Befehl, dem Toten die Genitalien abzuschneiden und forderte den Henker auf: »Schicke sie zu Chaerea! Sage ihm, daß es Proculus letzter Wunsch war. Ein Andenken an ihre große Liebe!« Lachend verließ Caligula die Zelle.

Caligula in der vollen Ausrüstung des Oberbefehlshabers der Armee, seine kleinen Stiefel als Glücksbringer um den Hals gebunden, setzte sich an die Spitze der Truppen. Er war entschlossen, alle Schätze heimzubringen, die es in Britannien zu erobern geben würde. Der gesamte Senat und der weitaus größte Teil des Volkes von Rom waren versammelt, um den Aufbruch zu beobachten und dem Imperator Glück zu wünschen. Man folgte ihm bis zum fünfundzwanzigsten Meilenstein. Dort blieb man jubelnd stehen und wartete, bis die Armee auf der Via Appia verschwunden war.

Jetzt zog sich Caligula sofort in seine bequeme Sänfte zurück. Während man durch Gallien bis zum Ärmelkanal marschierte, schob Caligula nur selten die Vorhänge zurück. Erst als die Armee Halt machte, tauchte Caligula wieder aus seiner Sänfte auf.

»Dort drüben liegt Britannien«, sagte Chaerea und zeigte übers Meer. »Dort, auf der anderen Seite des Kanals.«

»Gib sofort Befehl für die Invasion!« ordnete Caligula an.

Die versammelten Offiziere reagierten darauf mit unbehaglichem Schweigen.

»Na, was ist?« fragte der Imperator ungeduldig.

»Es gibt keine Schiffe, göttlicher Caesar«, antwortete Chaerea.

»Aber wir hatten doch Schiffe herbeordert, nicht wahr?« fragte Caligula. Er war jetzt sichtlich verärgert.

»Nein, göttlicher Caesar. Es hat einige Verwirrung gegeben und ...«

»Und so stehen wir nun wie Idioten hier am leeren Strand, was?« fauchte Caligula wütend, und seine Stimme klang gefährlich schrill.

»Wir sollten ein Lager aufschlagen, göttlicher Caesar«, schlug einer der anderen hohen Offiziere sehr vernünftig vor. »Und dann, in ein paar Wochen ...«

»Wochen?« unterbrach in Caligula. »O nein! Rom kann nicht einen weiteren Monat ohne Caesar sein!«

»Aber die Truppen ...«

»Die Truppen müssen beschäftigt werden.«

Chaerea nickte zustimmend. »Ich werde ein Lager errichten und Unterkünfte bauen lassen ...«

»Nein!« unterbrach in Caligula. »Muscheln!« Er zeigte auf den Strand.

»Was, göttlicher Caesar?« Chaerea dachte: Mit meinem Gehör muß etwas nicht mehr in Ordnung sein! Ich werde alt.

»Du hast mich doch gehört«, knurrte Caligula zornig. »*Muscheln! Seemuscheln!*« wiederholte er. »Laß sie von den Soldaten einsammeln! Wir müssen doch *irgend etwas* vorzuweisen haben!«

Zwei Legionen brauchten volle zwei Tage, um all die Muscheln zu sammeln, die Caligula für notwendig hielt. Damit war der

Feldzug gegen Britannien beendet, und die Armee setzte sich wieder in Marsch, um Germanien zu erobern.

Aber die Eroberung von Germanien war in keiner Weise mit den Feldzügen des Germanicus zu vergleichen. Sie hatten jahrelang gedauert, denn die Germanen waren ein sehr kriegerisches Volk. Bei einem Massaker hatte Varus vier Legionen verloren, und es waren noch viele Kämpfe und Schlachten notwendig gewesen, bis es Germanicus gelungen war, die geraubten Legionsstandarten wieder nach Rom zurückzubringen.

Caligulas Feldzug gegen die Germanen verlief ganz anders und dauerte noch nicht einmal eine Woche. Er bestand in der Hauptsache darin, die größten und zahmsten Gallier in der eigenen Armee ausfindig zu machen und ihnen die Haare hellrot zu färben, damit diese Männer den wilden Germanenführern der alten Zeiten ähnelten. Man brachte diesen Galliern sogar ein paar Worte der germanischen Sprache bei, damit sie möglichst überzeugend wirken sollten, wenn Caligula sie in seinem Triumphzug nach Rom vorführen würde.

Caligula war entschlossen, einen Triumph zu feiern, wie ihn Rom noch nie erlebt hatte. Dafür brauchte er gefangene Sklaven – die rothaarigen Gallier – sowie Beute und Tribut von einem unterworfenen Volk – die eingesammelten Muscheln. Er hatte alles sehr sorgfältig geplant und sah im Geiste bereits alles deutlich vor sich: Ein Imperator-Gott auf einem Kampfwagen, vom Sieg gekrönt, würde durch den neu erbauten Triumphbogen von Caligula dem Gott fahren und einer langen Prozession von Sklaven folgen, die man vor ihm hertrieb.

»Du bist hier, um mich zu bespitzeln!« sagte Caligula eiskalt zu seinem Onkel Claudius. Der einfältige Mann war der Anführer einer Senatoren-Delegation, die ins kaiserliche Lager am Ufer des Rheins gekommen war.

»N-N-Nein! N-N-Nein, g-g-göttlicher Caesar!« stotterte Claudius. »W-W-Wir sind im N-N-Namen des S-S-Senats hergekommen, um dir zu sagen, daß ein ... äh ... K-K-Komplott gegen dich aufg-g-gedeckt wurde ...«

»Die Senatoren Lepidus und Gaetulus!« schnaubte Caligula. »Ich weiß!

»W-W-Wirklich?« Claudius war sichtlich überrascht. »Also, g-g-göttlicher Caesar ... sie ... äh ... ich m-m-meine ... wir haben sie zum T-T-Tode verurteilt. W-W-Wegen Hochverrat und allem ...«

»Und *mich* dabei um dieses Vergnügen gebracht!« grollte Caligula.

»Nun ... äh ... wir hielten das für am sichersten und ...« In Wirklichkeit hatten sich die beiden Senatoren die Pulsadern geöffnet, aber Claudius hielt es für besser, davon lieber nichts zu erwähnen.

»Und was ist mit meinem Triumphzug?« fragte Caligula hitzig. »Warum hat der Senat mir einen Triumphzug verweigert?«

Claudius und die anderen Senatsmitglieder wechselten erstaunte Blicke miteinander.

»Aber ... aber du hast doch ausdrücklich gesagt, daß du keinen Triumphzug haben willst! Du hast per Expreßboten Instruktionen geschickt und es dem Senat verboten!«

»Lüge mich nicht an, Claudius!« schrie Caligula und knirschte mit den Zähnen. Diese senilen Dummköpfe! Wußten sie denn nicht, daß sie darauf *bestehen* sollten? Daß sie Caligula einen Triumphzug *aufzwingen* sollten? Würde er denn niemals Gelegenheit bekommen, der Welt seine Demut zu beweisen? Ein Gott ... und doch demütig? Wo blieb ihre Verehrung?

»Äh ... ja ... nein ... ich meine ... du wirst natürlich einen Triumphzug haben ... natürlich ... in Ordnung ... ja ... natürlich, meine ich ... einen Triumphzug ...«, plapperte Claudius und begann dabei schon wieder zu sabbern.

»Für meine Eroberungszüge in Germanien *und* Britannien?«

»Ja, göttlicher Caesar!« antworteten nun alle Senatoren im Chor.

»Aber mir sind Gerüchte zu Ohren gekommen!« rief Caligula. »Der Senat glaubt nicht, daß ich überhaupt in Britannien war!«

»Oh, nein, Herr ...«, protestierte Claudius.

»Willst du mich etwa als Lügner hinstellen?« donnerte Caligula wütend.

»Göttlicher Caesar ...! Niemals ...!«

»Aber du tust es! Nun, ich *habe* Britannien erobert! Und ich habe *einhunderttausend Seemuscheln*, um es zu beweisen!«

Die Delegation war jetzt vollkommen verwirrt und wußte nichts Besseres zu tun, als sich stumm zu verneigen.

»Ah ... Seemuscheln ... ja ... sehr nützlich ...«, murmelte Claudius.

Aber Caligula war noch nicht am Ende. »Ich habe auch ein germanisches Heer besiegt! Wie es mein Vater vor mir getan hat! Ich werde eintausend germanische Gefangene nach Rom bringen!«

Claudius hob bewundernd beide Hände. »Oh ... ein großer Sieg, Caesar! Ja! Ja!«

»Ja! Ja!« echoten die Senatoren.

»Und jeder einzelne meiner germanischen Gefangenen hat ungemein *rotes* Haar!« fuhr er sehr klar und deutlich fort, damit diese Tölpel nicht etwa eine falsche Nachricht nach Rom bringen würden. »Aber ihr zweifelt immer noch an mir!«

Claudius verdrehte die Augen himmelwärts. »*Nein ... göttlicher Caesar! Nein!!*«

»Aber ihr habt mich ja schon immer gehaßt!« schmollte Caligula gekränkt und wandte sein göttliches Antlitz von den Senatoren ab, damit sie sich nicht in seinem Glanz sonnen konnten. »Der Senat war schon immer mein Feind. Meine einzigen Freunde sind unter dem Volk von Rom! Und natürlich unter meinen Mitgöttern. Aber die brauchen ja nicht in Rom zu leben. Sehr vernünftig von ihnen. Ich weiß nicht, warum *ich* es tue.«

Claudius und die Senatoren starrten ihn an. So hatten sie Caligula noch nie gesehen. Sie hatten keine Ahnung, was dies alles zu bedeuten hatte. Seemuscheln? Rothaarige Gefangene? Dabei war es doch offensichtlich, daß die Armee überhaupt nichts getan hatte. Aber genauso offensichtlich war, daß Caligula seinen Triumphzug haben wollte ..., und es dürfte für alle besser sein, ihm diesen Wunsch zu erfüllen.

»Worüber habe ich doch eben gesprochen?« fragte Caligula. Er hatte den Faden verloren. Sein Kopf schmerzte. Seit jenem Fieber war er so vergeßlich geworden ...

»Äh ... die Zeit ... der Tag deines Triumphzuges, Herr? Der

Senat möchte entsprechende Vorbereitungen treffen«, antwortete Claudius besänftigend.

Caligula machte ein finsteres Gesicht. »Sagt dem Senat einfach, daß ich komme! Und ...« er schlug klatschend auf seinen Schwertgriff. »... das hier kommt auch!« Dann wandte er sich an seine Wachen. »Würdet ihr so freundlich sein, meinen lieben Onkel Claudius in den Fluß zu werfen?«

»O weh«, murmelte Claudius. Wie er das haßte! Aber Caligula liebte es nun einmal, seinen Onkel zu demütigen. Also plätscherte Claudius prustend im Rhein herum und wäre beinahe ertrunken.

Der Imperator hatte nicht genügend Zeit bewilligt, so daß der Triumphbogen für den göttlichen Caligula noch nicht hatte errichtet werden können, aber die Römer taten ihr Bestes, um trotzdem eine gute Schau zu veranstalten. Aus allen Teilen der Stadt und sogar aus einigen benachbarten Orten waren Statuen von Caligula herbeigeschleppt und an der Via Appia neu aufgestellt worden, prächtig herausgeputzt und zum Zeichen des Sieges mit Lorbeerkränzen geschmückt. Als Caligulas Kriegswagen die Via Appia herunterrollte, fuhr der Imperator zwischen langen Reihen seiner Ebenbildnisse dahin. Das bereitete ihm immense Freude.

Alles verlief genauso wie geplant und wurde ein großer Erfolg. Die Musik war schon lange zu hören, bevor der Zug in Sicht kam. Die Menge stimmte sofort tosendes Jubelgeschrei an. Caligula war der Liebling des Volkes, weil er dem Pöbel die beiden Dinge lieferte, die am meisten geschätzt wurden ... *panem et circenses* ... Brot und Spiele.

Bald tauchte die Spitze der Prozession auf und bewegte sich mit feierlicher Würde auf die Stadt zu. Zuerst kamen die Standartenträger, sie trugen die Banner des Senats und des Volkes von Rom ... *Senatus Populusque Romanum.* Als nächstes tauchte eine enorme Sänfte auf, die von vierzig der kräftigsten Sklaven des Imperiums getragen wurde. Auf ihr stand die lebensgroße, aus massivem Gold gefertigte Statue Caligulas. Sie war für diesen Zweck eigens aus dem Tempel ausgeliehen worden, den Caligula für sich auf dem Palatin errichtet hatte. Anschließend folgte die Kriegsbeute. Der Senat war so klug gewesen, große, eisenbeschlagene Kisten für die Seemuscheln zur Verfügung zu stellen. Das Volk glaubte natürlich wie immer, daß diese Kisten mit Gold und Edelsteinen gefüllt waren, und so brach die Menge in begeistertes Beifallsgeschrei aus, als diese Kisten vorbeigetragen wurden.

Jetzt kamen die Pfeifer, die flotte Marschmusik spielten. Sie waren wie griechische Knaben gekleidet und froren in den dünnen Gewändern, wurden aber sehr bewundert. Ihnen folgten die Opferbullen, ein Dutzend Tiere, alle perfekt; sie wurden von zwei sehr nervösen Priestern geführt.

Nun kam eine Schar zerlumpter ›Gefangener‹, auf beiden Seiten scharf bewacht. Es handelte sich nicht um die rothaarigen Gallier, die wurden noch für später aufgespart. Es waren römische Rekruten aus den niedrigsten Rangklassen der Armee. Jeder Mann hatte sich ein Extra-Silberstück verdient, oder es war ihm zumindest versprochen worden, wenn er sich in Ketten in der kaiserlichen Prozession mitführen lassen würde. Die Wachen hatten Anweisungen, mit der Peitsche sparsam umzugehen, aber einige von ihnen ließen sich doch immer wieder hinreißen, so daß zwei der ›Gefangenen‹ bereits tot waren, als der Triumphzug endlich das Forum erreichte. Die Menge aber war begeistert.

Hinter den Gefangenen marschierten die Hornbläser und Trommler; große Afrikaner, mit Löwenfellen bekleidet. Sie waren ein beliebtes und bevorzugtes Merkmal aller Triumphzüge, und das Volk wäre sich betrogen vorgekommen, wenn sie heute nicht auch in Erscheinung getreten wären. In Rom bekam man nur selten Neger zu Gesicht; sie wurden für die Arena reserviert oder für ausgesuchte Armeeeinheiten. Einige sollten allerdings auch Dienst in den Betten reicher Leute tun, sowohl bei Männern als auch bei Frauen.

Als die Nubier vorbei waren, kam ein Ochsenkarren, auf dem die ›gefangenen Stammesfürsten‹ standen; drei rothaarige Gallier, als Germanen verkleidet, starrten unter der Wagenplane hervor grimmig und feindselig auf die Menge. Noch wußten sie nicht, daß sie bereits für eine spätere Hinrichtung vorgesehen waren.

Der Rest der Gallier folgte halbnackt und in Ketten dem Ochsenkarren und dem Wagen, auf dem die angeblich erbeuteten

Waffen der Gefangenen lagen. Diese ›Kriegstrophäen‹ hatte man hastig bei der Armee gesammelt, wo solche Dinge als Andenken an frühere Kämpfe vorhanden waren. Um den Haufen noch höher erscheinen zu lassen, hatte man darunter sehr geschickt römische Speere und Bogen versteckt.

Hinter den Galliern marschierten die zwei Dutzend Liktoren, die Hüter des Friedens; sie trugen die *fasces*, die Stabbündel als Symbol für das Motto: Einigkeit macht stark.

Und hinter den Liktoren kam Caligulas Kampfwagen mit dem Imperator persönlich.

Anfangs hatte Caligula sich nicht entscheiden können, wie er auftreten sollte ..., als Heerführer, als Imperator oder als Gott. Klug wie er war, entschied er sich für alle drei. Er bot ein prächtiges Bild und wurde von der Menge jubelnd begrüßt. Sein Kampfwagen wurde von vier herrlichen Schimmeln mit goldenen Schabracken gezogen. Hinten auf dem Wagen stand Nike persönlich – jedenfalls die beste lebende Imitation der Siegesgöttin, die Caligula hatte finden können. Es handelte sich um ein sechzehnjähriges Mädchen in langem, weißem Gewand, an dem Flügel befestigt worden waren. Mit ausgestreckter Hand hielt es eine Lorbeerkrone über Caligulas Haupt. Der Arm schmerzte furchtbar, aber Caligula hatte dem armen Ding einen langsamen, grausamen, qualvollen Tod angedroht, wenn es den Arm auch nur einen Zoll sinken lassen würde.

Caligula trug die volle Ausrüstung eines Generals, aber sein Brustschild bestand aus purem Gold; sein Umhang wies Purpur und Gold auf, was nur einem Imperator zustand. Er war auch wie ein Imperator gekrönt, aber wie ein Gott mit Edelsteinen geschmückt. Schwere, goldene Ketten hingen um seinen Hals; Armbänder aus asiatischen Perlen und indischem Ebenholz zierten seine Handgelenke. Die Finger waren mit kostbaren Ringen überladen, das Gesicht mit Rouge geschminkt, um die Augen möglichst strahlend erscheinen zu lassen.

Und wie diese Augen sprühten! Dies hier war *sein* Triumphzug ... und ein riesengroßer obendrein! Das Volk liebte ihn. Man brauchte nur zu hören, wie begeistert man seinen Namen schrie.

Als die Prozession das Forum erreichte, hob Caligula den

rechten Arm, um den Senat zu grüßen. So gut gelaunt hatte man ihn seit der Thronbesteigung nicht mehr gesehen, und das alarmierte die Senatoren. Sie erkannten sehr wohl das Wahnwitzige an ihrem Imperator. Bei ihm konnte man nie ganz sicher sein, was er als nächstes tun würde ...

»Hast du sie gesehen ... und gehört ... diese Menschenmengen?« fragte Caligula und sah Caesonia triumphierend an.

Sie lag neben ihm auf der Bankett-Polsterbank. Um die beiden herum aß und trank der Adel von Rom auf Caesars Triumph.

»Man liebt dich, Caligula«, antwortete seine Frau und drückte zärtlich seinen Arm.

»Einen solchen Triumphzug hat es noch nie gegeben! Ich bin größer als Julius Caesar, nicht wahr?«

»Ja, Caesar ... viel größer ... ganz gewiß, Caesar ... zweifellos, göttlicher Caesar!« erklangen die Antworten von den in der Nähe befindlichen Liegen.

Caligula hob die Stimme, damit ihn alle hören konnten:

»Während ihr Senatoren sicher hier in Rom gelebt habt, hat euer Imperator sein Leben riskiert, um das Imperium zu erhalten und zu vergrößern!« Er stellte seinen Weinkelch sehr hart hin. Caligula hatte schon viel getrunken.

Nicht einmal die Tänzerinnen vermochten ihn abzulenken und zu zerstreuen, obwohl es sich dabei um Zwillinge von etwa fünfzehn Jahren handelte, die zugleich sehr erfahren waren in der sapphischen Liebe. Caligula spürte einen gewissen Mangel an Respekt um sich herum; seiner Meinung nach nahm man ihn niemals ernst genug. Verdammte Senatoren! Alte, jämmerliche Mistkerle!

»Wir sind hier nicht sicher«, flüsterte er Caesonia zu.

»Natürlich sind wir hier sicher«, widersprach sie resolut. »Du hast doch deine germanischen Wachen und ...«

»Solange ein einziges Mitglied des Senats am Leben ist, werde ich in dieser Stadt niemals ganz sicher sein!«

Jetzt war sogar Caesonia alarmiert. »Aber man verehrt dich doch wie einen Gott!« rief sie.

»Das ist doch nur ganz natürlich, denn ich bin ja ein Gott!«

Caligula runzelte besorgt die Stirn, schaute sich düster um und lachte plötzlich leise.

»Was findest du denn so amüsant?« erkundigte sich Caesonia erstaunt.

»Siehst du die beiden Konsuln da drüben?«

»Natürlich.«

»Nach mir haben sie die höchsten Ämter des Imperiums inne, nicht wahr?«

»Gewiß, Caesar. Und ...?«

»Und da ist mir eben eingefallen, daß ich jetzt nur mit dem Kopf zu nicken brauche, um zu veranlassen, daß den beiden die Kehle durchgeschnitten wird! Direkt hier bei diesem Festgelage!«

Jetzt dachte Caesonia: Zum erstenmal, seit ich Drusilla vergiftet habe, vermisse ich sie! Drusilla und nur Drusilla allein war imstande gewesen, Caligula zur Vernunft zu bringen, zumindest manchmal.

»Damit würdest du dich aber nur verhaßt machen«, sagte sie leise.

»Sollen sie mich doch hassen, solange sie mich nur noch mehr fürchten! Kennst du dieses Zitat?«

Caesonia kannte es, denn es war das Lieblingszitat von Imperator Tiberius gewesen. Aber sogar dieser alte, mordwütige Wahnsinnige hatte seine lichten Momente gehabt. Er hatte niemals gedroht, ja nicht einmal mit dem Gedanken gespielt, den *gesamten* Senat zu eliminieren, einschließlich der Konsuln! Das war unmöglich!

»Ich bin gelangweilt, gelangweilt, gelangweilt«, murmelte Caligula. Jetzt, wo sich der Tag seines Triumphes dem Ende zuneigte, folgte der übertrieben gehobenen Stimmung wie üblich tiefe Depression. Ungeduldig trommelte er mit den Fingern auf der Tischplatte herum und ignorierte sogar Caesonia. Dann kam ihm eine Idee, und sein Gesicht hellte sich wieder auf.

»Wann läuft die nächste Konsul-Periode ab, Longinus?«

»In zwei Monaten, göttlicher Caesar.«

Caligula sprach nun laut genug, daß alle Anwesenden ihn hören und verstehen konnten. »Für dieses höchste und wichtigste Amt im Staate werde ich mein Pferd ernennen ... den noblen und reichen Incitatus!« Er lachte schallend, aber diesmal lachte er allein.

Der Senat hatte schon sehr viel von Caligula hingenommen: Erpressung, Mord, Vergewaltigung der Ehefrauen und Töchter. Aber ein derartiger Affront gegen das Amt des Konsuls rüttelte an den Grundfesten von Rom! Das war eine Beleidigung von Romulus, Jupiter, Vesta und allen anderen Hausgöttern! Das war ein Sakrileg!

Der Adel von Rom saß wie erstarrt da ... entsetzt, schweigend, schockiert und sehr, sehr zornig.

Der Wahnwitz des Imperators steigerte sich immer mehr und nahm immer befremdlichere und merkwürdigere Formen an. Nachdem er tatsächlich durchgesetzt hatte, daß sein Hengst Incitatus zum Konsul ernannt worden war, beschäftigte sich Caligula mit seiner eigenen Göttlichkeit. Da er immer noch wütend war auf Isis, konzentrierte er sich jetzt auf Venus. Er war nicht länger damit zufrieden, nur Caligula der Gott zu sein – er wollte auch eine Göttin werden! Und deshalb verkündete er, die lebende Verkörperung der Göttin Venus zu sein. Um es zu beweisen, beschloß er, in der Öffentlichkeit als Göttin herausgeputzt zu erscheinen.

»Du bist sehr reizend«, sagte Caesonia, während sie beobachtete, wie er noch etwas Rouge auf die Lippen auftrug.

Er war in der Tat überraschend schön – mit seiner schlanken, zierlichen Gestalt wirkte er sogar in der Toga ein wenig feminin. Jetzt aber trug er außerdem noch eine blonde Perücke auf dem Haupt, und sein Körper war in ein enganliegendes Gewand gehüllt. Das Gesicht war sehr stark geschminkt. Ohrgehänge baumelten von den Ohrläppchen. Er ähnelte wirklich geradezu erstaunlich einer sehr schönen, vornehmen Frau.

»Die Perücke trägt wohl wesentlich dazu bei«, gab er zu.

»Wie lange willst du denn die Göttin Venus sein?«

Caligula betrachtete sich kritisch im Spiegel. »Einen Tag oder zwei. Meine Nase ist zu groß.«

»Die Göttin Venus ist perfekt, und deshalb bist du ebenfalls perfekt«, versicherte ihm Caesonia.

Julia Drusilla kam ins Zimmer gerannt, eine Puppe im Arm. »Wo ist mein Vater?« fragte die Kleine.

»Hier, mein Liebling!« rief Caligula, erfreut darüber, daß seine Tochter ihn nicht erkannt hatte. Er beugte sich unbeholfen in dem hautengen Kleid nach unten und hob seine kleine Tochter hoch. »Küsse die Göttin Venus!«

Das Kind wandte das Gesicht ab. »Du siehst komisch aus! Sieh doch mal die Puppe an!« Sie hielt das kleine Spielzeug hoch und riß ihm den Kopf ab. »Da! Böse, schlimme Puppe!«

Lachend stellte Caligula das Kind wieder auf den Boden. »An ihrer Vaterschaft gibt's wohl keinen Zweifel«, sagte er zu Caesonia.

»Überhaupt keinen«, stimmte sie zu und scheuchte die Tochter wieder hinaus. Dann drehte sie sich nach Caligula um und sagte in bekümmertem Tonfall: »Ist es dir wirklich ernst mit deinem Entschluß, Rom zu verlassen?«

»Mir ist es immer ernst ... außer, wenn es mir nicht ernst ist.« Er betrachtete sich wieder im Spiegel und legte noch etwas mehr Rouge auf die Lippen. »Sind meine Lippen zu rot?«

»Nein. Aber höre jetzt damit auf, sie noch mehr zu beschmieren. Wird man dich denn fortlassen?«

»Man ...?« wiederholte er.

»Der Senat.«

Caligula legte den Spiegel hin und drehte sich nach seiner Frau um. »Ich führe zwei Listen«, sagte er sehr langsam und bedächtig. »Listen meiner Feinde. Eine Liste trägt die Überschrift *Das Schwert*, die andere *Der Dolch*. Diese Listen werden jeden Tag kürzer und immer kürzer. Eines Tages wird es überhaupt keine Listen mehr geben ... und auch keinen Senat!«

»Wie kannst du regieren, wenn du jedermann tötest?«

»Wenn ich jedermann töte, wird es niemanden mehr geben, den ich regieren muß«, sagte Caligula nicht unlogisch. »Und das wäre ideal!«

»Scherze nicht!« rief Caesonia besorgt.

»Ich scherze niemals«, antwortete Caligula lächelnd.

»Außer, wenn du's doch tust.«

»Ich glaube, daß ich vielleicht eine neue Frau brauchen werde

... eine, die noch nicht alle meine Scherze kennt.« Das hörte sich ziemlich verärgert und gereizt an.

»Oder vielleicht brauchst du neue Scherze.«

»Hier ist einer!« sagte Caligula lachend. Er breitete die Arme weit aus, so daß die langen Ärmel des Gewandes wehten, und warf den Kopf kokett zurück ... eine schöne Frau. »Komm! Bete mich an! Bete zu Venus! Zur Göttin der Liebe, des Lichtes, der Schönheit ...«

»Ich bin vom höchsten Olymp zu euch herabgestiegen, um euch zu segnen und eure Opfergeschenke entgegenzunehmen!« rief Caligula der Menge zu. Er stand auf dem Piedestal im Tempel der Göttin Venus. Die Statue der Göttin war entfernt und irgendwo verstaut worden, Caligula hatte ihren Platz eingenommen. Eine Menge Römer – Senatoren, Priester, Bürger, Arbeiter – drängte sich um das Marmorpodest herum, erstaunt und schockiert, aber niemand wagte zu lächeln oder eine Bemerkung zu machen.

Caligula posierte wie die Göttin. Zu seinen Füßen stand ein großer Korb. Opfergeschenke und Goldmünzen wurden ständig hineingeworfen. Caligula beobachtete dabei sehr genau, wer was gab.

Ein großer, stattlicher junger Mann trat nach vorn und warf zwei Goldmünzen in den Korb. Er bewegte sich anmutig wie ein Tänzer, verbeugte sich, um der Göttin zu huldigen, und blickte dann Venus kühn und verwegen direkt in die Augen.

Caligula spürte, wie sich sein Blut zu rühren begann. Der junge Mann hatte grüngraue Augen und trug das dichte, braune Haar länger, als es in Rom Mode war; es wurde von einem dünnen Stirnband aus geflochtenem Leder zurückgehalten.

War dieser junge Mann ein wirklicher Verehrer von Venus? Später war Caligula nicht überrascht, als er den jungen Mann in der Säulenhalle des Tempels warten sah. Es waren nur wenige Worte nötig, um eine Verabredung zu treffen. Der junge Mann sollte kurz nach Mitternacht in den Palast kommen.

Caligulas Herz pochte. Er befahl den Trägern seiner Sänfte, schneller zu gehen. Im Palast angekommen, gab Caligula sofort Befehle. Er ließ bestimmte Dinge herbeischaffen und gab Anweisung, daß er von niemandem gestört werden durfte, vor allem nicht von Caesonia.

In Schnee gekühlter Wein wurde in Caligulas Schlafgemach gebracht. Parfümphiolen verströmten herrliche Düfte. Auf einem niedrigen Tisch standen persische Weinbecher aus reich verziertem Silber neben einem goldenen Weinkrug. Schalen mit weißen und roten Rosen wurden auf den großen Tisch gestellt; diese Blumen waren um diese Jahreszeit äußerst selten und knapp, weswegen sie nur für spezielle Staatsanlässe reserviert waren. Sklaven mußten die Dochte der Lampen so niedrig drehen und trimmen, daß sie ohne Blaken brennen würden. Sie sollten nur gedämpftes Licht verbreiten, das der ›Göttin Venus‹ schmeicheln würde.

Caligula betrachtete sich aufmerksam im Spiegel. Der Imperator war immer noch als Venus verkleidet, trug die Perücke und allen Schmuck und sah wirklich prächtig aus. Aber sein Make-up mußte aufgefrischt werden ..., und es war fast Mitternacht! Mit zitternden Fingern wischte Caligula die alte Schminke aus dem Gesicht und trug neue Farben auf. Da ...! Jetzt sahen seine Augen größer, seine Nase kleiner und die Lippen wie Erdbeeren aus der Campania aus. Er war schön, schön! Welcher Sterbliche könnte jetzt noch der Göttin widerstehen?

Gegen Mitternacht wurde leise an die Tür geklopft.

»Herein!« rief Caligula alias Venus.

Die Tür wurde geöffnet, und der stattliche junge Mann kam herein. Sein schlanker Körper war jetzt in eine enge Robe gehüllt ... wie der Wagenlenker Apollo! Der Hintern zeichnete sich rund, stramm und einladend ab. Das dichte, braune Haar, sehr gründlich gebürstet und gekämmt, glänzte.

Caligula zitterte vor Verlangen, als der Fremde näher herankam, neben der Polsterliege niederkniete und mit der Stirn den Fußboden berührte.

»Du bist willkommen, Fremdling«, seufzte Caligula. »Willkommen am Schrein der Venus! Verehre sie!«

»Danke, Göttin! Deine Berührung verleiht meiner Seele Unsterblichkeit!«

Caligula schloß die Augen und schnurrte beinahe. Wie romantisch doch die Worte dieses jungen Mannes klangen! Von einem Mann wie diesem hier hatte Caligula schon immer geträumt ... von einem Mann, der unter der Hülle der Göttlichkeit Caligulas sensitives, innerstes Wesen erkennen würde!

»Trinke etwas Wein«, murmelte Caligula.

Der junge Mann stand auf und löste stumm seine Gewänder. Achtlos warf er sie in eine Ecke. Dann stand er splitternackt da und gestattete Caligula, sich an diesem prächtigen Anblick zu weiden. Er war schön und anmutig wie eine der griechischen Statuen zu Homers Zeit. Seine Beine waren lang, die Oberschenkel zwar muskulös, aber doch schlank und schön wie Frauenbeine. Er hatte breite Schultern und eine sehr zierliche Taille; der Leib war flach, während die Hüften hübsche Rundungen aufwiesen, der Körper fast unbehaart; nur die Genitalien von einem dichten, schwarzen Pelz umgeben.

Caligula zog unwillkürlich scharf die Luft ein.

»Wein«, bot er nochmals an.

Der junge Mann nickte. Er streckte eine Hand nach dem niedrigen Serviertisch aus poliertem Ebenholz aus und füllte zwei Becher mit Wein. Den ersten bot er mit tiefer Verneigung ›Venus‹ an. Dann ließ er sich achtlos auf dem Bett nieder und sah Caesar ins Gesicht. Langsam schüttete er den Wein aus seinem Becher über seine Genitalien und fing ihn in der Schale auf, die von seinen zusammengepreßten Oberschenkeln gebildet wurde.

»Trinke, Venus!« sagte er freundlich. »Dieser Wein ist als Trankopfer für deine Göttlichkeit verschüttet worden! Komm, Venus, und trinke ihn!« Er zeigte dabei auf seinen Penis, der inzwischen enorm erigiert war.

Caligula wurde vor Lust beinahe schwindelig.

»Trinke deinen Wein, Venus!«

Seit Caligula Caesar geworden war, hatte er zwar unzählige Male Fellatio bei sich praktizieren lassen, nur er selbst hatte diese Methode nie mehr benutzt. Sie war eines Imperators und Gottes unwürdig. Aber noch nie, niemals hatte er sich so danach gesehnt es zu tun, wie jetzt!

Der junge Mann lächelte ihn wissend und beinahe unverschämt an.

Das war zuviel für Caligula!

Er vergaß seine kaiserliche Würde und warf sich unter lautem Aufstöhnen auf den von Wein getränkten Bauch des jungen Mannes. Der Wein war wirklich köstlich. Durstig leckte Caligula ihn auf, füllte seinen Mund damit, verschmierte die Wangen, saugte, leckte, hörte nicht früher damit auf, bis der junge Mann sich aufbäumte.

Caligula stöhnte unbefriedigt.

Doch jetzt stellte der Verehrer sein Talent für Liebe erst unter Beweis.

Er war nicht nur gebaut wie ein Gott, er verstand sich auch auf das Liebesspiel wie ein Gott.

Wellen herrlicher Gefühle schwemmten über Caligula hinweg, als sie die Stellung änderten, als er seine Beine immer fester um den Körper des jungen Mannes schlang. Beide keuchten unisono vor Leidenschaft und hemmungsloser Wollust.

Plötzlich streckte der junge Mann eine Hand aus, griff nach ein paar Rosen und zerdrückte die stark duftenden Blüten. Dann hielt er sie Caligula dicht unter die Nase. Die Höhepunkt-Ekstase in Verbindung mit dem betäubenden Rosenduft ließen dem Imperator für einen Moment die Sinne schwinden.

Das war Wollust! Davon hatte er sein ganzes Leben lang geträumt! Aber erst in diesem Moment hatte er es endlich einmal erreicht! Caligula seufzte tief auf und war endlich befriedigt.

»Wer bist du?« fragte er keuchend und blickte in die grüngrauen Augen des jungen Mannes, der erschöpft auf ihm lag.

»Mnester, göttlicher Caesar.«

»Venus!« korrigierte Caligula.

»Venus ... Göttin! Ich bin ein Schauspieler.«

»Ein Grieche?« Natürlich! Es konnte ja gar nicht anders sein! Ein Heros wie Achilles ... wie Agamemnon oder Ajax.

»Ja, Göttin.«

Caligula richtete sich auf einen Ellbogen auf. »Wir werden zusammen nach Griechenland heimkehren!« schnurrte er. »Wenn du mich liebst!«

»Wer liebt die Göttin der Liebe nicht?«

»Reizend!« lobte Caligula. Dann runzelte er die Stirn und

erinnerte sich an die Wirklichkeit. »Unglücklicherweise tun das zu viele Leute! Und jetzt geh runter von mir, ja?«

Mnester wälzte sich rasch auf die andere Seite des Bettes. Er beobachtete, wie Caligula seine Perücke zurechtrückte und die Gold- und Perlenketten wieder richtig arrangierte.

»Viele Leute haben sich gegen mich gewandt«, seufzte der Imperator.

»Das Volk ... das wahre Volk von Rom ... sie alle lieben dich! Äh ... göttlicher Caesar?« Mnester zögerte, diesen Namen auszusprechen.

Aber Caligula war aufgestanden und ging zu seinem Frisiertisch hinüber. Er nahm die Perücke ab und entfernte mit einem Leinentuch das Make-up. »Ja ... jetzt bin ich wieder Caesar«, sagte er.

»Laß es dir von mir zeigen«, drängte Mnester.

»Was willst du mir zeigen?« fragte Caligula.

Er lachte, als er Mnesters Plan hörte. Er war tollkühn, vielleicht sogar gefährlich, aber er bewunderte ihn. Sein Blut geriet in Wallung. Er würde auf Monate hinaus Anekdoten beim Bankett zu erzählen wissen.

Der göttliche Caesar – Herrscher und Gott – wanderte in Verkleidung unter seinem Volk herum und zeigte sich ihm einmal nicht als Gottheit, sondern als ganz gewöhnlicher Mann ... besser gesagt, als gewöhnlicher Junge! Er würde mit eigenen Ohren hören können, was das Volk wirklich von ihm hielt!

Caligula war von diesem Plan so entzückt, daß er sofort seine Zustimmung gab. Er brauchte auch nur wenige Minuten, um sich darauf vorzubereiten. Caligula zog sich sehr einfach und schlicht an. Die derbe Kleidung lieh er sich von einem seiner Palastsklaven aus. Er stülpte sich eine dichte, schwarzhaarige Perücke auf den Kopf, ein Umhang aus dicker Wolle verbarg seinen Körper und die untere Hälfte seines Gesichts.

Sie schlüpften unbehindert aus dem Palast und wanderten zu den verlassenen Straßen in den Armenvierteln hinab. In diesem Bezirk gab es nur kleine, primitiv erbaute Holzhäuser mit Strohdächern. Gefährlich! dachte Caligula. Eines Tages wird der ganze Bezirk in Flammen aufgehen.

Sie betraten eine Taverne, ein dunkler Ort mit niedriger Decke. Es roch nach schalem Wein. Tische und Bänke waren aus rohem Holz zusammengezimmert. In Tonkrügen brannten Kerzen, die aus Lumpen bestanden, die man in Talg getaucht hatte. Sie spendeten mehr Rauch als Licht. Bei den Trinkern handelte es sich größtenteils um dienstfreie Soldaten und arbeitslose Männer, und die anwesenden Frauen waren bestimmt Huren.

Als sich Caligulas Augen ans Halbdunkel und an den Rauch gewöhnt hatten, versuchte er, die Unterhaltungen der Leute in seiner Nähe zu belauschen. Er war begierig darauf, Neuigkeiten über sich selbst zu hören, aber die Leute redeten derartig durcheinander, daß bei dem Lärm nichts zu verstehen war.

»Ich kann überhaupt nichts hören«, beklagte sich Caligula bei Mnester. »Soweit ich feststellen konnte, hat bisher niemand meinen Namen erwähnt!«

»Das wird man schon noch tun«, beruhigte ihn sein Begleiter.

Die Taverne füllte sich mit mehr und immer mehr Trinkern. Die Fröhlichkeit wurde immer lebhafter und lauter. Jetzt wurde auch öfters gelacht.

An einem Tisch ganz in der Nähe stand ein großer, stämmiger Mann auf. Er stellte sich den Trinkbecher aus Ton auf den Kopf, verdrehte die Augen und gab sich sehr geziert.

»Ich bin die Göttin Venus!« lispelte er und winkte mit einer schlaffen Hand. Das war eine glatte Parodie auf Caligula! Alle brachen in schallendes Gelächter aus.

Caligula erhob sich wütend halb von seinem Platz.

»Hochverrat!« murmelte er. »Gotteslästerung!« Er wollte nach seinem Dolch greifen.

Mnester hielt ihn zurück und schüttelte den Kopf.

»Warte!«

Jetzt erklang vom Tisch des stämmigen Mannes her eine Frauenstimme.

»Ich habe ihn auch gesehen! Er war ja so lustig! Und ich hab's gern, wie er's diesen Senatoren gibt!« Sie lachte höhnisch.

»*So* gibt er's ihnen!« rief ein anderer Mann. Er nahm ein Messer vom Tisch und tat so, als rammte er es in den fetten Bauch eines Senators.

Alle Trinker lachten; es war ein Ausbruch glücklicher, vulgärer Fröhlichkeit.

»Na ...?« fragte Mnester und zog eine Braue hoch.

Jetzt lächelte Caligula.

»Ich verstehe, was du meinst. Sie sind ja ein bißchen grob und derb, aber ...«

»Aber sie wissen zu schätzen, was du tust!« sagte Mnester.

Doch sie hatten auch Klagen und Beschwerden vorzubringen. Der stämmige Mann begann zu jammern: »Diese neuen Steuern! Wie soll da ein Mann noch leben können, frage ich euch?«

»Indem man sie einfach nicht bezahlt!« brüllte ein anderer Mann quer durch den Raum.

»Hm ...«, sagte eine Frau mit ergrauendem roten Haar. »Es kostet den armen Jungen doch auch sehr viel, wißt ihr. All diese Spiele ... und die Theateraufführungen ...« Ihr Blick fiel auf Mnester. »Herrje ... seht doch mal! Dort ist ... wie heißt er doch gleich ...? Dieser Schauspieler, den ich am liebsten sehe ... na, ihr wißt schon ... der Grieche! Hm ... ja, Mnester!« Sie war betrunken und warf Mnester Kußhände zu.

Der junge Schauspieler verbeugte sich dankend.

»Komm rüber!« brüllte der stämmige Mann. »Und bring deinen Jungen mit! Ihr braucht keine Angst zu haben!«

Mnester zögerte und schüttelte den Kopf, aber Caligula war amüsiert. ›Deinen Jungen‹, hatte der Mann eben gesagt. Das gefiel Caligula ungemein. Er wollte sich diesem gewöhnlichen Volk anschließen, um zu sehen, ob er die Leute auch weiterhin zum Narren halten könnte. Er wollte auf diese Weise erfahren, was man wirklich von der kaiserlichen Administration hielt. Deshalb zupfte er Mnester am Ärmel. Sie standen auf und gingen zum Tisch hinüber, an dem der stämmige Mann und die betrunkene rothaarige Frau saßen. Man reichte ihnen sofort herben Wein.

»Welche Steuern gefallen euch denn am wenigsten?« fragte Caligula.

»Wir mögen überhaupt keine Steuern!« erwiderte der Mann und biß herzhaft in eine große Zwiebel. »He, Mnester ..., wo hast du denn diesen Jungen aufgegabelt?« fragte er lüstern.

»Er ist ... auch ein Schauspieler ... eben aus Griechenland angekommen«, log Mnester gewandt.

»Hübsch!« sagte die rothaarige Frau und sah unter flatternden Lidern zu Caligula hinüber. Sie war sehr betrunken.

»Warum trägt er denn eine Perücke?« schrie der stämmige Mann. Er streckte eine schmutzige, behaarte Hand aus und nahm Caligula die Perücke vom Kopf.

Der Imperator fuhr von seinem Platz hoch. Sein Gesicht lief vor Wut purpurn an. Aber dann erinnerte er sich plötzlich wieder daran, wo er war, und setzte sich rasch hin.

»Ach, der arme Junge verliert seine Haare!« sagte die Frau und tätschelte Caligulas Kopf. »Aber hübsch ist er auf jeden Fall!«

Caligula stand auf und befahl: »Wir müssen gehen!«

Mnester reagierte ganz automatisch und vergaß deshalb vollkommen, wo man sich befand. »Ja, göttlicher Caesar!«

»Caesar!« röhrte der große Mann und lachte so schallend, daß der scharfe Zwiebelgeruch aus seinem Mund über den Tisch wehte und Caligula in die Nase stieg. Angewidert wandte der Imperator das Gesicht ab. »Was für ein Witz!«

Die rothaarige Frau stützte ihren üppigen Busen auf die Tischplatte und meinte vertraulich zu ihrem Begleiter: »Diese Schauspieler ... sie spielen ständig eine andere Rolle, weißt du? Verrückte Leute!« Sie zeigte mit einem Finger auf ihren Kopf und zeichnete einen kleinen Kreis in die Luft.

Jetzt wurde Caligula so wütend, daß er jegliche Zurückhaltung vergaß. »Aber ich *bin* Caligula!« schrie er.

Jetzt herrschte einen Moment Schweigen, dann brachen alle in der Taverne anwesenden Leute in schallendes Gelächter aus. Das war der beste Witz, den man an diesem Abend hier gehört hatte!

»Wenn du noch 'nen Becher Wein trinkst, Junge, dann wirst du dir einbilden, sogar die Göttin Venus zu sein!« rief der stämmige Mann. Er stand auf, stellte sich wieder den Weinbecher auf den Kopf und stolzierte geziert herum.

Mnester griff schleunigst nach Caligulas Hand und zerrte ihn durch den Eingang auf die dunkle Straße hinaus.

Es war ein sehr aufschlußreicher Abend gewesen.

Caligula nahm sich die Beschwerden der kleinen Leute über die Steuern zu Herzen – er senkte alle Abgaben um fünfzig Prozent. Das machte ihn in den Augen der Plebejer natürlich noch mehr zum Helden.

Aber der Senat war entsetzt. Wie sollten diese Steuerausfälle denn wettgemacht werden?

»Um den Einnahmeverlust für unsere Schatzkammer auszugleichen, werden wir den gesamten Besitz jeder Person konfiszieren, die sich des Hochverrats schuldig macht«, sagte Caligula zu den schweigenden Senatoren. »Ganz gleich, ob gegen den Staat oder gegen den Gott Caligula, da beide ja ein und dieselbe Sache sind. Der Kanzler wird jetzt die Liste mit den Namen derjenigen verlesen, die wegen Hochverrats schuldig gesprochen wurden!«

Longinus, eine dicke Schriftrolle in der Hand, trat einen Schritt nach vorn und begann grimmig vorzulesen:

»Urteile wegen Hochverrats wurden gegen folgende Senatoren gefällt...«

Verängstigtes Raunen machte sich in der Senatskammer bemerkbar. Alle Gesichter zeigten einen entsetzten Ausdruck, denn noch wußte ja niemand, ob sein Name nicht auch auf dieser Liste stehen würde... aus welchem Grunde auch immer.

»Senator Aponius«, las Longinus von seiner Liste ab. »Senator Piso... Senator Antonius... Senator Galba...«

Lautes Stöhnen schwebte zur Marmordecke empor. Das waren eben die treuesten, vornehmsten, ältesten Diener des Imperiums gewesen!

Caligula saß da, hatte ein strahlendes Lächeln auf dem Gesicht, kniff die Augen zusammen und beobachtete die Senatoren..., wie ein junger, hungriger Wolf beutelüstern eine Schafherde mustert!

»Wach auf!« schrie Caligula, als er in Caesonias Schlafgemach gestürmt kam. Seine Augen funkelten vor Aufregung.

Caesonia, die ein kleines Nickerchen gemacht hatte, schüttelte sich. »Ich bin ja wach!« protestierte sie. »Komm her, Liebster...« Sie streckte beide Arme nach ihrem Gatten aus.

Caligula fühlte sich aber viel zu aufgeputscht, um jetzt an Liebe denken zu können.

»Während du geschlafen hast, habe ich ein paar sehr gute Geschäfte erledigt!« informierte er sie.

Caesonia strich das Haar aus dem Gesicht. »Was für Geschäfte denn?« fragte sie.

»*Vierzig* Senatoren ... alle des Hochverrats schuldig!« verkündete Caligula.

»Oh, mein Gott!« keuchte Caesonia, und sie war jetzt nicht minder entsetzt, als es die Senatoren selbst gewesen waren.

Caligula aber beglückwünschte sich immer noch selber und ignorierte Caesonia und deren Schrecken.

»Ich denke, daß alle Besitzungen zusammen – die ich ja nun erben werde! – die Steuersenkungen mehr als ausgleichen!«

Scharf und laut wurde an die Tür geklopft.

»Wer ist denn da?« rief Caligula unwillig.

Mnester betrat den Raum; der junge griechische Schauspieler war mit einer goldgesäumten Tunika bekleidet, einem Geschenk von Caligula.

»Du hast nach mir geschickt, Herr?«

»Ja.« Der Imperator streckte Mnester eine Hand entgegen. »Komm, schließe dich uns an! Zeige Caesonia einmal deinen schönen Körper.«

Mnester machte pflichtgemäß ein neutrales Gesicht und begann sich zu entkleiden.

Als er splitternackt war, nahm er für Caesonia eine Pose nach der anderen ein.

»Na ...?« fragte Caligula gespannt.

»Schön!« stimmte Caesonia zu, aber im stillen knirschte sie mit den Zähnen.

»Er ist mein Gatte!« sagte Caligula.

»Ach? Und wann hat die Hochzeit stattgefunden?« fragte Caesonia betont gleichgültig und nahm sich vor, diesen schwulen griechischen Emporkömmling bei der erstbesten sich bietenden Gelegenheit zu vergiften.

»Die Hochzeit findet jetzt statt!«

Caligula zerrte Caesonia das leichte Gewand vom Leibe, dann

zog er sich selbst aus. Er sah von ihr zu Mnester hinüber und war offensichtlich entzückt.

»Gibt es denn einen besseren Beweis dafür, daß ich ein Gott bin?« fragte er und tätschelte den strammen Hintern des jungen Mannes. »Ich kann Mann und Frau gleichzeitig sein!« Und er legte seine andere Hand auf Caesonias Venushügel.

Dann fielen alle drei zusammen aufs Bett. Caesonia lag zuunterst. Sie spreizte ihre Beine weit auseinander, um für Caesar Platz zu schaffen. Er legte sich sofort dazwischen und trieb seine Erektion tief in sie hinein. Dann kniete sich Mnester hinter Caligula und die drei Körper begannen sich heftig zu bewegen und man hörte nur noch lautes Keuchen.

Caligula, Ehemann und Ehefrau zugleich, wiederholte seine unnatürlichen Vereinigungen die ganze Nacht hindurch, wieder und immer wieder in einer Vielfalt von Liebes-Positionen.

Am Morgen ging Caligula schlaff und erschöpft in die unten gelegenen Arbeitsräume seines neuen Kanzlers Longinus, um noch weitere langweilige Dokumente zu unterschreiben, die ständig auf seinen Namenszug und das kaiserliche Siegel warteten.

»Im Namen des Senats und des Volkes von Rom ...«, murmelte Caligula gleichgültig und monoton, während er seinen Namen wohl zum fünfzigsten Male hinkritzelte. Doch plötzlich blickte er zu Longinus auf.

»Warum lassen wir das ›des Senats‹ nicht einfach weg?« fragte Caligula. »Wir brauchen doch nur ›Im Namen des Volkes von Rom‹ zu sagen?« fügte er quengelig hinzu.

»Ein alter Brauch, Caesar«, entgegnete sein Berater vorsichtig.

»Bräuche können geändert werden. Außer mir wurde ja auch noch kein Imperator zum Gott erhoben, solange er lebte und nicht mit Sicherheit feststand, daß er tatsächlich tot war. Ich will endlich Schluß machen mit dieser Heuchelei!«

Longinus verbeugte sich und zog es vor, jetzt nicht länger zu widersprechen. »Wie der göttliche Caesar es wünscht«, sagte er unterwürfig.

»Auf der anderen Seite ...«, Caligula biß sich auf einen Fingerknöchel und dachte nach. »Noch einfacher könnte es sein, die Senatoren zu beseitigen ... einen nach dem anderen.«

Longinus zuckte nun doch heftig zusammen. Solche Stimmungen machten sich bei Caligula in letzter Zeit immer häufiger bemerkbar. Wieder und immer wieder kehrte er zu dem Thema zurück, den ganzen Senat umbringen zu lassen.

In diesem Moment kam Chaerea herein, begleitet von seinem Stellvertreter Sabinus.

»Göttlicher Caesar!« salutierte der Befehlshaber der Garde.

Caligula streckte lässig eine schlaffe Hand aus. Als Chaerea sich hinabbeugte, um die Hand zu küssen, streckte Caligula ihm nur den Mittelfinger hin, bewegte ihn lüstern und forderte den alten Soldaten auf: »Lecke daran, Chaerea!«

Chaerea machte zwar ein grimmiges Gesicht, kam aber dem kaiserlichen Befehl nach und leckte am Mittelfinger.

»Das magst du doch, nicht wahr?« höhnte Caligula. »Erinnert dich bestimmt an Proculus, was?« Er lachte, als sein Befehlshaber einen hochroten Kopf bekam und sichtlich verlegen wurde. Dann steckte Caligula den Finger brutal in Chaereas Mund und bewegte ihn lebhaft darin herum. »Übrigens ... was hast du denn damals mit Proculus' Genitalien gemacht? Du hast dich bisher niemals dafür bedankt.«

Chaerea gab einen halberstickten Laut von sich.

Caligula zog seinen Finger zurück.

»Das ist genug!« sagte er. »Du erschöpfst mich.«

Jetzt fiel sein Blick auf den jungen Sabinus, der in strammer Haltung dastand, die Wangen lebhaft gerötet.

»Aha!« sagte Caligula. »Du hast ja schon einen neuen Proculus gefunden! Ich verstehe. Schmutziger alter Mann!« schalt er. »Ist er auch so groß, Chaerea?«

Lässig hob Caligula Sabinus' Militär-Toga hoch, um sich durch einen Blick von seiner eigenen Vermutung zu überzeugen, dann ließ er den Rock wieder fallen und grinste hämisch. »Nein ... ich fürchte, daß Sabinus in dieser Hinsicht doch wesentlich kleiner ist! Nun ja ... was die Götter nicht geben, können sie auch nicht nehmen! Also bist du vor mir sicher ... vorerst. Nun, was können wir sonst für dich tun, Chaerea?«

»Die Spiele morgen ...«, sagte Chaerea steif. »Um welche Zeit werden sie beginnen? Und wann werden sie zu Ende sein?«

»Um die Hinrichtung der vierzig Senatoren und den Gewinn für unsere Schatzkammer zu feiern, werden die Spiele gegen Mittag beginnen und bis Mitternacht dauern. Um Mitternacht wird es eine ganz spezielle religiöse Zeremonie geben, an der ich mich beteiligen werde.«

»Danke, göttlicher Caesar.« Chaerea und Sabinus salutierten und gingen sofort wieder hinaus.

Caligula sah seinen Soldaten nach, kaute auf dem Fingerknöchel herum und spielte mit dem Griff seines Dolches. Er schien ziemlich geistesabwesend zu sein.

»Ich kann niemandem mehr trauen, Longinus«, sagte er schließlich.

Longinus zog die Brauen hoch. Könnte Caesar eben den Befehlshaber der Garde gemeint haben?

»Göttlicher Caesar ... sicherlich kannst du dich doch ...«, begann Longinus.

»Aber auf der anderen Seite kann ja auch mir niemand mehr trauen«, unterbrach in Caligula und grinste dabei sardonisch. »Ich bin wie das Wetter. Aber wenn es bei *mir* regnet, dann nicht Wasser, sondern ... Blut!«

Er konnte nicht schlafen. Selbst wenn der Mond nicht wie heute voll in sein Zimmer schien, konnte er nicht schlafen. Er konnte nicht einmal Ruhe finden. Er wurde von rastloser Besessenheit geplagt. Schon der geringste Laut machte ihn nervös. Er mußte aufstehen und wieder herumwandern. Schon das Flattern einer Fledermaus oder das leise Rauschen des Nachtwindes draußen vor dem Fenster erschreckte ihn und machte ihm Angst. Wie ein hilfloses Gespenst schlich er dann durch die halbdunklen Korridore des Kaiserpalastes. Sein Gesicht wirkte sehr bleich im schwachen Mondlicht. Die müden Augen waren von dunklen Ringen gezeichnet. Die Stirn war fast ständig tief gefurcht.

Caligula reckte die ausgestreckten Arme zum Mond empor und schrie sein Elend laut hinaus:

»Mond ... Schwester! Wo ist Drusilla? Ist sie dort oben bei dir,

Luna? Wenn ja, laß sie zu mir zurückkehren! Wenn du das tust, werde ich dir einen Tempel bauen, größer als ... größer als ... größer als ...«

Er ließ die Arme hoffnungslos sinken.

»Du gibst mir niemals Antwort! Tiberius hatte recht. Es gibt nur das Schicksal ... blindes, stupides Schicksal. Ich lebe. Dann sterbe ich. Und das ist alles.«

Jetzt tauchte Caesonia wie ein anderes Gespenst aus dem Schatten auf und erschreckte Caligula.

»Ich hasse die Nacht!« sagte er zu ihr. »Wo ist dieser Bastardbruder von mir ... die Sonne? Geh endlich auf, verdammt noch mal!« Er schüttelte beide Fäuste gegen den Himmel.

»Komm!« sagte Caesonia und nahm den Arm ihres Mannes. »Komm mit in mein Zimmer. Ich habe Medizin.«

Caligula riß sich los.

»Nein! Ich brauche morgen einen klaren Kopf. Kennst du deine Rolle?«

Caesonia nickte. »Ich habe das Gefühl, die Göttin Isis zu *sein*.«

»Und ich bin Osiris ... und morgen nacht werden wir die Religion in Rom ändern!«

Caligula blickte wieder zum Himmel empor.

»Das ist das Ende für dich, Jupiter!« rief er. »Von nun an wird die Mutter im Himmel und in Rom regieren!«

Caesonia schaute sich ängstlich um.

»Hältst du es denn für klug, so ...«

»*Alles*, was ich tue, ist klug!« unterbrach Caligula. »Aber als ob es darauf noch ankäme ...« Er war müde, so unendlich müde. Wenn er doch bloß schlafen könnte! In seinem Kopf bohrte und dröhnte es. »Ich muß fort ... um wieder klar denken zu können«, sagte er ärgerlich wie ein Kind.

»Nach ... Alexandrien?« fragte Caesonia.

»Ja.«

»Aber wie kann Alexandrien die Hauptstadt des römischen Reiches werden?« fragte Caesonia nun wohl zum tausendsten Male.

»Weil Rom immer dort ist, wo *ich* bin!« antwortete Caligula wohl ebenfalls zum tausendsten Male. Er seufzte vor Erschöpfung.

»Schon gut, Caesonia. Gib mir jetzt deine Drogen. Ich muß schlafen.«

Caesonia brachte ihn in ihr Schlafgemach und füllte einen Becher mit schwerem Wein. Sie mischte ihn mit starkem Mohnsaft und rührte das Getränk eigenhändig um.

Caligula wollte und würde einen Schlaftrunk nur aus Caesonias Händen akzeptieren. Als er den Becher geleert hatte, legte er sich in die Kissen zurück.

Caesonia streckte sich neben ihm aus, und beide warteten darauf, daß das kräftige Opiat seine Wirkung tun würde. Bald wurden Caligulas Augenlider schwer, seine Sprache stockend. Aber seine Besessenheit war so stark, daß es für ihn noch immer schwierig war, sich dem Schlaf zu überlassen.

»Ich werde den Senat auslöschen ... alle miteinander!« murmelte er. »Auch ihre Familien werde ich hinrichten. Tiberius hat immer gesagt, daß sie die Feinde der Caesaren sind ...«

Caesonias Finger krochen über Caligulas Oberschenkel unter seine Tunika, aber er stieß ihre Hand heftig zurück.

»Ich kann nicht ... bin wieder impotent«, jammerte er. »Und ich weiß nicht, warum!«

»Dagegen habe ich ein Heilmittel«, sagte Caesonia verschmitzt.

»*Nein!*« Caligula begann sich aufzuregen. »Dein letztes Aphrodisiakum hätte mich beinahe umgebracht!« Dann erlosch seine Aufregung sofort wieder. Er schlief halb ein und sah Caesonia vage an. »Warum liebst du mich eigentlich?« Er stellte ihr diese Frage wieder und immer wieder.

»Du bist ein Gott«, erwiderte sie. Es war ihre übliche Antwort.

»Sei nicht albern«, murmelte Caligula schlaftrunken. »Es gibt doch gar keine Götter ... außer denen, die ich erfinde ... hier oben ...« Er tippte schwach mit einem Finger an die Stirn.

Caesonia zuckte die Schultern.

»Dann hast du dich also selbst erfunden. Jedenfalls bist du Caesar!«

Er ließ sich wieder aufs Bett zurückfallen. »Ja ... das stimmt ..., und ich denke, das ist liebenswert«, flüsterte er. »Frauen lieben die Macht, nicht wahr?«

»Ja ... beinahe genauso wie Männer.«

Der Schlaf bemächtigte sich nun doch des erschöpften Imperators und raubte ihm die letzten Kräfte.

»Weißt du ...«, wisperte er beinahe verträumt. »Ich beobachte, wie Menschen sterben ..., aber eigentlich sehe ich nie etwas ... höre ich nie etwas ... sie ... sie gehen einfach ... und sterben ...«

Caesonia kannte dieses Thema; es war gefährlich. Deshalb wählte sie ihre Worte sehr sorgfältig aus, als sie ihm versicherte: »Die Göttin Isis wird deinen Körper wiederbeleben, wenn du tot bist ..., und sie wird dir dann das ewige Leben bescheren.«

Das versprach sie Caligula ständig. Sie wußte, daß es für sie nur einen Weg gab, um neben Caesar am Leben zu bleiben ..., wenn sie die Göttin Isis verkörperte.

»Wird sie das wirklich tun?« jammerte Caligula. »Oder ... werde auch ich ... einfach gehen ... und tot sein ... und vergessen werden?«

Er hörte sich an wie ein krankes Kind, das die Versicherung verlangt, bald wieder ganz gesund zu sein.

»Machst du dir etwas aus der Zukunft?« fragte Caesonia. »Liegt dir wirklich soviel daran?«

»Nein ... ja ...« Das Betäubungsmittel wirkte inzwischen voll. »Ich glaube ... vielleicht ... bin ich wirklich ein Gott ... trotz allem ... und wenn ich sterbe ... Ich werde ein Stern am Himmel werden ... und Wache halten ... neben Drusilla ...«

Dem Imperator fielen endlich die Augen zu. Die tiefen Falten auf seiner Stirn glätteten sich.

Caligula war eingeschlafen.

ELFTES KAPITEL

Es sollte der bedeutsamste Tag in der Geschichte Roms werden. Das hatten die Auguren dem Imperator versichert. Ein Orakel allerdings hatte Caligula im letzten Monat gewarnt: *Hüte dich vor Cassius!* Daraufhin hatte Caligula sofort ein Hinrichtungskommando zum Gouverneur von Asien, einem gewissen Cassius Longinus geschickt. Die Henker waren mit seinem Kopf zurückgekehrt.

Heute fühlte sich Caligula nach einer langen Periode der Ungewißheit wieder einmal absolut sicher.

Heute würde es Spiele geben, in der Hauptsache Wagenrennen im Circus Maximus.

Das Volk – oh, wie er diesen Pöbel verabscheute und haßte! – liebte solche Spiele über alles. *Panem et circenses!* Gib dem Mob Spiele ..., und man würde ihn verehren! Gib ihm genügend Spiele ..., und alle würden dem Senat den Rücken kehren! Man würde das Blutbad ignorieren, das der Imperator für die Senatoren vorbereitete. Ja, bald würde das Wasser im Tiber vom Blut der Senatoren rot gefärbt sein!

Der heutige Tag würde so bedeutsam sein, weil an ihm ein für allemal die Verehrung der Göttin Isis eingeführt werden sollte ... Isis, die Mutter, die Caligula persönlich versprochen hatte, daß er das ewige Leben finden würde!

Mit der Verehrung dieser Göttin würde die Verehrung aller anderen Götter in Rom abgeschafft werden. Davon betroffen war nicht nur Jupiter, sondern sogar Vesta, sogar Janus, dessen Tempeltüren zu Kriegszeiten offenstanden, sogar die himmlischen Zwillinge Castor und Pollux, deren Statuen Caligula bereits durch seine eigenen hatte ersetzen lassen.

Ja ... sogar die Laren und Penaten, die Hausgötter, die jedes Heim in Rom segneten und schützten, sollten verbannt werden.

Alle diese Götter ... zusammen mit Apollo, Mars, Juno, Diana und dem ganzen Rest ..., alle würden vom Himmel gerissen werden. In Zukunft sollte nur noch die Verehrung einer Gottheit erlaubt sein und geduldet werden: die Verehrung der Göttin Isis und ihres göttlichen Begleiters Osiris, der sich in der Person Caligulas manifestierte.

Natürlich würde Caligula die wichtigste Rolle bei der neuen Religion spielen. Er würde Begleiter und Hohepriester, Gott und Anbeter gleichzeitig verkörpern.

Heute nacht würde er die Mysterien entschleiern, so daß alle die Macht und Schönheit, die Majestät und Göttlichkeit der Göttin Isis sehen und erkennen könnten.

Die Rolle der Isis würde natürlich Caesonia spielen. Und auf ihrem Körper würde er – Caligula – zusammen mit Mnester, dem zweiten Hohepriester, die intimsten Riten der Mysterien ausüben.

Diese Kopulation sollte vor aller Augen stattfinden. Ganz Rom sollte zuschauen, wie die drei ihre Unsterblichkeit bewiesen!

Und dann – während Rom der Dreifaltigkeit zujubelte – würden gedungene Attentäter das Leben aller Senatsmitglieder blutig beenden!

Morgen ... morgen würde Caligula allein, Caligula der Gott, der Gefährte der Göttin Isis, über das größte Königreich der Geschichte und der Menschheit regieren!

Aber zuvor mußten noch diese verwünschten Spiele durchgeführt werden. Caligula würde dabei zuschauen und sich in Geduld fassen müssen.

Außerdem hatte er eine sehr hohe Wette auf seinen Hengst, den Konsul Incitatus, abgeschlossen.

Das Stadion war bis an den Rand mit Zehntausenden von Römern gefüllt. Alle feuerten mit lauten Schreien und Zurufen die Wagenlenker an.

Fünf oder sechs Wagen lagen noch im Rennen. Ein Wagen hatte ein Rad verloren und den Fahrer in hohem Bogen durch die Luft geschleudert. Sein zermalmter Körper lag immer noch auf der Rennstrecke.

Noch waren drei Holzeier auf der Barriere in der Mitte der Rennstrecke vorhanden; außerdem drei Bronzedelphine, deren Köpfe noch nicht herumgedreht worden waren. Das bedeutete, daß noch drei Runden zu fahren waren. Nach jeder Runde wurde ein Holzei von der Brüstung heruntergenommen, einer der Köpfe der Bronzedelphine nach unten gedreht, so daß Wasser heraussprudelte.

Das heutige Rennen wurde von drei Mannschaften bestritten: von den Grünen, Blauen und Roten.

Von Caligula war bekannt, daß er stets auf die Blauen setzte.

Aber heute litt der Imperator noch unter den Nachwirkungen des starken Schlafmittels, das er in der Nacht eingenommen hatte. Lustlos lag er auf dem Diwan der kaiserlichen Loge. Er machte sich nicht einmal die Mühe, das Wagenrennen zu beobachten, obwohl sein Hengst Incitatus, mit blauen Bändern geschmückt, noch sehr gut im Rennen lag.

Auf einem Tisch in der Nähe von Caligulas Ellbogen standen Erfrischungen: große Weintrauben, in Honig getauchte Haselnüsse, Pfirsiche aus Neapel.

Caligula ignorierte diese leckeren Genüsse; ihm war nicht nach Essen zumute. Sein Kopf schmerzte und dröhnte. Mit schlaffer Handbewegung winkte er den Fächerträgern zu, die sofort die großen Fächer aus Straußenfedern lebhafter bewegten, um der Stirn des göttlichen Imperators etwas Kühlung zuzufächeln.

Links von Caligula saß Longinus und konzentrierte sich gespannt auf das Wagenrennen. Rechts von Caligula hatten Caesonia und Mnester darum gewetteifert, den Platz neben Caesar einzunehmen. Mnester hatte gewonnen, als die kleine Julia Drusilla nach der Mutter rief.

Hinter ihnen stand die Palastwache, die für Caligulas Sicherheit verantwortlich war.

Verschlafen beendete Caligula den Bericht über seinen letzten Traum:

»Und dann habe ich geträumt, daß ich am Tor zu Jupiters Thron gestanden habe ..., und plötzlich hat er nach mir getreten ...«

»Das würde er doch niemals wagen!« rief Caesonia.

»Nun, er hat's aber getan! Und ich bin die Treppe hinuntergefallen ..., und dann bin ich aufgewacht.« Mürrisch fügte er hinzu: »Das hatte ich nun von deinem verwünschten Schlafmittel!«

»Aber du hast wenigstens geschlafen«, sagte Caesonia sanft. »Und nach der heutigen Nacht ... da wird Jupiter ja alle Macht verloren haben, nicht wahr? Er wird nie mehr nach dir stoßen können!«

Das letzte Holzei war entfernt worden; aus dem letzten nach unten gedrehten Bronzedelphin sprudelte Wasser.

Jetzt waren nur noch zwei Wagen am Rennen beteiligt. Die Pferde rannten schnaubend Kopf an Kopf der Ziellinie zu. Plötzlich ertönte besonders lauter Beifall. Das weckte die Aufmerksamkeit des Imperators.

Das Rennen war vorbei.

Caligula spähte ins Stadion hinab – im nächsten Moment keuchte er vor Wut.

Der Siegeswagen wurde vom Feld gefahren, damit der Fahrer den Siegeslorbeer in Empfang nehmen konnte. Die roten Bänder in den Mähnen und Schweifen der Pferde sowie um den rechten Arm des Wagenlenkers wehten im Sonnenschein.

Rote Bänder!

»Incitatus hat verloren!« heulte Caligula. »*Mein* Pferd hat verloren!«

Caligula war einen Moment wie betäubt, dann sprang er auf die Beine. Ausgerechnet an diesem Tag aller Tage ... an diesem Tag, für den nur gute Omen geweissagt worden waren! Wo war Caligulas Glück, wenn sogar der göttliche Incitatus verlieren konnte?!

Die Menge schrie und brüllte jubelnd und begeistert dem Sieger zu ... und ignorierte den Imperator vollkommen!

Caligula tobte und schrie zurück, aber seine zornigen Schreie gingen in den Jubelrufen unter. Der Imperator war außer sich vor Wut. So merkte er auch gar nicht, daß er unwillkürlich angefangen hatte, in seinen reich mit Gold verzierten Lederstiefeln zu tanzen. Er hüpfte von einem Fuß auf den anderen, er führte den Tanz auf, wegen dem er bei der Armee so beliebt gewesen war ... damals, als ihn noch alle zärtlich *Stiefelchen* genannt hatten ... *Stiefelchen* ... *Stiefelchen!* Caligula vermeinte, im Geiste diesen altvertrauten Zuruf zu hören: ... *tanz für uns, Stiefelchen!*

»Ihr Dummköpfe!« schrie Caligula heiser. »Ihr ... ihr Ungeheuer!« kreischte er noch lauter. »Ihr ... ihr ... oh, wie ich mir wünsche, daß alle Römer jetzt nur einen einzigen gemeinsamen

Kopf hätten, damit ich ihn mit einem einzigen Schlage allen zugleich abhauen könnte! Mit einem einzigen Streich meines Schwertes!«

Caesonia war alarmiert und versuchte, den rasenden Imperator wieder auf den Diwan zurückzuzerren. So hatte sie ihn noch nie erlebt!

Caligula rollte wild mit den Augen, und schaumiger Speichel sammelte sich in seinen verzerrten Mundwinkeln.

»Es ist doch nur ein Rennen«, sagte Caesonia besänftigend.

»Nur ein Rennen?!« schrie er sie an. »Begreifst du denn nicht, was das da unten zu bedeuten hat? Weißt du denn nicht, was man da so lautstark bejubelt? *Meine* Niederlage!«

Und wieder schüttelte Caligula drohend die geballten Fäuste nach dem johlenden, grölenden Mob.

Oh, wie er sie verabscheute! Wie er sie haßte! Alle miteinander!

Am hinteren Ende des überdachten Ganges standen Chaerea und Sabinus in leisem Gespräch. Beide konnten das laute, hemmungslose Geschrei des Imperators hören, aber die Worte nicht verstehen. Sie wußten, daß es irgend etwas mit dem frenetischen Jubel der Menge zu tun haben mußte – höchstwahrscheinlich hatte also Caligulas Pferd dieses Wagenrennen verloren.

Von der kaiserlichen Loge aus konnte man einen privaten Stadionausgang erreichen. Von dort führte der lange Gang, an beiden Enden schärfstens bewacht, direkt zum Palast.

Caligula konnte also vom Palast aus in seine Loge gelangen und auch wieder dorthin zurückkehren, ohne daß ihn die Zuschauermassen hätten sehen können.

Den Wachdienst an diesem Gang verrichteten heute die beiden ranghöchsten Offiziere der Praetorianer-Garde ... Chaerea und Sabinus persönlich. Chaerea hatte das so arrangiert.

Als der Statthalter von Asien von Caligula ermordet worden war, hatte Chaerea sehr tief Luft geholt.

Das Orakel hatte gewarnt: *Hüte dich vor Cassius!*

Zum Glück für Chaerea hatte Caligula einen verhängnisvollen Fehler begangen.

Der Imperator hatte vollkommen vergessen gehabt, daß er erst vor drei Jahren in Tiberius Residenz auf Capri einen alten Soldaten getroffen und diesen nach seinem Namen gefragt hatte. Und der antwortete:

»*Chaerea, Prinz, Cassius Chaerea. Ich war mit deinem Vater in Germanien.*«

Daran hatte sich Caligula nicht mehr erinnert.

Den Göttern sei Dank! dachte Chaerea. Und jetzt würde es mit Hilfe der Götter endlich gelingen, Caligula zu stürzen!

Nachdem Chaerea von Caligulas Absicht erfahren hatte, den ganzen Senat im Blutbad einer einzigen Nacht zu beseitigen, war der Befehlshaber der Garde jetzt entschlossen und bereit, zu handeln.

Zwar hatte Chaerea sich seinen Plan erst halb zurechtgelegt, aber trotzdem wollte er ihn nun sofort in die Tat umsetzen und verwirklichen.

Er stand mit seinem Stellvertreter und Liebhaber – Caligula hatte sich bei Proculus geirrt, aber bei Sabinus recht gehabt – im überdachten Gang hinter der kaiserlichen Loge.

Chaerea versuchte, die Besorgnisse des jüngeren Mannes zu zerstreuen.

»Wenn er aufsteht, um zum Festbankett zu gehen ...« begann Chaerea.

»Aber was ist mit seiner germanischen Wache?« fragte Sabinus. Er ballte und öffnete immer wieder nervös die Faust um den Schwertgriff.

»Sie ist verteilt ... im Palast«, antwortete der Oberbefehlshaber der Garde.

Sabinus nickte zu den Soldaten hinüber, die den Eingang der kaiserlichen Loge bewachten.

»Und diese Wachen? Was ist mit ihnen?« fragte Sabinus. »Sind sie auf unserer Seite?«

Chaerea nickte grimmig.

»Aber wenn die germanischen Wachen dahinterkommen?« fragte Sabinus weiter, dessen Besorgnisse offenbar noch immer nicht restlos beseitigt waren.

Chaerea schüttelte den behelmten Kopf. »Dann wird es zu spät sein.«

Longinus nahm eine amtliche Botschaft von einem Sklaven entgegen, las sie rasch durch und wandte sich dann an seinen Imperator.

»Göttlicher Caesar ... der Gesandte der Parther wartet auf dich.«

Caligula winkte unwirsch ab.

»Später!« sagte er. »Später!«

Caligula hatte jetzt lange genug von der heutigen Nacht geträumt. Alles war für das Drei-Personen-Stück arrangiert worden, das heute nacht aufgeführt werden sollte. Die Kulissen waren fertig. Wochenlang waren Zimmerleute damit beschäftigt gewesen, aus Ebenholz und Gold einen Thron für die Göttin Isis zu errichten. Das geschnitzte Bildnis der Göttin, in kostbare und mit unzähligen Edelsteinen verzierte Gewänder gehüllt, sollte auf dem Höhepunkt des Schauspiels auf den Thron gehoben werden.

Caesonia hatte ihre Rolle wieder und immer wieder mit Caligula geprobt. Er seinerseits hatte mit Mnester ›gearbeitet‹. Alles würde perfekt sein, davon war Caligula fest überzeugt. So etwas würde Rom nie wieder zu sehen bekommen!

»Mir ist gar nicht nach Essen zumute«, sagte Caligula zu Caesonia. »Dir vielleicht?«

Caesonia schüttelte verneinend den Kopf. Ihre Aufmerksamkeit war immer noch auf die Spiele konzentriert.

Der Imperator stand auf, war aber immer noch unentschlossen.

»Ja ... nein ...«, sagte er zu Longinus. »Aber wir sollten vielleicht doch lieber gehen. Mnester muß noch einmal mit uns für das Stück heute nacht proben.«

»Ja, göttlicher Caesar.«

Longinus verbeugte sich und ging, um dem Abgesandten der Parther Bescheid zu sagen.

Im Gang klopfte Chaerea seinem jungen Stellvertreter aufmunternd auf die Schulter; es war ein verabredetes Signal, sich nun jederzeit bereitzuhalten.

Sabinus nickte nervös und überprüfte hastig noch einmal Schwert und Dolch. Seine Hände waren schweißfeucht.

In diesem Moment rannten zwei Dutzend Knaben in fast

durchsichtigen Gewändern an den beiden Offizieren vorbei, um ins Stadion zu gelangen. Ein älterer Mann lief hinter ihnen her und versuchte, mit ihnen Schritt zu halten.

»Wer ist denn das?« fragte Chaerea erschrocken.

»Tänzer ... aus Troja«, antwortete Sabinus. »Und was machen wir jetzt?«

»Wir warten. Geduld, Sabinus, Geduld! Er muß ja hier vorbeikommen ..., und wenn er dann allein ist, nicht von seinen Wachen begleitet, dann ...«

Die Tänzer betraten die kaiserliche Loge genau in dem Moment, als Caligula, Caesonia und die kleine Julia Drusilla sich anschickten, sie zu verlassen. Die Knaben kamen leichtfüßig und geschmeidig hereingehüpft, ihr Tanzmeister beugte sich keuchend über Caligulas Hand, um sie zu küssen. Sofort nahmen auch die Jungen stramme Haltung an.

Caesar zog fragend eine Augenbraue hoch.

»Göttlicher Caesar!« japste der ältere Tanzmeister, der völlig außer Atem war. »Die trojanischen Tänzer ... wie von dir befohlen!«

»Ah, ja!« sagte Caligula und versuchte sich zu erinnern. Er konnte sich nicht daran erinnern, einen solchen Befehl gegeben zu haben. Aber das war nicht so wichtig. Sie waren wirklich sehr hübsch, diese Knaben – besonders der dritte Junge von links, der ungewöhnlich lange Wimpern hatte. Ja, diese Gruppe würde eine angenehme, nette Bereicherung für die Festlichkeiten des heutigen Tages darstellen. Und ... vielleicht sogar am Abend? In der Nacht?

»Ja, ganz recht«, sagte Caligula gnädig. »Ja, das hatte ich angeordnet. Sehr ... sehr schmuck und stattlich! Sind alle zur Vorstellung bereit?«

Chaerea, der auf dem Gang lauschte, hielt unwillkürlich den Atem an. Wenn jetzt eine längere Verzögerung eintrat, konnte sich das als verhängnisvoll erweisen ... und den ganzen Plan möglicherweise zunichte machen!

Der Tanzmeister antwortete bedauernd: »Alle bis auf den Vortänzer, göttlicher Caesar. Er hatte einen Fieberanfall. Aber bis heute nacht dürfte auch er wieder vollkommen auf dem Posten sein.« Sein Tonfall drückte ganz klar und deutlich aus, daß der Vortänzer heute nacht tanzen würde ..., ob er nun Fieber hatte oder nicht.

»Dann werden wir sie also heute abend sehen«, sagte Caesar.

Chaerea atmete erleichtert auf und nickte grimmig mit dem Kopf.

Auf dem Gang schritt Caligula voraus; Caesonia mit der kleinen Julia Drusilla und Mnester folgten ihm.

Sabinus trat vor die kleine Gruppe und versperrte ihr den Weg, während Chaerea an ihr vorbei unauffällig nach hinten ging.

»Das Losungswort!« verlangte Sabinus.

»Was?!« Caligula wurde kaum jemals angerufen, obgleich das römische Gesetz es so vorschrieb. »Oh ... Jupiter!« sagte er dann.

»So sei es!« schrie Chaerea. Er zog sein Schwert, hielt es hoch und schlug wuchtig zu – mit der Absicht, Caligula mit einem einzigen Streich den Kopf abzuschlagen.

Aber Caligula war durch den Schrei alarmiert worden und hatte sich sehr schnell umgedreht.

Das Schwert traf ihn an der Wange, und Blut spritzte in hohem Bogen heraus.

Caesonia stieß einen gellenden Schrei aus und riß ihre kleine Tochter in die Arme.

Mnester drängte sich an ihnen vorbei, rannte den Korridor entlang, konnte so ins Labyrinth des Palastes entkommen.

Die Wachen in der kaiserlichen Loge hatten den Schrei ebenfalls gehört und stürmten sofort auf den Gang hinaus. Zwei von ihnen packten Caesonia. Ein anderer Mann riß ihr das Kind aus den Armen.

Jetzt rannte auch Caligula den Korridor entlang zum Palast. Blut tropfte von seinem aufgeschlitzten Gesicht. Er war von dem wuchtigen Schwertschlag noch halb benommen und begriff noch immer nicht so recht, was eigentlich geschah. War er nicht der Imperator? Und ein Gott? Wer würde es wohl wagen, einen Gott zu erschlagen?

Sabinus holte ihn mit Leichtigkeit ein und bohrte ihm den Dolch in die Brust. Der Stoß riß Caligula herum und schleuderte ihn gegen die Wand des Korridors. Nur verschwommen sah er, wie Chaerea und die anderen Wachen auf ihn zugerannt kamen. Alle hielten die gezückten Schwerter in den Händen.

Und dann hörte Caligula plötzlich irgendwo ganz hinten in seinem Geist eine Stimme, die er vor langer Zeit schon einmal vernommen, aber inzwischen wieder vergessen hatte ...

»*Chaerea, Prinz. Cassius Chaerea. Ich war mit deinem Vater in Germanien.*«

Das Orakel!

HÜTE DICH VOR CASSIUS!!!

Aber noch haben sie mich nicht zur Strecke gebracht, dachte Caligula.

Das helle, glänzende, golddurchwirkte Gewebe seiner Tunika war von Blut besudelt ... von seinem eigenen Blut! Und dieser rote Fleck auf seiner Brust ... er wurde rasch größer und immer größer! Immer dunkler! Wie ein in die Enge getriebener Wolf preßte sich Caligula an die Wand und knurrte. Er fletschte die Zähne. Und dann grinste er seine Angreifer an!

»Ich lebe!«

Sabinus stürzte auf ihn zu und stieß Caligula mit seinem Dolch noch einmal tief in die Brust.

Seltsamerweise verspürte Caligula keinerlei Schmerz. Aber die Wucht des Dolchstoßes warf ihn auf die Knie. Aus der tiefen Brustwunde quoll ein dunkler Blutstrahl. Caligula kroch über den Boden auf den Palast zu. Der Imperator hatte keine Angst. Dies hier ... damit sollte doch nur seine Göttlichkeit unter Beweis gestellt werden! Eine Prüfung, von Mutter Isis geschickt, um seine Kraft auf die Probe zu stellen und ihm Unsterblichkeit zu sichern! Und er würde diese Probe bestehen!

»Ich lebe *immer noch!*« schrie er.

Chaerea tauchte mit gezücktem Schwert vor Caligula auf.

Der Imperator bot einen gräßlichen Anblick. Sein ganzer Körper war in Blut gebadet, nur das Gesicht geisterbleich. Doch er kroch immer noch über den Boden ... und immer noch waren seine Lippen von den Zähnen zurückgezogen ... wie bei einem zähnefletschenden Wolf. Ein trotziges, gräßliches Grinsen.

Einen Moment lang überlegte Chaerea: War Caligula etwa trotz allem doch kein Mensch? Sollte es möglich sein, daß Caligula tatsächlich ein Gott war? Nein! Unmöglich!

Und wieder richtete sich Caligula auf den Knien auf. In seinem Kopf tobte es. Vage vernahm er Caesonias Schreie, hörte sie schreien und immer wieder schreien. Da wurde endlich auch er von Angst gepackt. Nicht Isis hatte ihm diese Prüfung geschickt, sondern Tiberius!

Der Imperator sah plötzlich wie eine Vision ein gespenstisches Bild vor sich auftauchen: Tiberius auf dem Totenlager ... der Kopf in den schwarzen Seidenvorhang gehüllt ... das Gesicht vor Todesqual verzerrt. Caligula glaubte den keuchenden, rasselnden Atem zu hören, als der Sterbende verzweifelt nach Luft gerungen hatte. Irgendwo war Tiberius ... und er lachte ... und er wartete auf Caligula, der sich ihm unten im Hades anschließen sollte ...

Nein!

Dann plötzlich war Caligula wieder sechs Jahre alt. Er stand allein in der Kälte, trug seine kleine Soldatenuniform ... und seine kleinen Füße in den Halbstiefeln bewegten sich wie von selbst ... beim Caligula-Tanz. Wo war seine Mutter? Fort. Tot. Wo waren seine Brüder? Weg. Tot. Wo war Germanicus, der Held des Volkes? Wo war sein Vater? Ach, Caligula, das ist doch dein Vater ... dort drüben ... die Asche in der Urne! Dies ist sein Begräbnis, weißt du? Drusilla! Wo ist Drusilla? Man hat sie von dir getrennt ... auf der anderen Seite des Nebels ... dieses schwarzen Schleiers aus Nebel. Wer sind diese Leute mit den gräßlichen Masken? Das sind deine Vorfahren, *Stiefelchen!* Und alle haben ein grausames Ende gefunden! Und wer ist das da ... dieser welke, verrückt aussehende Mann mit funkelnden Augen und dem wölfischen Grinsen ... dieser Mann, der sich jetzt zu mir herunterbeugt ... der mich mit seinen Skelettarmen hochhebt ... der mich dichter und immer dichter an seine schrecklichen Zähne bringt ... ah ... aaah ... nein!

Es ist der TRAUM! Der TRAUM wird Wahrheit!

Blut tropfte von der Spitze des Schwertes in Chaereas Hand. Die scharfe Klinge war immer noch naß vom ersten Stoß. Und als sich Caligula jetzt aufzurichten versuchte, stieß Chaerea abermals zu.

Diesmal drang die Klinge tief in Caligulas Unterleib ... und Chaerea drehte das Schwert dort grausam herum und herum!

Caligula überschwemmte unglaubliche Qual, und er heulte seinen Schmerz zum Himmel hinauf. So groß waren seine Schmerzen, daß er kaum noch spürte, wie Sabinus noch einmal mit seinem Dolch zustieß. Keuchend starrte er den Attentätern ins Gesicht.

»Ich ... immer noch ...« Er schwankte, dann stürzte er. »Ich ... lebe ...«, brachte er mit erstickter Stimme heraus, dann lag er ganz still da und rührte sich nicht mehr.

Caesonia schrie auf, als die Wachen hinrannten, um den leblosen Körper des Imperators in Stücke zu hauen. Dann gruben zwei Soldaten ihre Dolche in die üppigen, weichen Brüste der Frau. Da schrie sie nicht mehr. Ein großer Legionär packte das Kind Julia Drusilla an den Knöcheln und schmetterte den Kopf an die Wand.

Inzwischen waren Caligulas germanische Wachen alarmiert worden und strömten mit gezückten Schwertern in den Gang. Es kam zu einem erbitterten Kampf mit Chaereas Leuten, bei dem Chaerea getötet wurde. Im Palast tobten inzwischen die römischen Wachen; ihre Schwerter hungerten nach Blut. Man suchte nach Mnester, dem griechischen Spielzeug des Imperators, nach Longinus, der Caligulas Geheimnisse kannte, nach jedem, der irgendwie Caligulas Gunst genossen hatte ... die Gunst des ermordeten Tyrannen.

Aber man fand nur seinen Onkel Claudius. Er hatte sich hinter einem dichten Vorhang aus goldverbrämter, purpurner Wolle in einem Schlafgemach des Palastes versteckt. Der alte Mann umklammerte die Beine eines Legionärs und flehte stammelnd um sein Leben.

Jetzt war die Jagd vorbei. Die Soldaten hatten gefunden, wonach sie gesucht hatten ... einen Imperator ihrer eigenen Wahl. *Ihn* würden sie zum Kaiser proklamieren. *Er* würde der Praetorianer-Garde zur Vorrangstellung im Imperium verhelfen ... zur Macht über den Senat, über das Volk von Rom. Lachend trugen sie den alten, weinenden Stotterer auf den Schultern hinaus.

Auch Longinus war aufgespürt, aber verschont worden; er könnte sich noch als nützlich erweisen. In der kaiserlichen Loge stand er neben dem nervösen Claudius. Sabinus, jetzt Befehlshaber der Garde, trat nach vorn, hob eine Hand und gebot dem Mob Schweigen.

»Caligula ist tot!« verkündete Longinus.

Die Menge erstarrte in verängstigtem Schweigen.

»Heil, Claudius!« rief Longinus. »Heil, Claudius Caesar!«

Das Volk rührte sich nicht. Entsetzt sahen sich die Leute gegenseitig an, dann den zitternden, sabbernden, alten Mann in der einfachen weißen Toga.

Sabinus trat noch weiter vor und riß sein Schwert aus der Scheide. »Heil, Claudius Caesar!« rief er der schweigenden Menge grimmig zu.

Damit war der Bann endlich gebrochen. Der Mob stimmte wie aus einer Kehle in den Schrei ein: »Heil, Claudius Caesar!« Lauter und immer lauter wurde das Geschrei. »HEIL, CLAUDIUS CAESAR! HEIL, CLAUDIUS! HEIL, CAESAR!!!« hallte es durch das große Stadion.

Es war zu Ende.

Jetzt gab es nur noch eine einzige Aufgabe zu erledigen ... die Verbrennung der drei Toten: Caligula, Caesonia und Julia Drusilla – auf den Scheiterhaufen mit ihnen. Später würde es ein Staatsbegräbnis geben ... mit heuchlerischen Ehrungen für die Toten.

Eine der Wachen erinnerte sich an die kleine Uniform im Schrein in Caligulas Schlafgemach. Er holte sie und warf auch sie noch auf den Scheiterhaufen.

Das letzte, was verbrannte – war ein Paar kleine Stiefel.

❧ *Exquisit* **modern**

Die Sammlung »Exquisit modern« hat sich zur Aufgabe gestellt, literarisch anspruchsvolle erotische Romane und Erzählungen der Gegenwart im Taschenbuch vorzulegen.

E 138 A. Reeb
Der Liebesvertrag

E 140 Ivar Lo-Johansson
Liebesglück

E 142 Guylaine de Baileul
Die Venusgrotte

E 145 Gerty Agoston
Liebesspiele

E 147 Stig Holm
Ich, der Verführer

E 149 Gustav Sandgren
Wie der nackte
Wind des Meeres

E 151 Golo Jacobsen
Memoiren eines
Apfelessers

E 154 Jacob S. Horn
Chiffre 66776

E 156 Ivar Lo-Johansson
Leidenschaften

E 158 Robert Sermaise
Die Hochzeitsreise

E 161 Bengt Martin/
Nine Christine Jönsson
Das erotische
Karussell

E 164 W. E. Muskatewitz
Die Liebesreise

E 166 Maria Alcoforado
Liebesbriefe einer
portugiesischen Nonne

E 169 Stellan Wiik
Rekord im Sex

E 171 A. Lindi/R. Neumann
Hotel Sexos

E 174 Rochelle Larkin
Kitty und die Liebe

E 176 Jacqueline de R.
Zärtlichkeiten

E 179 J. C. Bladon/S. Wiik
Sexfieber

E 181 Roman Macek
Potent

E 184 Torsten Sandberg
Die lüsterne Nachbarin

E 186 Delfos
Cerise oder Der gut
gewählte Augenblick

E 189 Gerty Agoston
Hemmungslos

E 191 Jean de Berg
Der Dorn im Fleisch

E 193 Hannes Sundland
Alle meine Pferdchen

E 196 Curtis Eady
Zwillingsbetten

Wilhelm Heyne Verlag München

Jeden Monat mehr als vierzig neue Heyne Taschenbücher.

Allgemeine Reihe
mit großen Romanen
und Erzählungen
berühmter Autoren

Heyne Sachbuch
Der große Liebesroman

Heyne Jugend-
Taschenbücher

Das besondere Bilderbuch
Heyne Ex Libris
Heyne Sammlerbibliothek

Das besondere
Taschenbuch

Heyne Lyrik
Heyne Biographien
Heyne Geschichte
Archaeologia Mundi
Enzyklopädie der Weltkunst
Heyne Filmbibliothek
Heyne Discothek
Heyne Ratgeber
Heyne Kochbücher
Heyne kompaktwissen
Heyne Krimi
Romantic Thriller
Heyne Western

Heyne Science Fiction
und Fantasy

**Ausführlich informiert Sie das Gesamtverzeichnis
der Heyne-Taschenbücher.
Bitte mit diesem Coupon oder mit Postkarte anfordern.**

Senden Sie mir bitte kostenlos das neue Gesamtverzeichnis

Name

Straße

PLZ/Ort

**An den Wilhelm Heyne Verlag
Postfach 20 12 04 · 8000 München 2**

Exquisit modern

Die Sammlung „Exquisit [modern" hat] sich zur Aufgabe geste[llt,] anspruchsvolle erotische [Romane und] Erzählungen der Gegen[wart im Ta]schenbuch vorzul[egen.]

Caligula.
9783453501713.3

Caligula –
Nachfolger des Tiberius, vier Jahre lang Imperator des römischen Reichs, größenwahnsinniger Exzentriker, sexbesessen, pervers bis zu seinem blutigen Ende.

Caligula –
der seine beiden jungen Schwestern von zwei Numidier-Sklaven vergewaltigen läßt, der gierig dem Schauspiel folgt, während er seine ältere Schwester Drusilla liebt.

Caligula –
der als Gast eines jungen Hauptmanns dessen Braut defloriert, den Bräutigam genüßlich zu Tode foltern läßt.

Caligula –
sein Blutrausch kennt keine Grenzen, sein Palast ist eine dampfende Sexhölle, seine Untertanen sind willenlose Sexsklaven.

Der Film –
nach jahrelangen Prozessen jetzt endlich in den Kinos!

Das Buch –
ein faszinierendes, sexgeladenes historisches Kolossalgemälde, das nach dem Filmdrehbuch des berühmten amerikanischen Romanciers Gore Vidal entstand.

DM 6.–